WZ 定量化结构交易法

夏经文 ◎ 著

地震出版社
Seismological Press

图书在版编目（CIP）数据

WZ 定量化结构交易法 / 夏经文著. —北京：地震出版社，2023.3
ISBN 978 – 7 – 5028 – 5498 – 0

Ⅰ. ①W… Ⅱ. ①夏… Ⅲ. ①股票交易－基本知识 ②期货交易－基本知识 Ⅳ. ①F830.91②F713.35

中国版本图书馆 CIP 数据核字（2022）第 210204 号

地震版　XM4790/F（6323）

WZ 定量化结构交易法

夏经文　著
责任编辑：范静泊
责任校对：凌　樱

出版发行：地震出版社

北京市海淀区民族大学南路 9 号　　　　邮编：100081
发行部：68423031　68467991　　　　　传真：68467991
总编室：68462709　68423029
证券图书事业部：68426052
http://seismologicalpress.com
E-mail: zqbj68426052@163.com

经销：全国各地新华书店
印刷：河北盛世彩捷印刷有限公司

版（印）次：2023 年 3 月第一版　2023 年 3 月第一次印刷
开本：787×1092　1/16
字数：332 千字
印张：16
书号：ISBN 978 – 7 – 5028 – 5498 – 0
定价：68.00 元

版权所有　翻印必究
（图书出现印装问题，本社负责调换）

前　言

　　在错综复杂的股票、期货及外汇市场中，能够实现定量化交易是每一个投资者的梦想。笔者通过二十余年实践与研究，有幸发现了金融价格成长与衰败的 DNA 结构。依据价格 DNA 结构数据，就可计算出艾略波浪理论中 1 浪、3 浪、5 浪及调整浪 C 浪的目标区域，且各推动浪的成长目标区域是用数学公式来计算的，是真正的定量化交易方法。

　　价格目标公式：$H(n) = W + L \times 1.618^n$，其中 $n = 0, 1, 2, 3, 4, 5$ 等自然数。计算方法简单易学、实用性强，准确率在 80% 以上。

　　笔者将价格成长与衰败的 DNA 结构命名为"WZ 结构"。应用 WZ 结构实现的定量化结构交易方法称之为"WZ 定量化结构交易法"。这里的 WZ 有两层含义，一是"王者"的汉语拼音首字母，二是定义起始点的股价用 W 表示；初始反弹波终止点的股价用 Z 表示，Z－W 就是我们引入的最主要的概念——"初始波幅"，一切的计算均依赖这个"初始波幅"。

　　再将"初始波幅"引入黄金螺旋概念中来分析价格运动规律，由此价格分析与预测进入定量化阶段，分析与预测也就变得更有意义。道理很简单，如防治疫情的根本方法是找到、掌握病毒的 DNA，研制出疫苗。"初始波幅"就是价格走势的 DNA。价格循环的每一个摆动都与这个基因存在着对数比率关系，这和自然万物生长一样，都遵循黄金螺旋规律。股票、期货以及外汇、黄金、石油都遵循这一规律。在金融价格交易中流动性越好，其理论计算的目标位就越贴近实际目标位。例如，黄金、外汇市场分析结果的准确率就高于国内股票市场。WZ 结构是实现定量化交易的原始基础数据，是主力资金进场操作的初始踪迹，也是主力资金真实意图的表达。

　　开篇章讲的是投资中几个必须明白的问题，笔者认为在学习技术分析方法之前弄清这些问题很重要。任何市场都有其自身的潜在规则，你必须了解这些规则，必须知道自己的行事、行为习惯与方法是否适应这些规则，你才能知道自己是否应该进入这个市场，才能学习如何交易。

从第二章开始，每章节都有一个简单的理论论述，同时也有一个相应的实际例子作为解释。学习股票分析与交易，必须结合实际。若你是一个新手，光看是不行的，你必须按照书中的实例，在电脑中将书中所画的图复制出来，这样才能逐渐理解。

定量化交易模型是交易的基础。交易模型上的买点、卖点以及止损点都是在对交易模型进行全方位分析后，给出规范化、格式化的应对策略点。跌破止损点，就是趋势发生变化，必须止损。卖出来后再观察、分析下一步应该如何应对。交易模型发生止损的概率比正常交易小得多，要说不到30%你可能不信，但实际交易中的情形就是这样。读者经过反复应用，反复练习就能悟出其中的道理。

技术分析中的空间结构与价格形态逻辑是根本。空间结构逻辑问题，本书中的内容就可解决这一问题；价格形态逻辑问题，传统的分析方法是波浪理论。在波浪理论应用上，笔者将自创的"二波结构"理论中"同级别推调比"概念引入波浪理论，总结出一套系统、完整的应用波浪理论实现定量化交易方法。从价格结构形态上讲，二波结构是价格运动的最基本结构，其次级别是3-3或5-3多空循环结构，是多空博弈的一个完整过程。应用"二波结构"理论可以解释波浪理论中艾略特并未解释清楚的两个问题，即4浪为什么不能与1浪重叠，5浪扩展与失败的分析逻辑又是什么？大多数人学习波浪理论时，都很难搞明白这两个问题，这也是千人千浪的起因。

技术分析中的逻辑是一个人哲学思想的体现。中国人的哲学思想多来源于传统思想，生活中的老话、谚语都体现了中国人的哲学思想，是一种辩证哲学。投资股票也一样，要从大处着眼，细微做起，要知道趋利避害，懂得如何舍弃才能成为赢家。

读者学习本书应侧重以下四个方面问题的理解：

（1）掌握"WZ结构"的使用技巧，对价格空间结构逻辑要有一个深入的理解和认识。

（2）掌握初始中枢及混沌区域1、2、3类买卖点、止损点的应用。建立分析逻辑的关键是理解买卖点、止损点与技术分析的逻辑关系。

（3）熟练掌握两个公式的应用，能够在任何级别上，计算出某段上涨或下跌行情的理论空间结构与位置区域。达到交易标准化、模式化。训练自己，避开臆想。

（4）建立一个属于自己的分析系统和交易系统。这是在初步掌握技术分析逻辑与价格生长逻辑的基础上，结合自己的性格及操作习惯建立起来一种有效、高成功率的交易系统。能够使自己树立信心，形成依赖，使交易不再复杂。经过一两年模式化、机械化的交易训练，达到该买就买，应卖就卖，守规、顺势。

本书是笔者的处女作，之后笔者将完成其姊妹篇《应用波浪理论实现定量化结构交易》，敬请读者朋友多加关注。由于笔者文字水平有限，读者朋友若发现书中有文字或语言逻辑上的错误，请联系笔者，不吝赐教（微信15542727125，抖音38530032086），感谢之余笔者必有惊喜回赠。

目 录

第一章 投资者必须明白的事情 (1)

第一节 如何获得成功 (2)
一、必要的学习 (2)
二、资金管理——要重视备用金的作用 (4)
三、预期收益率 (5)
四、基本面风险与控制 (6)

第二节 要懂点儿投资心理学 (8)
一、知人者明，知己者智 (8)
二、趋势形成过程中的心理分析 (9)
三、投资策略和方法适合自己为最好 (12)
四、炒股需要的几个条件 (13)
五、投资不是一件简单的事 (14)

本章小结 (15)

第二章 定量化交易的理论基础与实践 (17)

第一节 定量化判断趋势的条件 (18)
一、判断趋势的两个理论基础 (18)
二、判断趋势反转的理论依据 (18)
三、定量化判断趋势反转的条件——多空分界法 (19)
四、实例讲解上述三条理论的应用 (19)

第二节 二波结构 (23)
一、二波结构定律——形态结构生长逻辑 (23)
二、二波结构与多空循环结构 (24)

三、多空循环结构分析方法的应用···（26）

　第三节　定量化交易的初始数据——初始波幅·······························（28）

　　一、初始波基本概念··（28）

　　二、初始波幅、初始周期在实际中的应用·····································（32）

　第四节　定量化交易——买卖点概念···（36）

　　一、1、2、3类买卖点的定义···（36）

　　二、2、3类买卖点的交易策略··（38）

　第五节　定量化交易的理论基础··（43）

　第六节　定量化交易的两个重要计算公式··（46）

　第七节　初始波幅r的内部结构··（50）

　第八节　定量化交易最重要的买点——混沌区域3类买点····················（52）

　第九节　应用混沌区域性质寻找热点板块··（59）

　第十节　T+0最佳操作时间分析与应对策略·····································（64）

　本章小结··（66）

第三章　止损在投资中的意义及设置···（69）

　第一节　止损是投资中最重要的一环···（70）

　　一、止损的概念··（70）

　　二、止损是投资股票的基本功··（70）

　　三、止损是证券投资获利的保证···（71）

　　四、平常心态看止损···（71）

　　五、分析能力是制定止损计划的基础··（72）

　第二节　止损、止盈点的设置···（74）

　　一、初始中枢2类、3类买点的止损点设置·································（74）

　　二、混沌区域3类买点的止损点设为DKX多空线··························（76）

　　三、如何止盈···（77）

　　四、应用基本面现金流建仓可以不设止损····································（77）

　第三节　实例讲解、持仓监控与止盈止损条件·································（80）

　本章小结··（89）

第四章　建立简单的交易系统···（91）

　第一节　技术分析的四项基本原则··（92）

一、价格走在前面 …………………………………………………… （92）
　　二、市场是非理性的 ………………………………………………… （92）
　　三、价格受混沌支配 ………………………………………………… （93）
　　四、技术图形自我实现 ……………………………………………… （94）
第二节　技术性操作的基本条件 ………………………………………… （96）
第三节　一个简单的交易系统 …………………………………………… （99）
　　一、构建分析、交易系统的过程 …………………………………… （99）
　　二、交易模型的应用规则 …………………………………………… （100）
　　三、行情的延续、终结的判断逻辑 ………………………………… （101）
　　四、价格总是遵循沿阻力最小方向运动的逻辑 …………………… （102）
　　五、应用趋势＋空间＋成交量案例分析 …………………………… （103）
本章小结 …………………………………………………………………… （111）

第五章　价格区域性质及应用 …………………………………………… （113）

第一节　混沌区域性质及应用 …………………………………………… （114）
　　一、混沌区域金融产品价格的性质 ………………………………… （114）
　　二、混沌区域的交易策略 …………………………………………… （115）
　　三、混沌区域仓位控制及初始上涨目标 …………………………… （115）
　　四、高级别主宰次级别趋势波动范围的实例解释 ………………… （115）
　　五、混沌区域仓位控制案例解析 …………………………………… （117）
第二节　价格成长区域性质及应用 ……………………………………… （120）
　　一、成长区域的性质 ………………………………………………… （120）
　　二、案例分析：中公教育 …………………………………………… （121）
　　三、趋势＋时空——完全可以让初学者吃到鱼身 ………………… （122）
　　四、理论计算目标与实际间的差异 ………………………………… （122）
第三节　月线级别3类买点是大牛股启动点 …………………………… （124）
　　一、月线级别WZ结构的生成 ……………………………………… （124）
　　二、日线与月线级别初始波之关系 ………………………………… （126）
　　三、月线级别3类买点的出现是大牛股启动特征 ………………… （127）
本章小结 …………………………………………………………………… （130）

第六章　多空循环结构定律 (131)

第一节　二波结构是价格运动的最基本结构 (132)
一、二波结构中间区域概念 (132)
二、二波结构的最小周期 (134)
三、二波结构中间区域是可以判断价格趋势的 (134)

第二节　多空循环结构定律 (135)
一、多空循环结构定律的基本概念 (135)
二、多空循环形态结构定律的理论依据 (137)
三、多空循环结构的基本特征 (138)
四、案例：上证30分钟上多空循环级别与确定性买点实际应用 (140)

第三节　多空循环结构与波浪理论5-3结构 (141)

第四节　多空循环结构与初始波空间结构 (150)
一、多空循环结构与初始波黄金比例 (150)
二、案例 (152)

第五节　多空循环结构定律的应用 (154)

第六节　建立力量对比逻辑 (159)

第七节　如何介入上涨途中的行情 (161)
一、利用多空循环结构寻找中途买点 (161)
二、中途买点止损点的设置 (162)

第八节　二波结构中最重要的概念——同级别推调比 (164)
本章小结 (172)

第七章　"四象"分析法 (173)

第一节　要重视价格分析中的逻辑性 (174)
一、"四象"分析法的分析逻辑 (174)
二、价格走势逻辑的构成 (175)
三、价格形态结构逻辑 (175)
四、多空循环结构的起源 (176)
五、组成"四象"分析法的基本要素及理论依据 (177)

第二节　可复制的交易模型 (178)
一、30分钟级别交易的重要性 (178)

二、三个确定性交易模型 …………………………………………………（178）

　第三节　WZ结构模型应用案例——长缆科技 …………………………（182）

　　一、技术分析 …………………………………………………………（182）

　　二、建立仓位 …………………………………………………………（183）

　　三、持仓卖出 …………………………………………………………（183）

　　四、第2次建仓 ………………………………………………………（183）

　　五、本节案例总结 ……………………………………………………（186）

　第四节　WZ-1交易模型应用案例——德赛西威 ………………………（188）

　第五节　德赛西威交易要点分析 …………………………………………（197）

　第六节　短线交易的目的 …………………………………………………（201）

第八章　初始波理论基础 …………………………………………………（207）

　第一节　初始波幅与初始周期的数学基础 ………………………………（208）

　　一、初始波的数学基础 ………………………………………………（208）

　　二、初始波与斐波那契数列 …………………………………………（209）

　　三、初始波对分析价格未来空间的意义 ……………………………（210）

　第二节　初始波动率与江恩角度线 ………………………………………（212）

　　一、初始波与江恩角度线 ……………………………………………（212）

　　二、同级别初始波强弱与后势强弱之关系 …………………………（213）

　第三节　利用初始波及区域性质建立多级别仓位 ………………………（216）

　　一、交易级别 …………………………………………………………（216）

　　二、仓位与级别的关系 ………………………………………………（216）

　　三、案例：5G ETF的走势与仓位控制 ……………………………（217）

　第四节　初始波确立的理论依据 …………………………………………（221）

　　一、初始波确立的理论依据 …………………………………………（221）

　　二、利用趋势、空间、形态以及成交量确认初始波的成立 ………（222）

　　三、平台整理完毕突破模式要点——确定性交易模式之一 ………（224）

　　四、初始波的反向波对后势强弱的判断 ……………………………（225）

　第五节　趋势为王 …………………………………………………………（226）

第九章　初始波在各类市场中的应用 ……………………………………（229）

　第一节　在世界各地资本市场的应用 ……………………………………（230）

一、美国纳斯达克指数 …………………………………………………（230）
二、英国富时 250 指数 ………………………………………………（231）
三、日经 225 指数 ……………………………………………………（232）
四、香港恒生指数 ……………………………………………………（233）
第二节　初始波在世界各地期货市场中交易的应用案例 ……………………（235）
第三节　初始波在外汇、国债市场中的应用案例 ……………………………（239）

第一章

投资者必须明白的事情

笔者认为,在学习技术分析方法之前,弄清这些问题很重要。任何市场,都有其自身的潜在规则,你想在这个市场中盈利,就必须了解市场潜在的规则。同时,你也必须了解自己,知道自己的行事、行为习惯与方法,是否适应这些规则。才能判断自己是否适合这个市场,才知道自己应该如何学习,如何开始进行交易。

第一节　如何获得成功

一、必要的学习

　　交易是一项事业，在这项事业中，对投资市场认知程度高的人，比不懂市场的人就具备优势。然而与交易相关的知识太多，太过繁杂，且多数是经验之谈。投资者很难从中找到适合自己的方法。可能花了大量的时间与金钱，所学习到的知识却是错误的，悲催！

　　笔者认为，一个好的方法必须具备如下几点：①论述的分析、交易方法必须具备逻辑性，起码有个推理过程；②具备通用性，适合于不同类型市场交易。如石油，黄金，期货，股票都适用；③方法经过历史走势验证，正确率应在70%以上；④学习后，能让学习者大致对市场、对自己有明确的认知；⑤方法必须简单、易学。凡是复杂的交易方法，都不是好方法。"WZ定量化结构交易法"能不能成为一种好方法，还有待于读者去检验。

　　本书论述三个主题：一是初始波；二是二波结构与多空循环结构；三是WZ定量化结构交易法。初始波主要讲的是价格未来空间结构和WZ定量化结构交易模型问题；二波结构与多空循环结构讲的是价格结构形态问题。

　　初始波在实际应用中，最有意义的是混沌区域3类买点的应用，应用混沌区域3类买点能够捕捉3浪起点，能够确定1、3、5浪目标范围，且是以数学计算公式给出的。这不由你不信！的确是这样很简单，可以说无须基础，几节课就可以搞定。对于初始波理论的理解慢一些，不影响你使用目标公式，计算价格生长目标位置，用多了，自然就会理解。凡是数学公式都是有数学模型和理论依据的，都是可靠的。

　　如图1-1所示为月线级别初始波的应用，即计算价格空间结构与实际价位的关系。

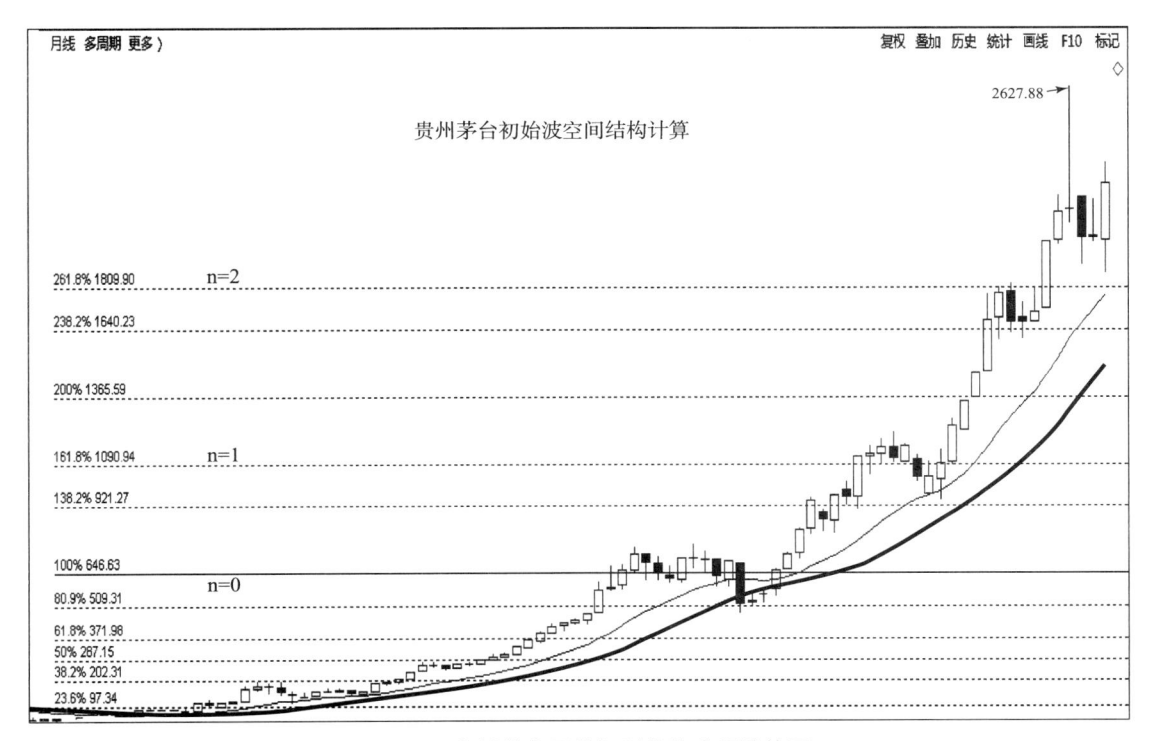

图 1-1 贵州茅台月线级别价格空间结构图

应用初始波幅计算贵州茅台 100% 价格目标位理论上是 648.01 元；161.8% 价格目标位是 1093.41 元；261.8% 价格目标位是 1808.16 元。在这些重要理论目标价位上，价格都会震荡回调。例如 2020 年 7 月 13 日茅台最高点 1787 元，接近 261.8% 理论目标 1808.16 元时开始震荡调整，到 2020 年 11 月 13 日收盘价 1705 元。茅台的调整属于强势震荡调整，最大回调幅度不超过 10%，从波浪理论分析上看，茅台的这波上涨行情的内部子浪还没有走完。11 月 5 日我在新浪微博（虎哥 v 视）发了一个视频，讲了一下上证指数的走势分析。我分析上证指数下一个进攻目标是 3700 点左右。茅台会进攻下一个目标，茅台下一个目标是 n＝3 时，理论目标位 H(3)＝ －72.15＋715.34×1.618^3＝2957.89 元。有兴趣的，可以按照图 1-1 中数据去贵州茅台日线上，仔细核对、观察贵州茅台初始黄金位在实际走势中的作用和意义。

图 1-1 为月线图。是以月线级别初始波，计算未来价格空间结构的例子。下面再举一个小级别初始波，计算未来价格空间结构的例子。看一下 5 分钟级别初始波的力量。

在 601698 中国卫通 5 分钟级别 K 线图上，中国卫通上市后，经过第 1 个多空循环博弈，于 2019 年 8 月 15 日创下 8.91 元低点，8 月 20 日创出第

2个多空循环高点9.93元。由此，5分钟级别初始波生成。

我们应用价格成长目标公式：$H(n) = W + L \times 1.618^n$ 计算一下，价格上涨的各个目标。

$L = (9.93 - 8.91) \div 0.236 \approx 4.32$（元）；$H(n) = W + L \times 1.618^n$

$n = 1$ 是第1个上涨目标 $H(1) = 8.91 + 4.32 \times 1.618^1 \approx 15.90$（元）（2018年9月最高点15.98元）

$n = 2$ 是第2个上涨目标 $H(2) = 8.91 + 4.32 \times 1.618^2 \approx 20.22$（元）（2020年2月最高点21.24元）

$n = 3$ 是第3个上涨目标 $H(3) = 8.91 + 4.32 \times 1.618^3 \approx 27.19$（元）（2020年8月最高点27.30元）

这个我就不画图了，自己算一下，你会感到太神奇了！不过就是这样，一旦初始波基本结构形成，未来价格成长空间就可计算出了，当价格到达临界点后，仔细观察、分析，就可以做出决断。如果你无分析能力，在临界点附近卖掉就可以了。

两个例子，一个是月线级别初始波，一个是5分钟级别初始波，我相信你一定对初始波产生了兴趣，很多人第一次听我讲这个办法，都是用4个字形容，难以置信！这个方法，无论是什么市场，什么品种，无论是中国、还是外国，只要是流动性好的价格交易，都好用，见第九章中的应用实例，准确率在80%以上。

"初始波"解决的是空间问题。在形态结构分析上，我提出了二波结构与多空循环结构。二波结构与多空循环结构的理论依据是道氏关于趋势的论述，是我研究"初始波"基本结构时发现的。二波结构与多空循环结构在实际分析中，具有方法简单、可靠、逻辑性强等优点。

二、资金管理——要重视备用金的作用

举个例子比较好明白，假定投资资金是50万元，将资金分成5份，1份是现金做备用金，余下4份选4个行业，4只股票，单只股票满仓金额为10万元。

预备金的作用和部队打仗的预备队一样，一是支援四方，在你持仓的4只股票中，某只股票出现确定性买点，或重大利好，或突发利空时，启用备用金，做短线应急之用。备用金的使用必须是短线行为，少说一天或几分钟，多说2~3天，不管成功与否，必须出来归位。备用金的第二个用处

是临时发现好股，可以启用备用金，做试探性建仓，以置换手中涨幅基本到位或短期快速拉升的持仓股票，达到轮换的作用。另外，在建立仓位时，也可以启用备用金协助，协助建仓行为，也是短期行为，必须及时归位。总的说，备用金的作用远大于一只持仓股票的作用，希望大家能引起重视。

因为板块轮动，建仓是不可能在同一个时间，如建立4只股票仓位，我选择一只一只地建仓，先试探性建仓，一般建立三成仓，建仓后，只要盈利在3%左右就卖出一成。记住，目的不是为了赚这点儿小钱，是保证留下的两成仓安全，卖出一成后，即使发生止损，持仓也是盈利的，保持不亏，就是保持心态，这是最重要的。一只一只地建立股票仓位的好处是，确保每一只股票都能安全度过建仓期，建仓是一个复杂的过程，是伴随T+0反反复复进行的，多么厉害的高手，也不能保证每次建仓，都是一次性买入就成功达到盈利的目的。

我的建仓原则是不亏损，建立股票仓位，一定要有修复性建仓，所谓修复性就是将高位买的用低位买的置换出去。例如，7.52元试探性买入1000股后，价格下跌到7.32元再买1000股，结果又跌了，7.14元买入2000股。这里说明一下，这种操作方法属于价值投资左侧交易法，是对于一个懂技术有分析能力的人讲的。价值投资左侧交易法必须满足两个条件：①公司必须是基本面优秀的行业龙头；②股价处于价值投资区域。没有能力、不知道什么价位是价值投资区域，是不宜应用左侧交易建仓的。试探性建仓价格不会高于止损点5%。所以，在止损点上方设置两次补仓点。一旦跌破止损点，趋势就被破坏，就要重新审视技术面与基本面的分析。从正常情况上讲，两次补仓肯定会有一次反弹机会，假定第1次7.32元补仓后，价格反弹到7.5元左右，我就会卖出1000股，将7.52元试探性买入1000股置换下来。

资金管理的重要性我就不多说了，这方面的书很多，看一下就明白了。但是，看明白不一定做明白，真正懂得这一点还得在实践中，受些教育，不断总结才能明白。总的说，资金管理是第一要务，必须得到足够的重视，交易必须有计划，不能凭臆想交易。

三、预期收益率

必须有明确预期收益率，这个与你未来的投资策略，选股思路有很大关系。如果，你将年预期收益率设在10%左右，那么，操作起来就简单了，市场有很多股息大于6%的股票，如步长制药，银行股，只要在股市大跌时，择机买入持着，中间做几回波段就够了。

想获得超额利润就难了，我最常听的一句话，就是这股什么时候涨，这个问题是没法回答，股价的趋势可以通过技术手段大致判定，空间也是可以判定的，时间就不好说了，股票最佳买入时机，就是突破原来下跌趋势通道，回踩时买进。但回头，他又跌回通道，结果是个假突破，止损不？必须止损！如果这时你又发现另一个股票也突破了，你又去跟进，结果又是假的，这样反反复复的，一年有三四回，30%就没了。

做股票不是简单买进就行，从选股，到建仓都需慎重。选股时，一定要以投资的心态去买股票，对基本面有深入细致的了解，基本面是你最后的心理防线。建仓时，最少得分七八次，时间也得一二个月。总之、慎重！本金是最重要的，尤其是刚入市。你一定要做好准备，你需要方方面面的知识，你需要对市场，对自己有足够的认知。股票投资需要胆识、智慧与意志。风险与利润是一对孪生兄弟，超额收益必来源于高风险。"不忘初心"很重要，预期收益率就是初心。

四、基本面风险与控制

中国资本市场经过近30年的发展壮大，如今无论是规模还是制度都有了飞跃式的发展，市场正在走向国际化，市场的交易主体正在发生变化，交易逻辑也正在发生变化，国际资本正在逐步进入中国市场，中国资本市场正在逐步多样化，但驱动股票价格上涨的最基本因素只有一个，那就是基本面！美国的微软、可口可乐，中国的阿里巴巴、长春高新、茅台在没有成长起来之前很少有人能真正认识到其潜在的价值，即使曾经拥有，也不会有很大的收获。普通投资者是没有能力对基本面进行分析的，只能跟着市场对基本面的分析走，然而，这也不是绝对安全的，当年暴风集团也是网络公司的领军企业，可是上市后不能持久一败涂地，爆雷退市这种风险时时刻刻在围绕着投资者。

这种情况不仅在中国，在美国也是同样，中国资本市场的今天与美国资本市场在20世纪60～70年代比较像，散户投资者比较多，但是截至2020年5月，中国资本市场的散户与机构投资者相比已经是4∶6。而美国资本市场散户占比不到10%，中国资本市场去散户化的进程仍将继续，而且，有逐步加速的趋势。

投资有两大"兄弟",一个是风险,一个是收益,这哥俩是相生相伴的,投资风险越大,收益越大。普通投资者若想跟随中国资本市场共同发展壮大,回避基本面风险是在市场中生存的第一要务。事实,很简单,降低预期收益率,获取市场平均回报,就可以了。

未来市场投资趋势,投资方向,就是指数化投资,这里包含优选指数基金投资和主题指数基金投资:

(1)优选指数基金投资,如上证50指数基金、上证180指数基金、沪深300指数基金以及创业板50指数基金等。

(2)主题指数基金投资,如人工智能基金、券商ETF、5G ETF、医疗ETF、半导体ETF等。

投资指数基金最大的好处就是有效回避了个股的基本面风险。优选指数基金投资是投资中国市场中最优秀、最具有成长性的企业,收益它们的平均成长。主题指数基金投资是投资某个行业或某个概念的优秀企业成长。只要多关注国家发展规划和产业政策,从中选择国家支持的、未来发展空间大的行业或概念就可以了。技术分析上,指数基金投资和股票投资一样,如果你有能力,也可以运用技术分析,进行波段操作,相对股票技术分析指数基金更有效。没有技术分析能力,依据基本面买卖也是完全可以的。

第二节　要懂点儿投资心理学

一、知人者明，知己者智

投资过程是个心理过程，一个成功的投资者必须了解，价格从底部整理到拉升、到头部整个过程中，不同价位，不同仓位投资者的心态及想法，要懂点价格心理学。知人者明，知己者智，投资如打仗，知己知彼才能百战不殆。研究这个心理过程，可以避免被大多数投资者或自己的错误感觉、臆想所误导，有助于理解自己对市场的反应，并基于对基本面的掌握，运用技术分析等工具的配合，作出有效的投资策略；实事求是分析自己所犯的错误，防止牵强附会或被自己的偏好所左右。对大众投资心理的分析贯穿整个技术分析之中。

做投资学点价格心理学是非常必要的，也是非常重要的，要了解自己，了解市场，这样你才能做出正确的预期和规划，才能找到最适合自己的操作方式和操作规则，适合自己的就是最好，这话同样适合于炒股。

另外，炒股也要懂点哲学，懂得取舍，懂得抓大放小，懂得知白守黑。简单解释一下，一波新的行情诞生之际，也就是前一波趋势死亡之时，将死之时，也要蹬下腿，别轻视了这个一腿（黄金坑），也是要伤人的！有时还不时蹬一两下，总得说你不能轻易抄底，不能想买到最低，要懂得取舍，放弃不确定的小利，市场所提倡的右侧交易就具有这一思想——提倡突破趋势后入场，只吃鱼身。

知白守黑是中国古老的哲学思想，懂得这一点也非常重要。炒股如同下棋，当局者迷，旁观者清，以旁观者的姿态，与变幻莫测的股市保持适当的距离，能更准确地把握它。进入股市就两种钱，一赚钱，二赔钱，利益之争驱使市场充满玄机，天天在市场里混的，大多数人看到的都并非真相，这是事实。懂得知白守黑，学会旁观股市，才能做出客观决策，才能理性操作。要以投资的心态去买卖股票。

最后一点，就是要识大局，从大的趋势着眼，从小的趋势入手，格局大了，心自然就平了，做起来也就顺了。

二、趋势形成过程中的心理分析

经验告诉我们，趋势一旦形成，在大部分时间是一边倒。开始股价处于混沌时期，上涨趋势不明显，上涨时会遇到不同的阻力区，价格很快回落，又遇着不同的支持位，在混沌区域范围内小的价格波动纯粹属于噪音，难以预测，从中只能获得一点小利。一旦价格突破重要阻力区，它就坚决地开始往上走。

趋势刚开始的时候，大多数人把它看成是一次新的随机运动，认为价格很快就会回来，许多人慌忙兑现所获之利。价格回落，新的买主开始加入，经过一段时间的多空博弈，价格重拾升势。市场行情已经变了，那些刚刚卖出的人，开始后悔，希望价格回落，趋势正在形成。一个趋势开始形成时，它往往会持续很长时间，超出任何人的想象，大多数人搭了一程车后，心满意足地退出观望，然后行情一直延续下去，简直难以置信。最后发展成"羊群效应"，持续一年两年乃至三年中间偶尔被打断，也是短期的。这种情况，在市场中可能并不少，但是，被你发现的并不多，能坚持跟随走完趋势的更少。经验告诉我们，把握趋势是挣大钱的机会，发现并拥有它是你一生的机会。

这个过程也就是所谓的趋势心理学。交易者只有懂得大多数交易者在想什么，才能判断自己的想法是否趋同，是否客观，是否正确。交易者的心理情绪对交易是至关重要的，只有滤去心中的噪音，才能坚持初心，跟随主力走向价格巅峰。

1. 确定未来趋势

我们如何知道一个趋势是否会延续？

趋势经过长期下跌，某一天突破下跌通道趋势线，并放出巨量，出现的买入信号，多数人判断趋势已经改变，很快就要上涨，但不知道何时开始涨，大多数人在等待一个明显的买入信号，这是一个漫长的等待，如图1-2所示。

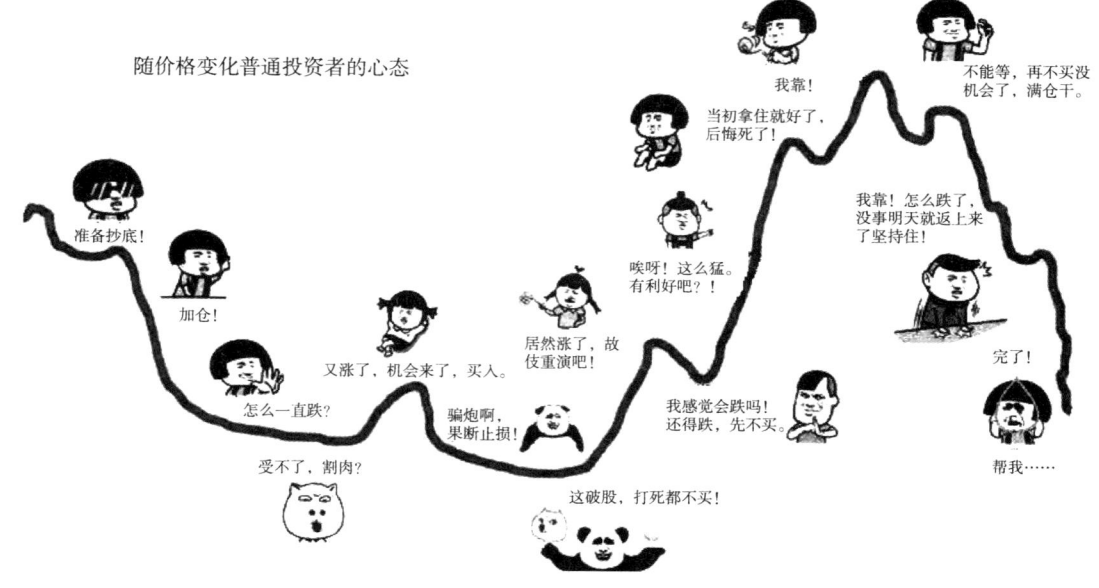

图 1-2 股价各个阶段投资者的心理表现

价格在慢慢上涨，突然有一天，放出巨量涨停，市场出现狂热。所有的人都注意到了这一情况，股评报道蜂拥而至，寻找股价上涨的原因（价格走在前面），事实上，任何事物的背后，都能倒出一大串理由，突然间，所有人都听到了正面消息，无人顾及反面声音。所能记住的，就是适应自己心里的态度。实际上，大多数人看新闻的目的就是，在为自己所要做的交易找出理由，以确信自己的交易是正确的，这个想法完全是为了满足自己的心理需求，其本身就已经不客观了。

第 2 天开盘，所有的人都盯住股价，此时他们心态各异。那些在上涨之前买入，且一直守住的人赚取了巨大的财富，他们感觉非常幸运，随着股价的上涨，在不断计算自己的财富，在贪婪与恐惧之间摇摆不定，贪婪告诉他守住仓位，一定要挣个够！同时又提醒他，绝对不能让煮熟的鸭子又飞了，随时准备落袋为安。

那些在上涨之前刚刚卖出的人，心情就不是那么好了。即使他刚刚出局，但对股价的关注一点都不少，显然，他犯了一个大错误。一开始他们相信价格会上涨，慢慢失去耐心，最后卖出，但是不卖不涨！一卖就涨！这种感觉真是太难受了，更糟糕的事情是，悔恨使他们比以前更加相信价格会继续上涨，最难的是，如果现在就买回，价格比卖出时高了许多，让心难以接受。唯一能做到的是，等待价格回落一点再冲进去，心里能好受些。

最痛苦的人，还是那些在上涨之前做融券卖出人，价格的不断上涨，他的感受是恐惧、惊奇和绝望，他们害怕遭受更大的损失，而且证券公司要求他们平仓。他被打得晕头转向，会尽可能地选择较低的价位出局（买进），也有少数血性赌徒会反手做多，由空头转向多头。

2. 选择合适的时机

所有这些心态各异的市场参与者都紧盯着价格走势，幸运者在考虑是否卖出，悔恨或更糟糕的人却在寻机买入，事实上他们的决定早已做出，剩下的只是时机问题。于是，大多数人都处于观望状态，市场屏息静气，随后的几天里，成交量逐渐减少。谁最先作出决定？从心理学角度，肯定是愉快的一方，也就是那些幸运儿，开始可能是几个人，随后，马上有人跟进，成交量很低，无论是参与者还是股评家都看出来，仅仅是投资者的获利回吐。

当价格下跌到前期成交密集区时，第1波卖出的人又开始进场买入，而此时的价格也正是空仓者梦寐以求的价格。人们蜂拥而入，价格不再下跌，重新上涨，并创出新高，人们不再恐惧，价格进入了一个新的空间。

股价经过一段大涨后，成为市场的明星，引来更多的关注者，股价形成了一个标准的上升通道，每一次调整都会引来更多的人买进。那些没有入市的人感觉可笑，有人开始做空。

然而市场热情依然存在，许多人随时准备买进，价格下跌非常有限，很快又重拾升势。这次上涨不仅有新人加入，许多前面退出的人又重新冲了进来，没有人确认是什么样的趋势，情况非常好，没有任何可担心的。

3. 失望预期和三重打击

市场在出现一个突如其来的上涨之后，随之而来的是下跌调整，这是由于前期投资者获利回吐，新的投资者则利用这次机会逢低买入，大多数卖出者注意到，每次市场创出新高后，他们都应该守仓不动，而小幅回调恰好是买进机会，每次上涨都引来更多的、新的投资者，愿在现价买入。而从一开始就介入的买主，原本是想获小利，但是他们发现市场趋势，没有走弱迹象，于是不断推迟卖出，守仓不动，市场筹码稀缺，任何获利回吐都引来更强的购买欲望，人们已不再注意上升趋势通道是否破坏，然而，随着成交量的放大，股价已不再创出新高，有很大一部分投资者已经出现亏损，当出现这种情况时，表明市场行情彻底改变，投资者先是感到惊喜，然后是不确定和紧张，在最后的成交密集区介入的新投资者更是遭受三重打击，首先他们在外旁观时市场高歌猛进，而一旦他们终于入市，市场却未创新高，现在他们居然亏损，连遭三重打击！

4. 转势前的最后犹豫

市场安静的一段时间，最后终于有人打破沉默，那批新投资者再一次遭受沉重打击，承认失败，面对现实选择撤退，墙倒众人推，市场出现大幅下跌。在趋势转换前，最后还在犹豫的投资者深套其中。道氏理论对趋势判断的描述：多头市场由一系列不断上升的阶段性高点与不断上升的阶段性低点组成，价格调整只要不跌破前低，就不能轻易判断上升趋势结束；空头市场则相反。

这是趋势的最重要特征，在上升趋势中，我们尤其要注意观察不断抬高的阶段性底部低点（往往是前一个高点的头部），而在下跌趋势中，要特别留意不断下降的头部（前期底部）。

5. 恐惧的心理

事实上，无论是基本面还是技术分析，分析得多么有价值、多么对，都不能保证你的交易是正确的，能将其转化为正确的投资交易却是另一回事，困难源于人们心理上两个无法避免的问题，第一，无论投资者多么仔细地去分析特定的市场，总会产生疏漏的可能，因此，存在不确定，每个做技术分析的人，都经历过这一折磨；影响交易成功与否的第二个因素就是人的心理，人总愿将自己的自尊与未来，跟他的交易纠缠在一起，盈利的时候，过于贪婪，而亏损的时候过于恐慌。心理因素从深层次上讲是对市场的认知不够，从操作上讲是没有建立自己的分析、交易系统，处于无序交易状态。解决这两个问题有两种选择。第一，清醒地认识到自己不适合这个市场，选择离开。第二就是不断学习，总结出自己的一套分析交易系统。奉劝那些这也不信，那也不信，只信小道消息的人远离市场。

三、投资策略和方法适合自己为最好

投资说简单是非常简单的，只要你知道自己要什么就行，简单不等于随便，简单本身也是投资策略的一种，所以也有相对的，简单的投资方法。例如，你不想操太多心，也没有工夫去研究投资方法，那你的投资策略也相应要简单，赚取市场平均收益即可，相应的方法就是购买主题指数基金，例如，5G ETF、创业板 50、上证 50 等，要学习也是相当简单，只要判断大盘找准大概的入场时机和卖出时机，就 OK 了！

投资要说难，就难在自己这颗心上，在利益面前，人人都会患得患失，很难平衡，尤其是天天紧盯看盘的人，每天都在寻找各种利好，企图掌握市场的每一个细节，说到这儿，你也会知道，这是不可能的。但是市场中这种人不在少数，还有一种人就是专听别人的，买入挣钱很快就卖了，赔钱就放那儿不管了，最后全部套牢。所以说没有自己的投资策略，是万万不行的。

四、炒股需要的几个条件

1. 有足够的生活开支来源

有足够的生活开支来源也就是，你的损益不会影响到你的半年乃至一年的生活基本需求。假设，每月收益在 5% 左右，或者一年在 30%~50%，可以完全覆盖你的所有生活开支和一些大额开支，至于多少，自己去算算，如果 5% 的收益足够你两个月以上生活开支，说明你的资金可以做职业投资者的第一个条件。

2. 具备相应的基础知识

有对经济规律和企业基本运作特征足够理解和认识，具备足够的学习能力和判断能力，这些都是息息相关的。

3. 具备一定财务基础知识

具备一些基本的财务能力，如统计和财务的知识，什么毛利润率，同比，环比，以及现金流，应收款和库存等基本的财务常识，没有这些基本知识，那么，你就无法达到职业炒股的足够高度——就是对估值水平的自我分析和判断能力。

4. 有一定逻辑分析能力

具备比较强的逻辑思维能力。逻辑能力，在我看来，是打败博弈能力的不二法宝，博弈无常胜，而逻辑则无失准。

5. 有战胜人性弱点的能力

就是具备一些性格特征，比如，足够坚韧和执着，比较自信，对经过充分研究的行业和公司具备很强的定力，对于股价的波动来说，有很多因素，比如指数环境的影响，市场热点的影响，不同指数阶段热点以及持续力不同的影响，而具备足够坚韧和执着性格的人只会关心最初做出判断的逻辑和条件是否发生变化，以及是否要根据这个变化调整自己的投资逻辑。对于波动和等待，任何人，无论是职业还是业余炒股的人都必须面对，并不是什么罕见的事情。差别是有些人有足够的逻辑和研究，有些人没有；有些人有足够的坚韧和执着，有些人没有。

五、投资不是一件简单的事

这听起来好像是废话，然而大多数人却不以为然，很多人在没有任何准备的情况下，就是看周围的人在股市都挣了钱，也把辛辛苦苦挣的钱，拿出来冲了进去，短期内可能挣了些钱，但是，往往这时候就是最后的一棒，深套其中多少年都出不来，这还得说，买的股票基本面不错，否则后果不堪设想。

投资股票靠消息肯定不行。价格走在前面，消息滞后于股价，是为主力资金服务的。纯技术派呢，其实也不行！简单、过分相信某个技术指标，你就一定会在不知不觉中，掉入了主力的陷阱中，受其摆布。技术指标你看，庄也看，短期技术指标很容易被人利用，长期的相对准。"资金流向"更是幌子：每一笔买卖资金单子，都不会写上"我是主力"，或者"我是小散"。股票价格走势错综复杂，信息的不对称更是增添了诸多不确定性，寻找一种简单实用的投资模式，活下来、成长、壮大是每个投资者的梦。

本章小结

本章所讲的问题，是投资者在进入投资市场前必须明白的问题。这些问题可以说每一个都非常重要，只要你想进入资本市场投资，这些问题就会伴随着你的投资生涯。想成为一个成功的投资者，就必须带着我这些问题去学习，去实践，去体会，直到你完全明白，将所有问题都融化在脑子里，无论何时都知道当下应该如何应对。这样才能够实现稳定盈利，实现财富稳定增长。投资最重要的问题有三个方面：

（1）投资标的的基本面必须是健康的，必须符合国家产业主导方向及优惠政策，最好是龙头企业。

（2）在投资运作中资金管理问题是首要问题。企业再好也有高峰和低谷的时候，谁也不能确保买的时候一定最佳时期。何况还有市场大环境的好坏，因此，做好资金管理是实现长期稳定运作和保持心态的关键。

（3）投资心态包括自己的投资心态和市场大众的投资心态。主力资金运作是通过分析、利用市场大众心态进行有计划、有目标的分段投资过程，不是普通投资者理解的仅凭资金优势控制盘面。

基本面、资金管理及大众心态是投资基础，而技术分析则是分析、操作规程。前者是基础，后者是保障，想成为一名成功的投资者，学习这一关是一定要过的，而且是反反复复，不是一次两次就能过的。

第二章

定量化交易的理论基础与实践

从简单开始,先学会一个简单的方法,学习者能从中受益,然后,通过运用逐步理解方法,再通过学习理论悟出方法的逻辑性,最后,建立自己的交易逻辑与方法。

第一节　定量化判断趋势的条件

在交易之前有三个问题必须要搞清楚：现在运行的主趋势是什么；如何判断主趋势的结束；交易的趋势是什么级别。也就是说，要知道当下是不是买的时候，在什么地方买。或者说，当下是不是卖的时候，在什么时候卖。下面我们就讲讲如何开始交易与如何结束交易。

一、判断趋势的两个理论基础

道氏理论对趋势判断的描述：①多头市场由一系列不断上升的高峰与不断上升的谷底组成，价格调整只要不破前低，就不能轻易判断上升趋势结束；②空头市场是由不断下降的高点和不断下降的谷底组成，反弹只要不突破前期高点，下降趋势就不能判断结束。

道氏理论对趋势的描述非常简单，只要你仔细琢磨两遍，都可以大致理解。这两条理论是技术分析、判断趋势的基础，是必须掌握和理解的，无论你是日内盯盘做 T，还是盘后分析，时时刻刻都用得上。道氏理论看似简单，却是跟踪趋势的最好理论依据。

二、判断趋势反转的理论依据

"价格等于时间，时间等于价格，价格与时间相互转换。"这是江恩的思想，一开始可能不太好理解，其实也很简单，进一步解释一下，就是在上升趋势中，如果调整的时间比前一次调整的时间长，则价格趋势将面临转势；若调整幅度大于前一次调整幅度，则价格已经进入转势阶段。这是我们技术分析、判断趋势反转的依据，非常重要，切记！

应用江恩法则，笔者总结出一个跟踪、判断趋势终结、进场和出局的买卖方法——多空分界法。

三、定量化判断趋势反转的条件——多空分界法

1. 时间是反转的临界条件

计算某一段上升或下跌行情中，所有的反作用浪的调整时间，当反作用浪调整时间大于前边最大反作用浪调整时间的 1.236 倍时，我们判断主趋势面临反转。

2. 空间是反转的必要条件——多空分界法

计算某一段上升或下跌行情中，所有的反作用浪的幅度，当反作用浪幅度大于前边最大反作用浪幅度时，我们判断主趋势已经发生反转。应在反弹或回调中逢高卖出或择机买入。我将这个监控股票运动趋势的方法称为多空分界法。

四、实例讲解上述三条理论的应用

1. 道氏理论对趋势的描述

如图 2-1 所示，上证指数自 2020 年 3 月 19 日形成 2646.80 低点后走出了一段上升趋势，下面我们从两方面分析这段上升趋势的延续与反转卖出条件：依据道氏理论对多头空头市场的描述，高点 a、c、e、g 和低点 0、b、d、f、h 逐波抬高，上升趋势保持完好；依据上边第 3 条江恩法则，gh 段调整幅度已经大于前边最大调整 cd 段幅度。因此，判断自 2646.80 点为起点的这段上升趋势基本结束，将进入高位震荡走势，可逢高卖出。

2. 多空分界法

如图 2-2 所示，上证指数周线自 2018 年 2 月 2 日一周高点 3587.03 点起，进入一个中期下降通道，反弹浪中 ij 段是最大的反弹浪，但 ij 段依然处于下降通道内。当上证指数创出 2440.91 低点后，kl 段的反弹幅度超过 ij 段，价格也突破了中期下降通道，因此，可以判断，下跌趋势结束。

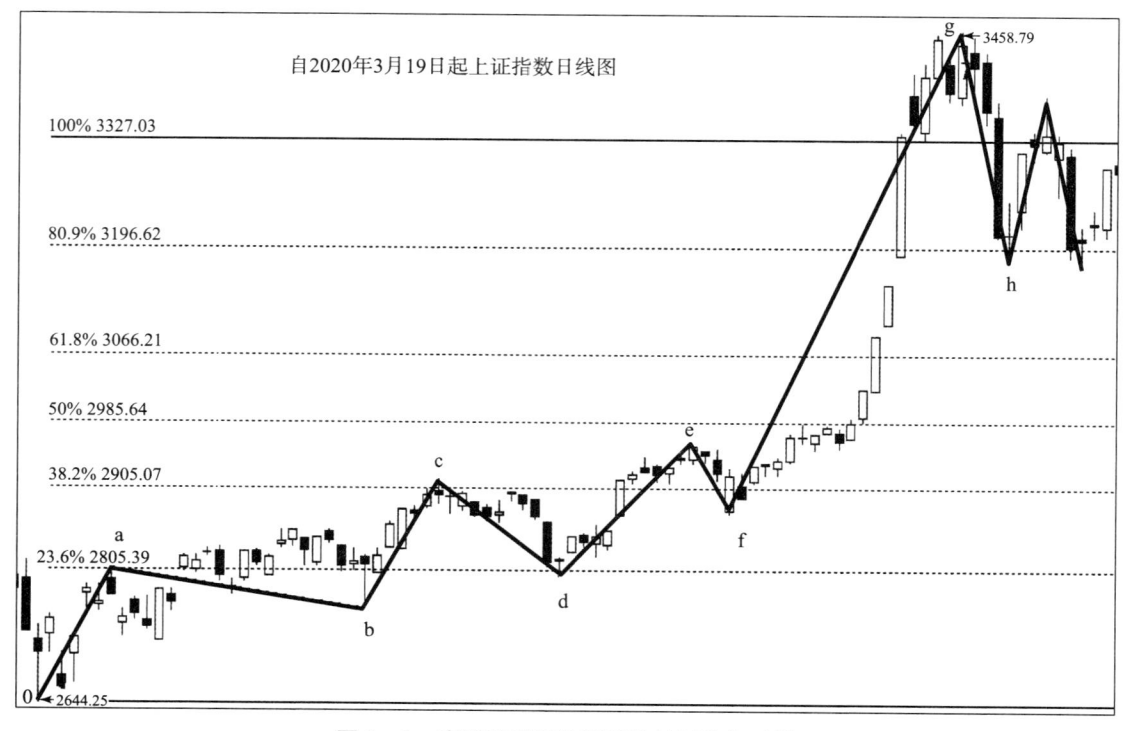

图 2-1　应用道氏理论判断趋势延续与反转

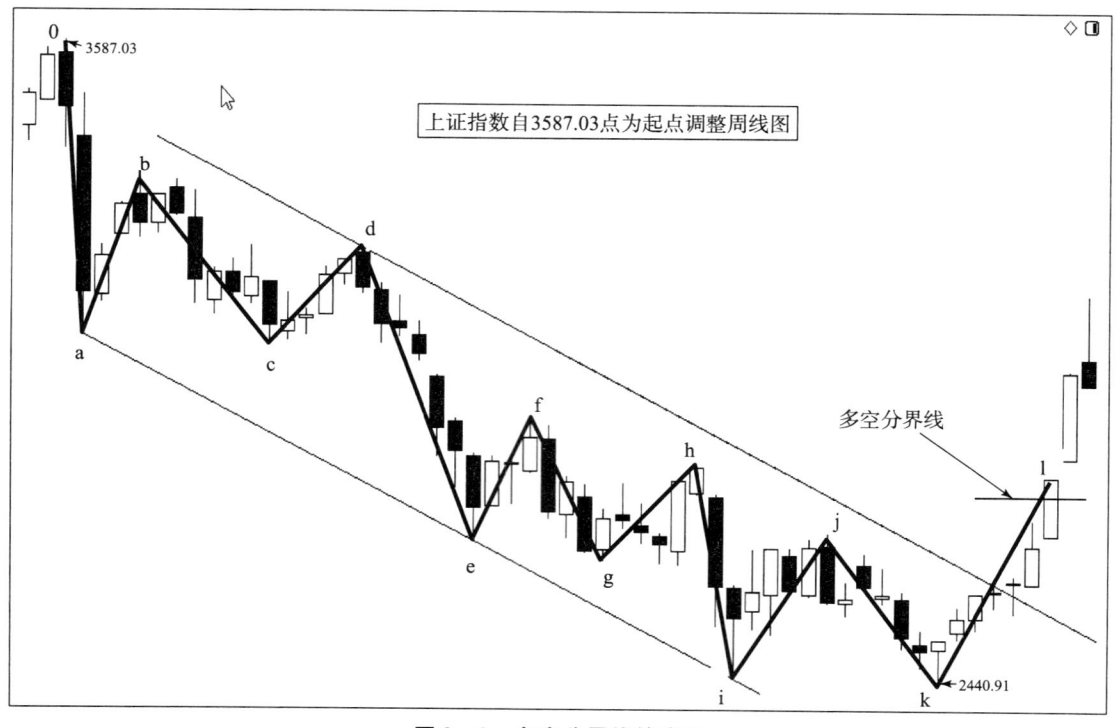

图 2-2　多空分界线的应用

ij 段低点是 2018 年 10 月 19 日 2449.20 点，高点是 2018 年 11 月 19 日 2703.81 点，反弹幅度是 254.31 点，多空分界点是 2440.91 + 254.31 = 2695.22（点）。正好是上证指数突破中期下降通道的第 1 根 K 线。

3. 万科日线级别的五浪上升行情

万科 2019 年 6 月 3 日启动的一波，日线级别的五浪上升行情，我们利用多空分界点，判断是否存在五浪扩展波。

如图 2-3 所示，ab 段回调幅度为 1.05 元，ef 段回调幅度为 1.60 元，是调整段中最大回调幅度，g 点创出新高 29.39 元开始回调。由此，计算出多空分界线点位是 27.79 元（29.39 元 – 1.60 元 = 27.79 元），价格连续三个交易日调整低点为 27.57 元，跌破多空分界线，由此判断不会有延展行情，接下来将进入调整。请参考万科 2019 年 6 月 3 日 K 线，最好自己动手算一下。

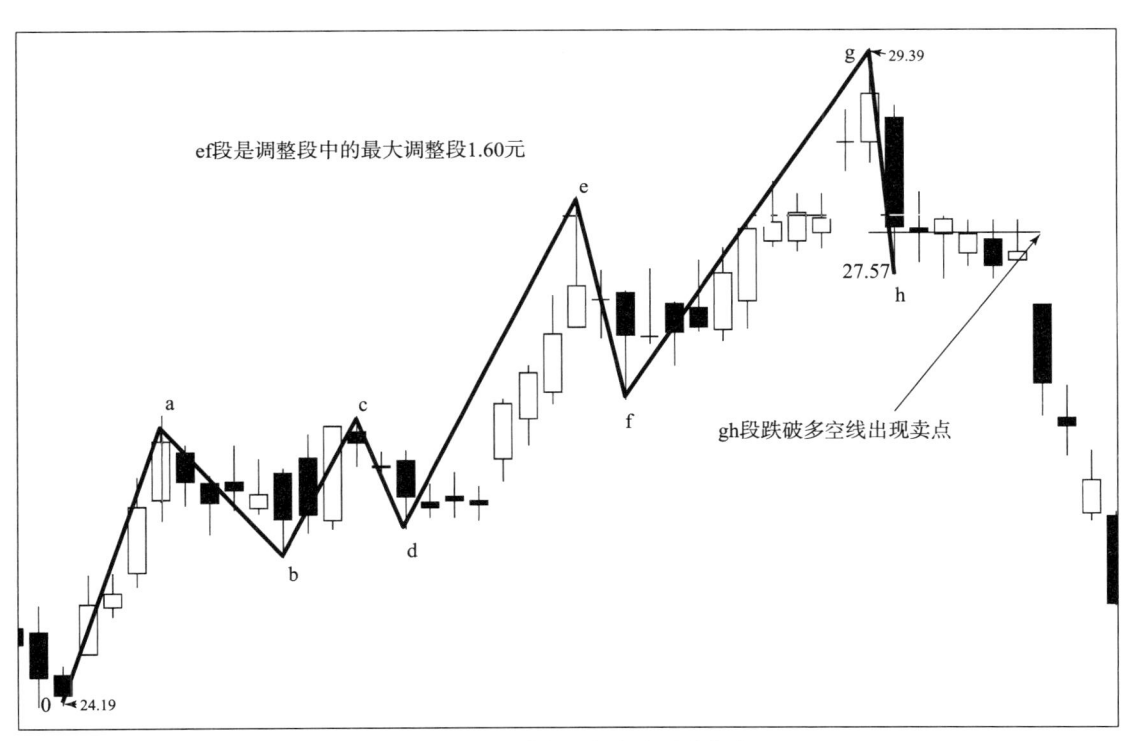

图 2-3　万科应用多空分界法卖出

4. 应用多空分界线判断底部五浪诱多卖出点

如图 2-4 所示，2019 年 11 月 14 日 ST 北讯创出 1.46 元低点后，反弹突破下降通道，走出一波五浪上升行情。我们应用多空分界线判断这波上涨行情的卖出点。经计算在两波回调中，cd 段回调幅度最大，为 0.44 元。由此，可以计算得出多空分界线为 2.13 元，2020 年 1 月 17 日，股价跌破多空分界线，反弹时我在 2.19 元出局。请打开 ST 北讯 2019 年 11 月 14 日的日线图，自己算下。

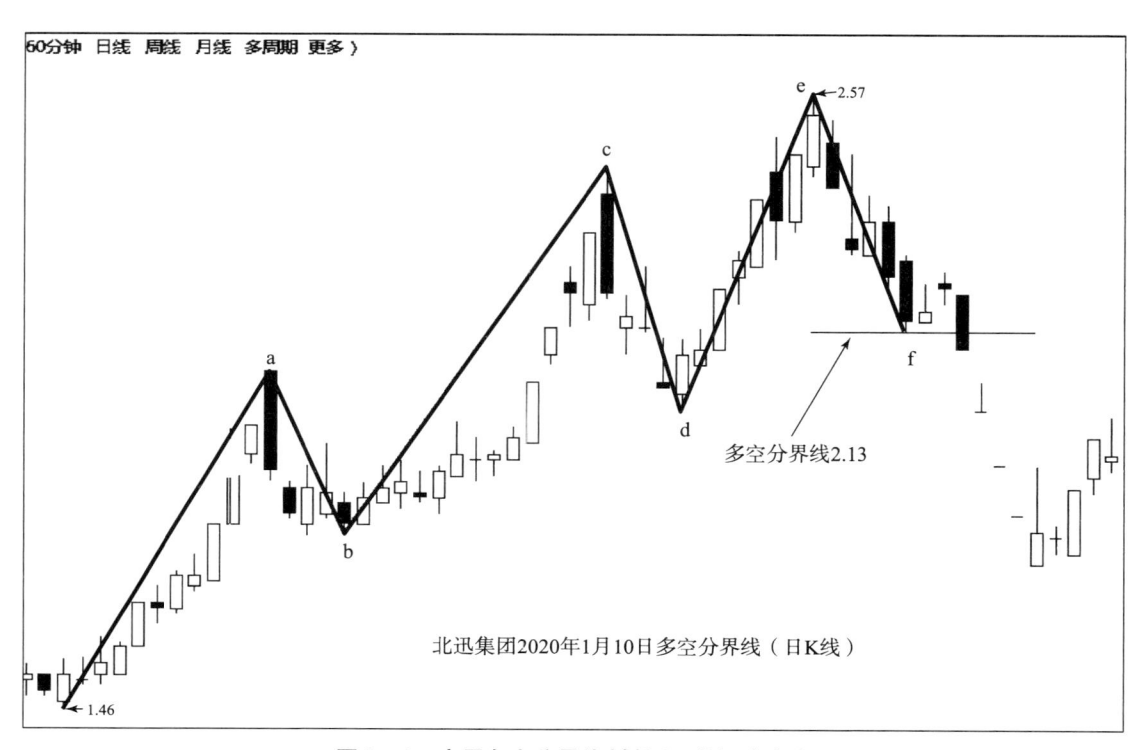

北迅集团2020年1月10日多空分界线（日K线）

图 2-4　应用多空分界线判断 ST 北讯卖出点

第二节　二波结构

实现定量化分析必须有可靠的基础数据，而数据的来源是价格生长的初始结构，只有确定初始结构，才能确定计算未来增长空间以及时间之窗的初始数据。因此，我们必须首先确定一个初始结构模型。

化繁为简是我处理价格形态结构分析的原则。价格形态是多空双方博弈的一个过程，过程中最简单的结构是二波结构，上、下或下、上的二波结构是价格运动的最基本结构，是技术分析的最小单位。也是我们要研究的初始结构模型。

笔者将初始结构模型命名为"WZ结构"。"WZ结构"是实现定量化交易的基础，后边很多概念都要用到。这节讲的"二波结构"是构成"WZ结构"的最小组件，一定要熟记，理解弄懂"二波结构"及与其相关的多空循环结构。

一、二波结构定律——形态结构生长逻辑

定理一：二波结构是价格运动的最基本结构，是价格分析的最小单位，内部结构是一个完整的多空博弈过程。

定理二：二波结构的内部结构是3-3或5-3多空循环结构，是交易级别，是确定买卖点、止损点的操作级别。

定理三：二波结构包括2种走势结构：推动波；调整波。以上升趋势为例，二者区别是推动波终点不能低于前一个推动波高点，否则为调整波。如果推动波与前一个推动波高点有重叠，则是对前一个推动波趋势的确认，如果确认前一个推动波趋势成立，这个推动波与调整波重新组合一个新的二波结构。另外，推动波的次级别通常是5-3结构，调整波的次级别通常是3-3结构。推动波的语言表达是行情的持续，调整波的语言表达是盘整确认。

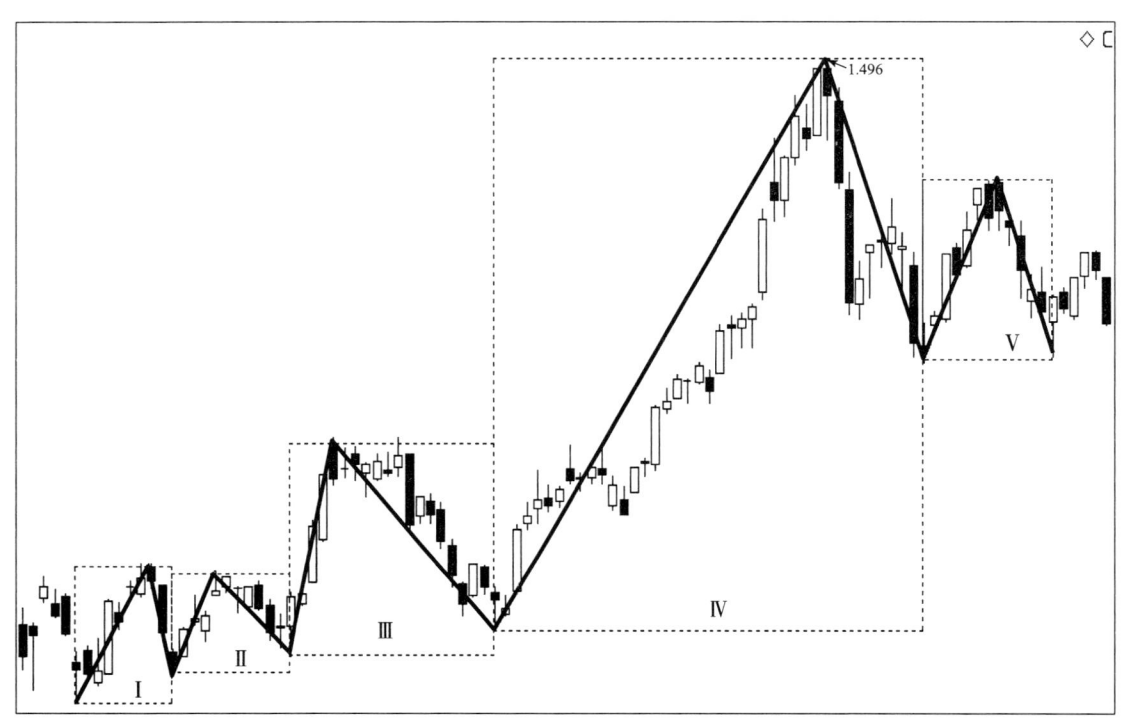

如图 2-5 所示，Ⅰ、Ⅳ为推动波，Ⅱ、Ⅲ、Ⅴ为调整波，由Ⅰ、Ⅱ、Ⅲ三个二波结构合并成一个新的二波结构。同样Ⅳ、Ⅴ两个二波结构合并成一个新的二波结构。

图 2-5 二波结构中的推动波与调整波

价格运动的本质就是推动成长，成长确认，如果确认成功，继续沿着确认趋势生长。如果确认失败，趋势反转，形成新的趋势。二波结构是我们从形态结构上，判断价格趋势的一个重要依据。应用上比波浪理论简单可靠。

二、二波结构与多空循环结构

"二波结构"是我学习、研究波浪理论时发现、总结创立的形态结构分析理论。价格运动过程的本质是一个接一个的多空博弈过程，"二波结构"是多空博弈的最基本结构，二波结构反映的是一个完整的多空博弈过程，是价格分析的最小单位。研究"二波结构"的特性，对认识价格运动的本质有着特殊的意义。

1. 二波结构与多空循环结构的定义

二波结构：笔者将上、下（下、上）的二波走势称为"二波结构"，见图 2-6 中细线。

多空循环结构：二波结构的内部结构是一个完整的 3-3 或 5-3 多空循环结构，笔者将这个内部结构 3-3 或 5-3 结构称为"多空循环结构"，见图 2-6 中粗线。

3-3 或 5-3 两种结构（二波结构）统称为最小多空循环结构单位，用Ⅰ、Ⅱ、Ⅲ、Ⅳ、Ⅴ……或多空循环Ⅰ、多空循环Ⅱ、多空循环Ⅲ、多空循环Ⅳ……表示。

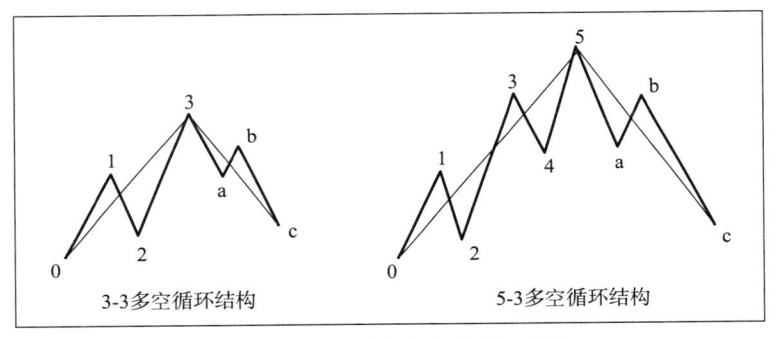

图 2-6 二波结构与多空循环结构

2. 二波结构与多空循环结构的含义

3-3 结构的含义：二波结构内部是一个 3-3 多空循环结构，其含义是表示趋势为盘整走势，属于整理结构。

5-3 结构的含义：二波结构内部是一个五波推动浪和一个三波调整的 5-3 多空循环结构，其含义是表示趋势的延续性，属于趋势结构。

3. 二波结构分析法

笔者将二波结构的次级别 3-3 或 5-3 两种结构统称之为最小多空循环结构单位，当两个以上的最小多空循环结构单位完成后，就可依据最小多空循环结构的起点终点，以及由起点和终点连线构成的速率线。来对比它们之间多空力量的变化，判断力量变化方向，推断出下一个最小多空循环走势方向，可以重复延续下去。分析、判断的理论基础依然是道氏理论关于趋势判断的两个理论，方法具有很强的逻辑性和可复制性。笔者将这种分析方法称为"二波结构分析法"。

三、多空循环结构分析方法的应用

实例不作为本节重点,看不懂没关系,了解一下就可以,重点是记住多空循环结构。

案例1　信维通信

如图2-7所示,信维通信从2017年11月20日起开始调整,经过Ⅰ、Ⅱ两个日线级别多空循环后,我们对比一下Ⅰ、Ⅱ两个多空循环结构的下跌力度,多空循环Ⅱ下跌浪123明显小于多空循环Ⅰ的下跌浪,而多空循环Ⅱ反弹浪abc却大于多空循环Ⅰ反弹浪,多空循环Ⅱ中a点已经高于多空循环Ⅰ的最低点(b点),当Ⅲ多空循环下跌浪123完成后,与多空循环Ⅱ对比一下,很明显已经不再创新低,多空循环Ⅲ的b点是一个经过三波结构确认的买点,而且Ⅰ、Ⅱ、Ⅲ连续三个多空循环结构已经升级为一个周线级别多空循环结构。

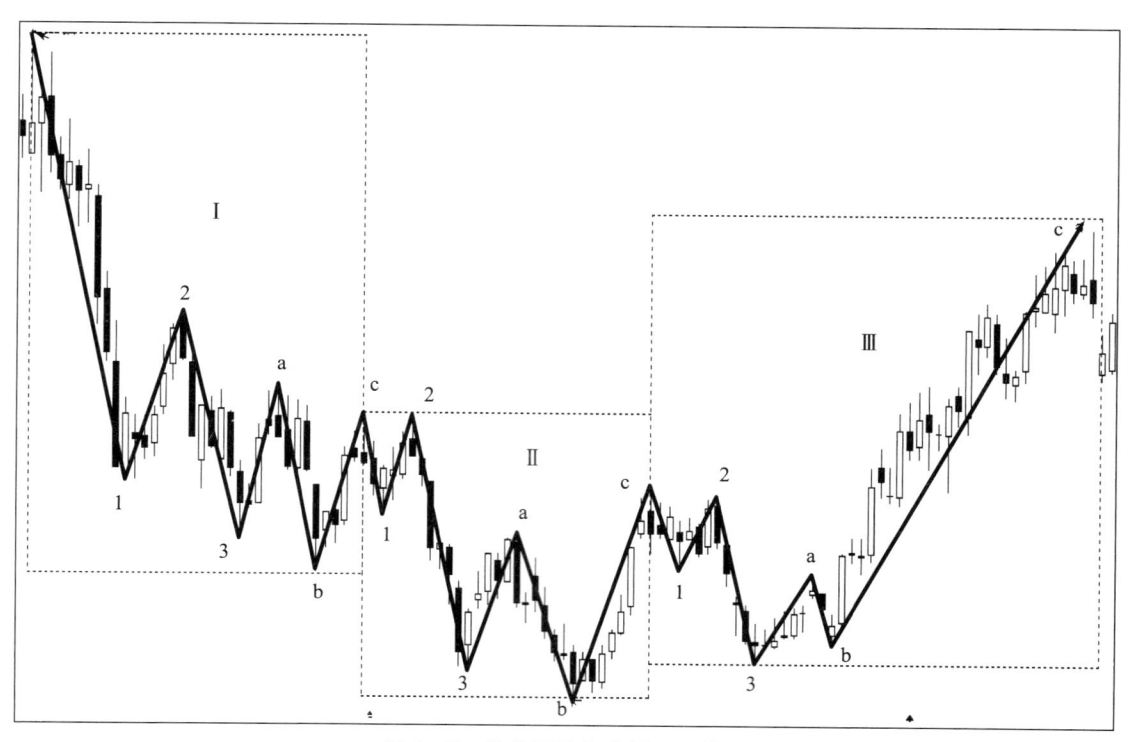

图2-7　信维通信多空循环结构图

多空循环Ⅲ的b点也是一个确定性向上趋势的起点,是确认性买点。这个例子在日线级别多空循环结构上的对比分析。在实际应用中,我习惯在5分钟级别上,用这种方法感悟多空力量变化,监控买卖点。因为感悟这个东西,不是讲,是要深入到小级别价格变化中,慢慢感悟的,这是一种很实用、很简单的方法。

案例2　5G ETF 多空循环结构分析

如图2-8所示,2020年3月30日5G ETF创出低点0.978元,经过多空循环结构Ⅰ,多头明显占上风,c点成为确定性2类买点,结合上升趋势通道线,在趋势通道下轨1.05元,建立日线级别4成仓位。之后,价格经过多空循环结构Ⅱ的第1推动浪突破中轨及上轨,回头确认时,在中轨2点附近增加5成仓,总仓位9成仓。当价格到达1.496元高点后,开始调整,我们使用多空分界线判断趋势是否终结,判断卖点,当价格跌破多空分界线时,我们去30分钟级确认下,卖点出现,1.426元卖出8成仓位。

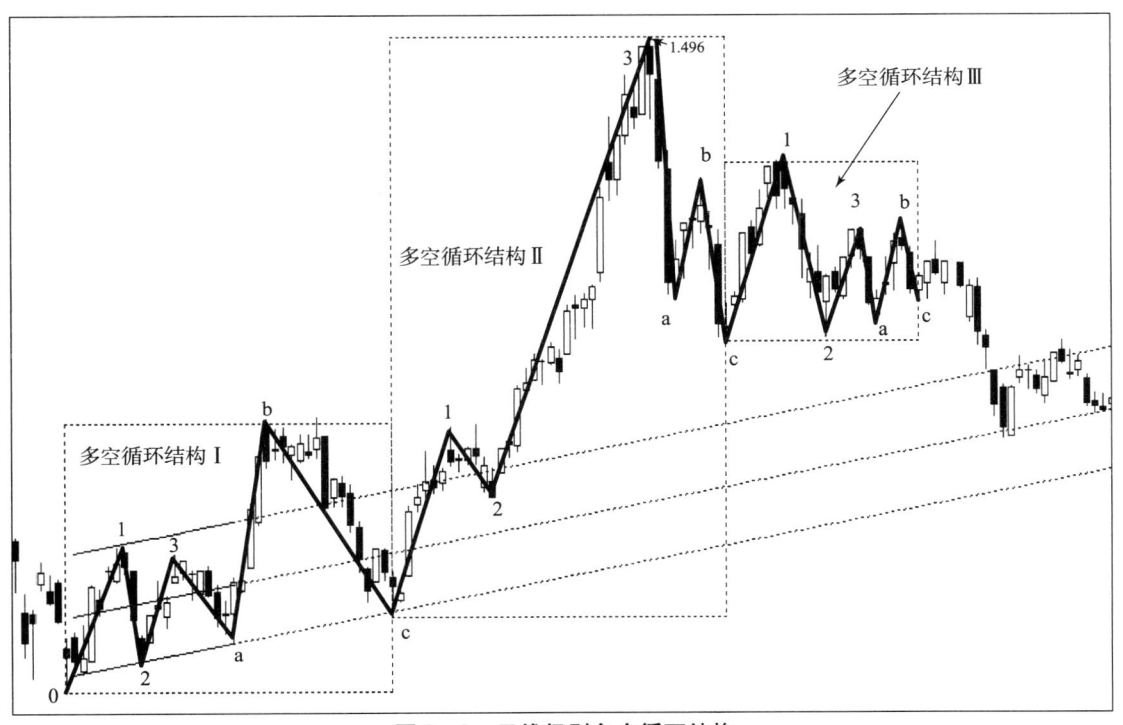

图2-8　日线级别多空循环结构

在实际分析交易中,我们必须遵守,多角度分析的方法,综合确定买卖时机和买卖点。最少要从4个方面,即:趋势,时空,结构形态及成交量去分析确定,这一点,在后续课程中,有明确详细的讲解。

第三节　定量化交易的初始数据——初始波幅

"初始波幅"是价格成长空间结构的 DNA，是本书最重要的基础知识点，是实现定量化交易的最基础数据。就像应用斐波那契数列分析时间周期一样，我将"初始波幅"引入斐波那契数列分析价格成长空间结构，经过 20 多年的应用与总结，最终演化成初始波理论。它是一种全新的价格空间分析理论，对金融产品未来价格上涨或下跌空间分析有重要意义。利用这一理论将金融产品价格生长空间，按股价运动性质划分成不同区域，区域的划分会让你立刻明白，为什么你买的股票老不涨，而你一卖它就涨的困惑。你也可以清楚地知道股价突破哪个区间，将进入快速拉升阶段，以及股价进攻的中期目标，远期目标位在哪。初始波概念从根本上解决了金融产品价格时空分析的盲目性，使价格空间分析与时间周期预测走向定量化。

一、初始波基本概念

1. 初始波的定义

价格在完成某一个级别的下跌或上涨后，创出低点或高点，之后反弹或调整，价格突破主趋势，走出一个明显的上涨或下降波（次级别是一个完整的 5-3 或 3-3 多空循环结构），我们将这一明显上涨或下跌波定义为初始波，初始波必须符合道氏理论中次级折返定理（折返的幅度为前主要走势幅度的 33% 至 67%），见图 2-9。

2. 初始波基本结构——WZ 结构

初始波的基本结构是由两个多空循环结构组成，多空循环 Ⅰ 形成一波向上或向下的趋势走势，多空循环 Ⅱ 是对多空循环 Ⅰ 趋势的确认过程。我们将初始波的基本结构称作 WZ 结构，见图 2-9。

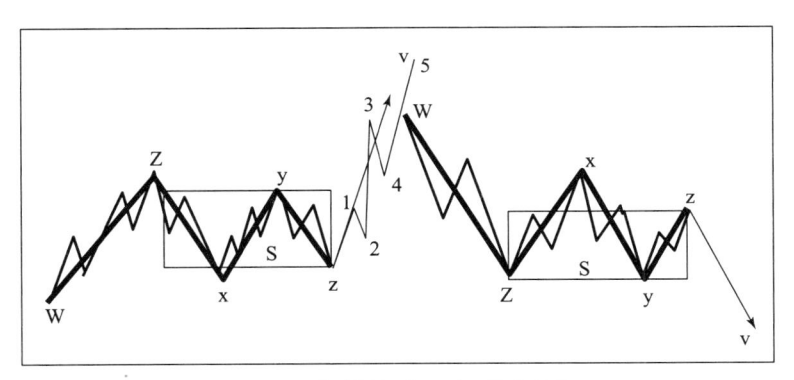

图 2-9 初始波（WZ）基本结构

（1）WZ 结构的确认。WZ 结构的确定主要从以下两方面看：①y 点可以超过 Z 点，z 点也可低于 x 点，但不可低于 W 点，跌破 W 点就破坏了初始波基本形态；②WZ 结构形成后，很多时候还会产生二次确认的多空循环。事实上，如果进入横盘震荡，产生多个多空循环都是正常的，只要不跌破初始波起点，初始波基本结构就成立。

（2）初始中枢定义。初始中枢由连续的三个线段的重叠部分构成，用 S 表示，中枢区间上轨由三个线段高点中的低点构成，下轨由三个线段低点中的高点构成。如图 2-9 所示，方框区域就是中枢区域。确定中枢的主要目的是确定明确的买卖点、止损点，有了明确的买卖点、止损点，操作上就有了标准，操作的确定性也就增加了。初始中枢以及初始中枢区域概念特别重要，一定要记住。

3. 初始波幅、初始周期的定义

（1）初始波幅。将次级别多空循环结构中上升幅度定义为初始波幅，用 r 表示，假定未来价格基本成长波幅为 L，初始波幅 r = 0.236 × L，0.236 为成长系数。将成长系数引入斐波那契数列，作为数列的第 1 项，则衍生出含初始价格成长幅度的斐波那契数列：0.236、0.382、0.618、1.000、1.618、2.618、4.236、6.853 等。

（2）初始周期。将初始波幅运动过程所用的时间定义为斐波那契数列的初始周期。不同周期级别，有不同的初始波幅。一般情况下，我优先选用 30 分钟级别交易，作为交易基础分析级别，并向外扩展，可应用日线、周线级别作为宏观大方向分析，向内扩展，应用 5 分钟级别作为微观操作、监控。注意，不同级别的初始波幅是有相关性的。如，价格在 30 分钟 K 线上完成 5 浪上攻后，进入调整，只要调整的折返幅度不大于 80.9%，那么，这个 5 波上攻和 3 波回调所形成的一个大的上升浪和调整浪就成了日线上的初始波结构。

4. 初始波与黄金矩形

如图 2-10 所示，笔者将初始波概念与黄金矩形概念结合起来，假定初始波幅是黄金矩形的最小一个边，并假定初始波幅是未来价格基本成长波幅 L 的 0.236 倍，由此，我们就可以应用黄金螺旋概念预测未来价格波动空间。

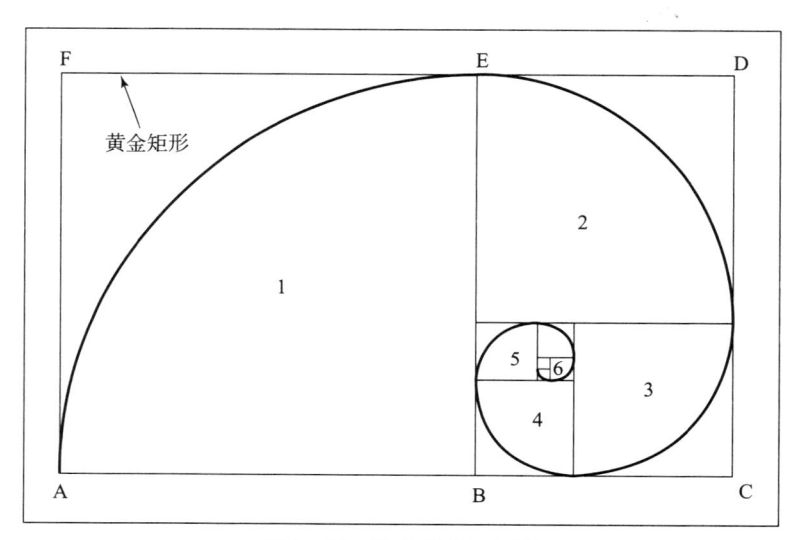

图 2-10 黄金螺旋展开图

5. 初始波价格生长黄金数列

黄金螺旋矩形图中许多小矩形被用来建构黄金螺旋，每个矩形的长度皆可用来衡量该螺旋的"宽度"，我们将该螺旋转换到价格与时间的二维空间，依据黄金螺旋规律，将 0.236 定义为斐波那契数列的起始值，则就可以推出，初始波价格生长黄金数列为 0.236、0.382、0.5、0.618、0.809、1.000、1.236、1.382、1.618、2.618、4.236、6.853 等。去掉不符合斐波那契数列的个项，初始波价格生长斐波那契数列：0.236、0.382、0.618、1.000、1.618、2.618、4.236、6.853 等就出来了。股票未来价格将按照这个数列逐级成长。

在对金融产品价格走势多年的研究与实践中，笔者发现，由初始波形成的上涨或下跌行情中，如果将 0.236 初始上涨波定为 i 浪，回调确认定为 ii 浪，那么，第 iii 主升浪的目标位，基本是由初始波幅计算出来的 61.8% 位。这段行情属于恢复性上涨行情，价格波动依然处于混沌时期。所以，在一般情况下价格不会突破初始黄金比率 61.8% 位。

金融产品价格一旦突破 61.8% 混沌区域上限，价格将进入一个快速成长的拉升阶段。当价格达到 161.8% 时，基本完成初级目标价位。注意！金融产品价格走势，在进入快速成长期末端，价格是处于非理性状态，市场强，实际价格就比理论价格高，可能到达 261.8% 位，反之就低。完成 161.8% 初级目标后，市场将对这个价格成长过程进行调整，回头确认价格成长趋势是否成立，调整的位置最少是 100% 位，最深 61.8%～50% 位，否则，确认失败，将不会完成终极目标任务。这个确认过程将构建第 2 个成长混沌区域。

6. 价格区域的划分

为了能更清楚地认识金融产品价格运动规律，我们按照金融产品价格的运动性质，将金融产品价格未来的运动空间划分成三个区域。

（1）混沌区域：将初始波 61.8% 黄金位以下的区域定义为混沌区域。

（2）成长区域：将初始波 61.8%～161.8% 黄金位区域定义为初级成长区域。

（3）目标区域：将初始波 261.8%～423.6% 黄金位区域定义为终极目标区域。

（4）初始周期：将初始波运动时间定义为斐波那契数列的初始周期。

依据区域划分概念，价格的未来走势，在时间、空间上都有了明确的概念。我们对价格空间结构的分析，主要是通过分析价格到达临界点时的表现，来判断、应对未来可能发生的变化。初始波斐波那契数列中 61.8%、161.8%、261.8%、423.6% 是最重要的价格临界点，其次临界点是 38.2%、50%、100%、200%。

自然界中很多事物都是相通的。价格区域的划分是依据价格区域的运动性质划分的，价格一旦突破 61.8% 混沌区域界限，就会展开，进入快速成长。就像花朵成长过程一样，61.8% 内属于含苞待放，一旦张开，很快就会绽放，这是自然的规律。实践证明，价格生长也是依据这一规律成长壮大。

应用初始波概念分析价格走势，首先，要确定一个初始状态是否成立（也是艾略特波浪理论中的第 i 浪和第 ii 浪是否成立），如果确定成立，我们就可以依据初始波幅、初始周期，对价格未来走势在时间、空间上做出划分，确定区域目标，制定操作计划。这个过程是一个定量化过程。

通过初始波幅、初始周期，计算出价格未来生长空间及时间之窗。并将价格运动的目标位、黄金阻力位、时间之窗等数据，在图表中画出。这样价格就有一个初步的定量化区域。为了进一步缩小价格分析区域，我们将黄金螺旋概念引入江恩 1×1 角度线，使得波动率有了明确的计算方法。这在价格分析中，有着相当重要的理论意义和现实意义。

还有一点必须明确，价格走势的研究，是建立在统计学基础上的，研究的是概率问题，若其结论80%以上符合现实，这个结论便认为是正确的，可靠的。

二、初始波幅、初始周期在实际中的应用

案例1 黄金延期

如图2-11所示，黄金延期于2015年12月1日创出218.40元新低，之后反弹，初始波高点为238.00元。下面让我们计算一下初始波的黄金价位：

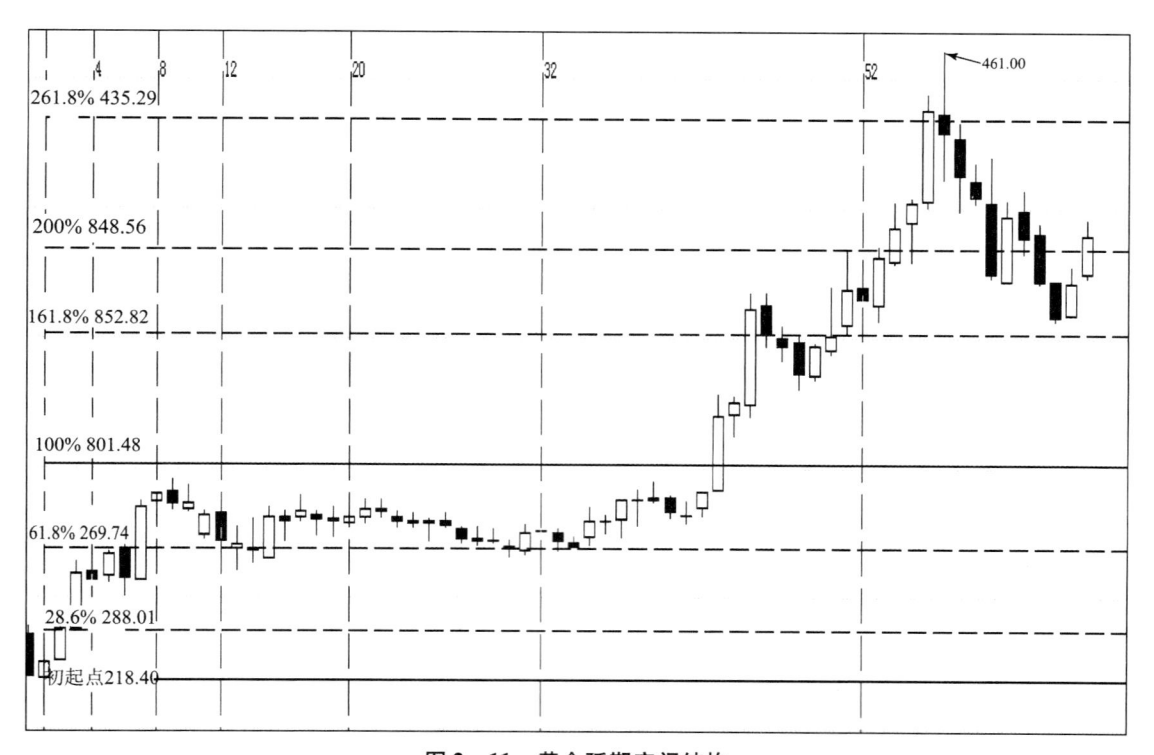

图2-11 黄金延期空间结构

波幅 L =（238 – 218.40）÷0.236 = 83.05 元

23.60% 位置 238.00 元

38.20% 位置 L×0.382 + 218.40 = 250.12（元）

50.00% 位置 L×0.5 + 218.40 = 259.92（元）

61.80% 位置 L×0.618 + 218.40 = 269.72（元）

80.90% 位置 L×0.809 + 218.40 = 285.58（元）

100.00% 位置 L + 218.40 = 301.48（元）

138.20% 位置 L×1.382 + 218.40 = 333.17（元）

161.80% 位置 L×1.618 + 218.40 = 352.77（元）

200.00% 位置 L×2 + 218.40 = 384.50（元）

以 218.40 元为初始波起点做黄金位置图，黄金延期完成初始波后，经过短暂的调整，黄金继续上行，2 月 15 日黄金跳空高开，突破底部平台上沿颈线直接进入 50%～61.8% 上升调整区域，短期多头趋势明显，是逢低进场做多的机会。上升调整区域的性质就是清理浮筹聚集多头能量。黄金在第 2 次攻击 61.8% 阻力位时，受阻回落，最低探至 250.00 元，这恰好是 38.2% 黄金支撑位，触及后立即放出巨量反弹。反弹突破 61.8%，上攻目标为 100% 位置。

我们依据初始黄金区域的性质，来判断支撑位、阻力位以及目标位。价格在混沌区域内多以横盘区域震荡为主，一旦突破混沌区域 61.8% 阻力位，股价将进入拉升阶段，第一目标是 100%，如果股价走得比较强，那就是 138.2%～161.8% 位置，因为这个区域震幅比较大，所以，单凭初始黄金价位判断，不一定准确，必须结合趋势线、角度线与成交量，来判断确认上升趋势是否延续。

100% 位置是 301.48 元，而上攻最高点是 299.15 元，调整反弹未超前高，由此判断，黄金价格走势偏弱，逢高卖出，价格在第 2 次反弹未超前高，从而确认了调整趋势成立。

我们再看一下初始周期所起的作用，时间之窗 L140 附近创出了最高，L224 变盘进入调整期。你可以在电脑上把图放大看，80% 以上的时间之窗都与趋势有关，一定要加以重视。

如图 2 – 11 所示，初始波幅与周期在分析价格时空上给出了明确的位置，黄金延期进入调整后，最深探至 50% 的位置，其余 90% 以上都在 61.8%～80.9% 的区域运动，调整周期变盘点，也都基本上在时间之窗上，L224 开启调整、L364 是调整 B 浪的终点，L588 是调整 C 浪的终点。黄金延期在完成 3 – 3 – 5 结构的平台整理后，突破 C 浪下降通道上轨，进入快速拉升区，即 61.8%～100%～138.2%～161.8%～200%～261.8% 区域，黄金延期再突破 100% 位置后，一气呵成，直线攻击 161.8%，稍做休息，又做了一波诱多行情。之后的调整区域，调整区域也相当明确 138.2% 给出了强烈的支撑。再看一下初始时间之窗 L952 也是正好在调整区域内，2020年2月26日创出的高点 383.90 元与理论计算 200% 位置 384.50 元，仅差 0.6 元。

案例 2　香港恒生指数空间结构图

如图 2-12 所示，时间之窗线是初始斐波那契时间周期，角度线应用初始波概念确定 1×1 线画出，初始起点 2016 年 2 月 19 日 18278.80 点，初始波高点 2016 年 4 月 29 日 21654.07 点，下面让我们计算一下初始波的黄金价位：

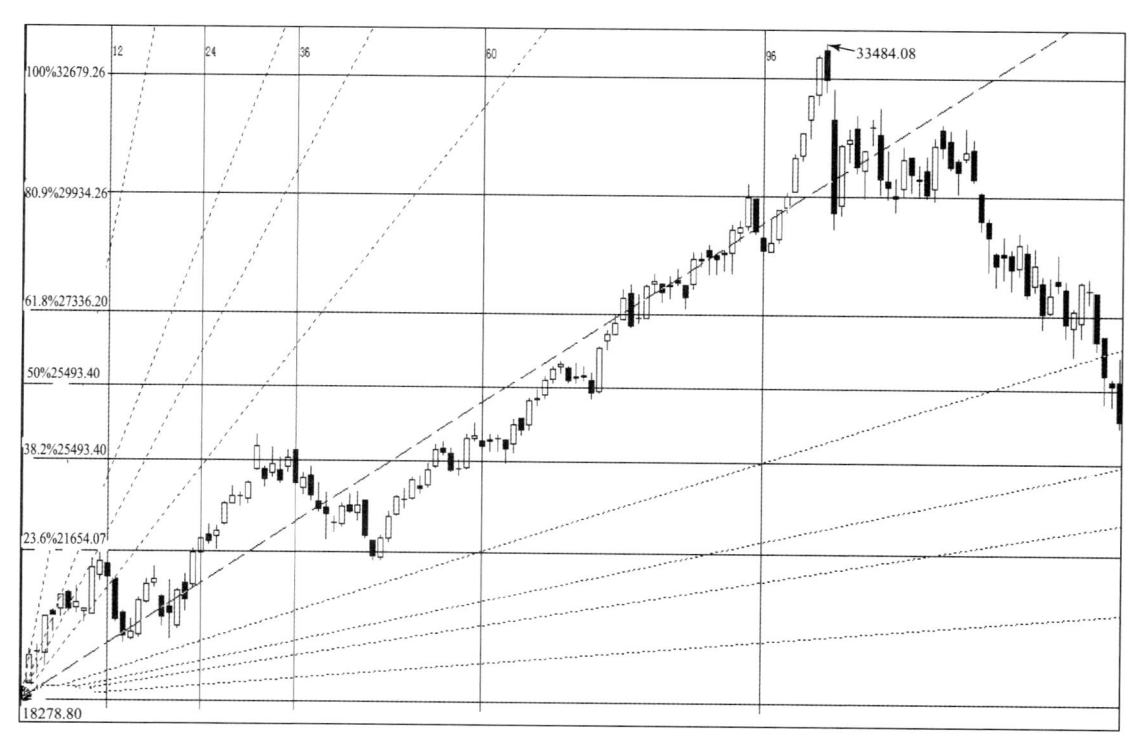

图 2-12　恒生指数 2016 年 2 月初始空间结构图

初始波幅 r = 21654.07 - 18278.80 = 3375.27（点）
61.8% 目标位 3375.27 ÷ 0.236 × 0.618 + 18278.80 = 27336.20（点）
100% 目标位 3375.27 ÷ 0.236 × 1.00 + 18278.80 = 32580.79（点）
实际 2018 年 2 月 2 日高点 33484.08 点，误差 903 点，误差比例为

2.7%。创出高点后进入调整，股价基本上是在50%至80.9%区间运行，由图可以看出，应用初始数据画出的时间之窗与角度线，对股价的作用都是相当大的。初始波幅与初始周期所给出的价格与时间之窗的预测，可以说是神奇。运用这一概念，保持趋势加仓减仓，就有了明确的操作点位。2017年12月22日时间之窗开启后，恒生指数走出了一波快速上涨行情，当价格到达100%位置开始震荡调整，调整的低点始终在80.09%初始黄金位上方，当价格跌破1×1角度线，价格开始连续下跌，价格基本上是在50%至80.9%区间运行。

第四节 定量化交易——买卖点概念

多年的实践经验表明，实现定量化交易，首先必须明确交易级别，其次就是明确买卖点概念。原因很简单，就是交易者一定要知道是从哪里开始，最后在哪里结束。你不能在一个用 30 分钟级别趋势确定的买入计划买入，而在日线级别趋势上监控持仓。30 分钟趋势走坏出现卖点，日线上是不可能做出卖出决定的，这笔交易很容易被套。交易级别对于初学者来说，不容易掌握，但是，也是必须掌握必须明确的问题，初学者一开始应从两个级别做起。

举个例子说明一下级别，一个日线级别下跌趋势的终结，将有一个确定性较强的 30 分钟反弹行情将要展开。明确了这一点，在日线级别下跌趋势即将终结时，我们就要做好准备，去交易这段 30 分钟行情。交易级别就是 30 分钟级别，分析与操作也都要以 30 分钟图为依据。交易级别明确了，还要对买卖点给出一个明确的定义。

一、1、2、3 类买卖点的定义

技术分析就是分析、监控价格生长走势过程中，出现的一些关键性价位节点，也就是应对策略点，一般情况下，我们把这些节点分成 1、2、3 类买卖点，见图 2 – 13 和图 2 – 14。

1 类买卖点是某段行情价格运动中的最低点和最高点，一般在本级别趋势运动中不可把握，不具备可操作性，1 类买卖点是本级别初始波的起点，有着重要的技术分析意义。

2 类买卖点是当出现 1 类买卖点后，行情上涨或下跌，回头确认，二次回头确认，不创新低或新高而产生的较低点和较高点，成为本级别 2 类买卖点。2 类买点是初始波完成确认点，是操作中最佳买卖点，需要熟练掌握，图 2 – 13 中 x 点和 z 点就是 2 类买点。

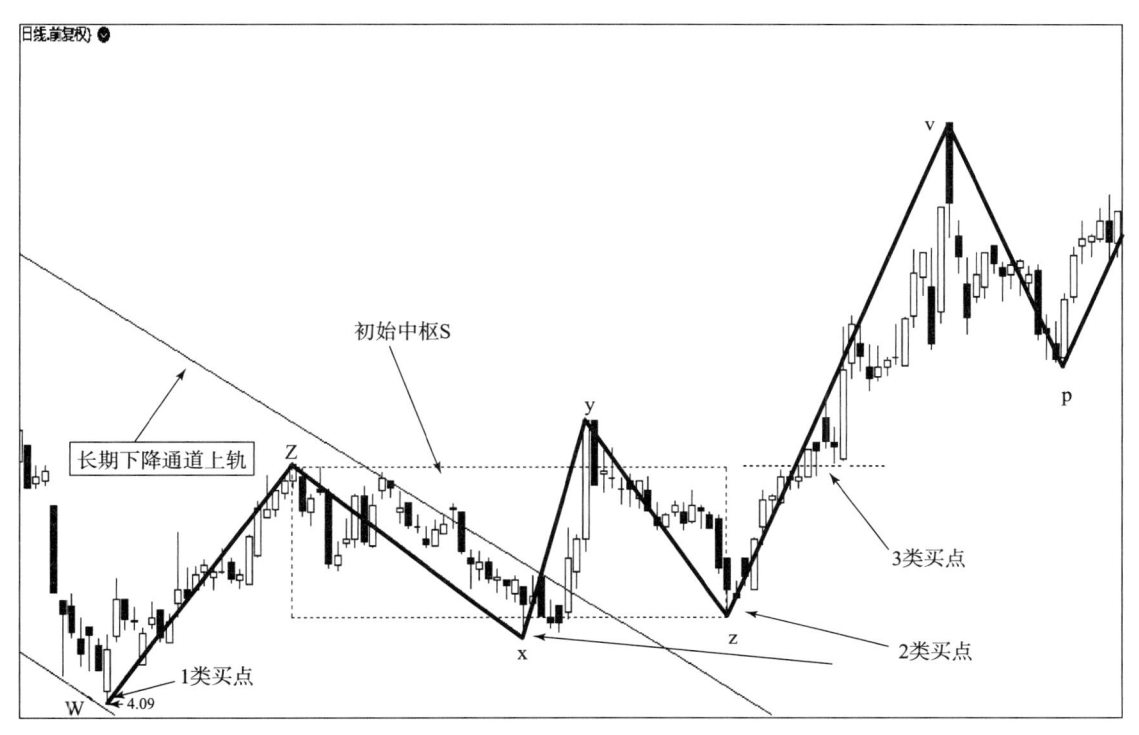

图 2-13　中枢确定的 1、2、3 类买点

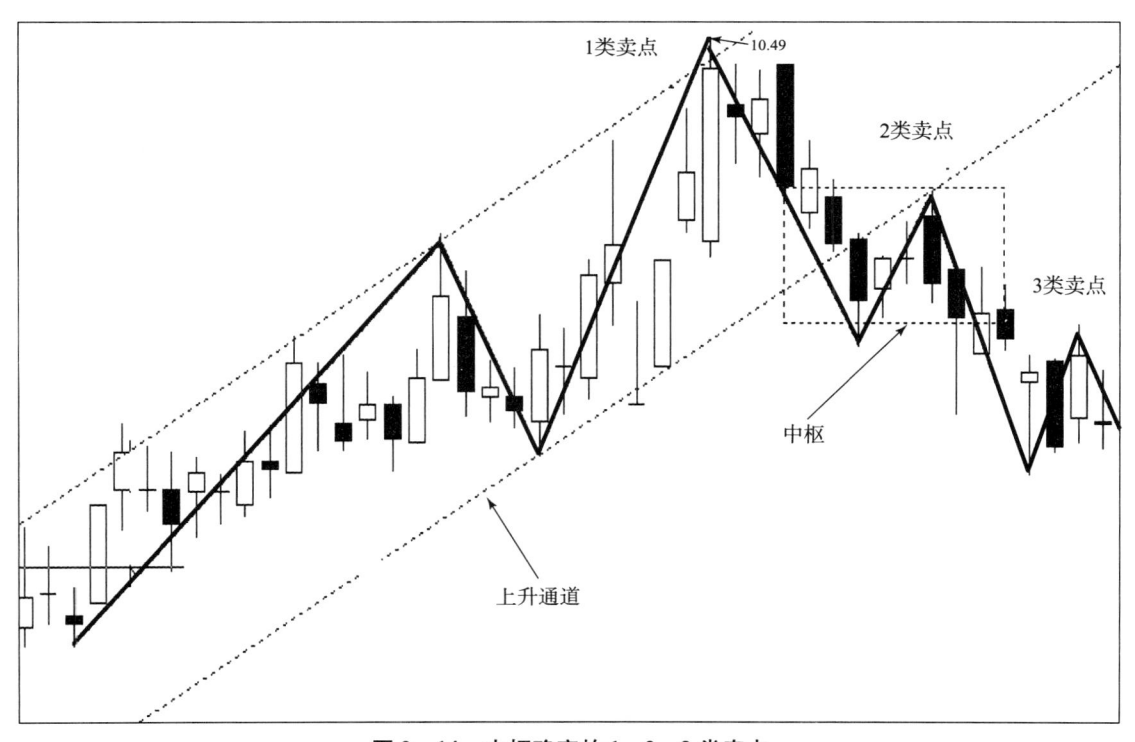

图 2-14　中枢确定的 1、2、3 类卖点

3类买卖点是价格突破整理区域出现的买点，整理区域又分为初始中枢区域和混沌区域，因此，3类买卖点有2种：

如图2-13所示，一是由初始中枢确定的3类买点，价格突破初始中枢，回踩时产生的相对低点就是中枢3类买点。价格突破Z点，回头确认区域低点就是中枢3类买点。二是价格突破混沌区域上轨，回踩产生的混沌区域3类买卖点，是操作性最强、最重要的买卖点，见图2-15。

如图2-14所示，由初始中枢确定的1、2、3类卖点，价格跌破上升通道下轨支撑线，回头确认震荡形成中枢，第一次反弹形成的高点为2类卖点，之后再次下降跌破中枢回头确认为3类卖点。

二、2、3类买卖点的交易策略

1. 2类买卖点的交易策略

如图2-13所示，1类买点和2类买点都是混沌区域内试探性建仓、减仓点，所对应的操作策略是震荡策略，在混沌区域初始波黄金位23.6%~61.8%内高抛低吸，不断摊低成本，直到价格选择突破方向，再变换应对操作策略。价格在混沌区域内，其突破方向是无法判定的，混沌区域内价格交易属于场内资金交易，只有当场外资金介入，才能打破混沌状态，其突破方向是由这个外力所决定的。2类买点买后价格迅速拉回混沌区域23.6%~38.2%内，是决定2类买点是否成功的关键。

2. 3类买卖点的交易策略

3类买卖点有两种确定方法：一是以初始中枢概念确定的3类买卖点；二是以混沌区域上轨确定的3类买卖点。3类买卖点是确定性较强的买卖点，在实际交易中相当重要，一定要认真学习掌握。

（1）中枢确定的3类买卖点。

当WZ结构确定后，价格突破中枢上轨或下轨，回头确认，不触摸上轨或下轨，所产生的买卖点。

操作策略：混沌区域内操作策略与2类买卖点相同；当价格向上突破混沌区域将展开单边上升行情，以持仓为主，仓位控制应在80%以上。

（2）混沌区域确定的3类买卖点。

当价格突破混沌区域，回头确认混沌区域上轨，所产生的买点，是即将展开单边行情的最佳买点，也是技术分析、监控的最重要关键节点。这种 3 类买点所对应的是单边行情，相对策略是多头至少保持 80% 仓位，空头只留 20% 仓位作为底仓，见图 2-15。

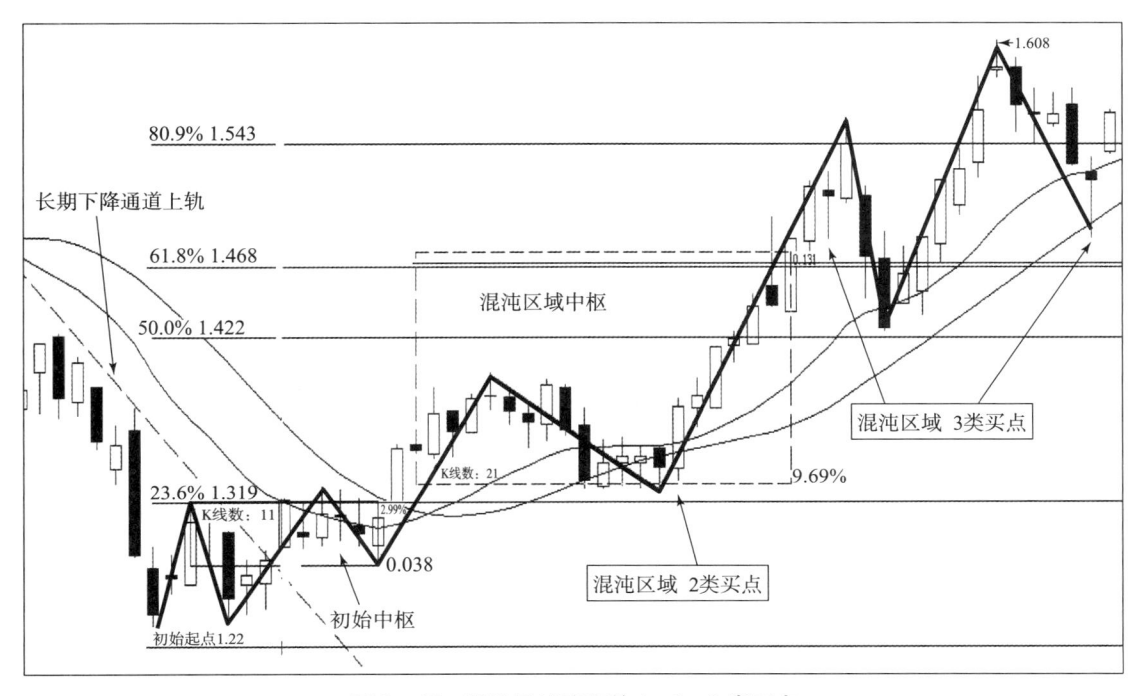

图 2-15　混沌区域确定的 1、2、3 类买点

混沌区域 3 类买点是否可以操作，主要看突破混沌区域后的回调力度，回调力度弱，说明场外资金力量强，应及时介入。回调力度大，说明场内资金卖出压力大，需谨慎。要提醒大家的是，不是说 3 类买、卖点出现，就一定涨或跌，就一定会创出新高或新低，出新高或新低是大概率事件，但不是绝对的。

如图 2-16 所示，价格突破 61.8% 混沌区域上轨，不一定就不会回撤到混沌区域内。同仁堂第一次突破混沌区上轨回撤时，就重新回到混沌区域内。此时，结合上升通道线就可看出，当价格回到上升通道中轨时，受到支撑，出现了一个很好的 2 类买点。这就是为什么，强调股票交易不能一次性满仓操作的原因，操作都是反反复复，试探性的，交易要做好两头堵的准备。

经过长期横盘，价格突破混沌区上轨，回撤到混沌区域内，没有破前低点，出现的 2 类买点，是相当重要的一个 2 类买点。二次上攻突破混沌区上轨，回撤形成第二次 3 类买点，就确定价格将走出 3 浪，3 类买点就是 3 浪 iii 的起点，是一个确定性很强的买点，见图 2-16 中的 1、2、3 点。

图 2-16 同仁堂混沌区域 3 类买点

还要注意的是价格形态，3 点是混沌区域 3 类买点，但是，价格处在多空线下方，是空头态势。如果买入后，价格向上突破时，遇到日线 DKX 压制，不能向上突破，就得择机卖出。价格在日线 DKX 线遇到阻力，不能逾越，就要选择向下寻求支撑，此时，价格向下寻求的第一个支撑位，就是上升通道的上轨、中轨及下轨，如果在中轨上方止跌，止跌点将是一个很好的混沌区域 2 类买点，具体操作细节，要到 15 分钟或 30 分钟图上观察。

在实际操作中，在混沌区域 3 类买卖点出现后，启动相应的交易策略，而这个交易策略的正确与否，是存在不确定性的，后边要有全方位的应对策略，以应对变化，变是永远的，不变是暂时的。

现在，我们再举个例子讲解一下，怎么做上边说的这个 60 分钟级别行情，有了买卖点的概念，在 60 分钟级别上寻找最佳买点，就是以中枢确定的 2 类买点和 3 类买点。为了更好地找到 60 分钟级别这两个买点，我们去 15 分钟级别观察、监控即将形成的底部形态，进一步细化我们的操作细节，以寻找最佳买入时机。

这个买入计划，首先，要确定的是日线级别这段下跌过程的终结，这是宏观、是大局；其次是在 60 分钟及次级别 15 分钟级别中找到最佳买入时机与点位。这和我们平时做事道理是一样的，在方向上要有大局观，在操作上要注重细节，下面我们举个例子。

3. 60 分钟级别 5G ETF 交易过程分析

如图 2-17 所示，2020 年 2 月 26 日创出低点 0.933 元，经过多空循环，z 点、k 点成为确定性初始中枢 2 类买点，我们在 0.948 元建立 60 分钟级别 50% 仓位。价格突破混沌区域 61.8% 上轨，再经两次回头确认，在 m 点成为 60 分钟级别混沌区域 3 类买点，加仓 50%，总仓位 100%。价格到达 1.050 元高点开始调整，当跌破多空分界线 1.030 元时，我们去 15 分钟级确认下，60 分钟级别卖点出现，1.031 元卖出 80% 仓位。下面仔细讲解一下，交易、分析过程。这是个典型可复制的分析、交易过程。

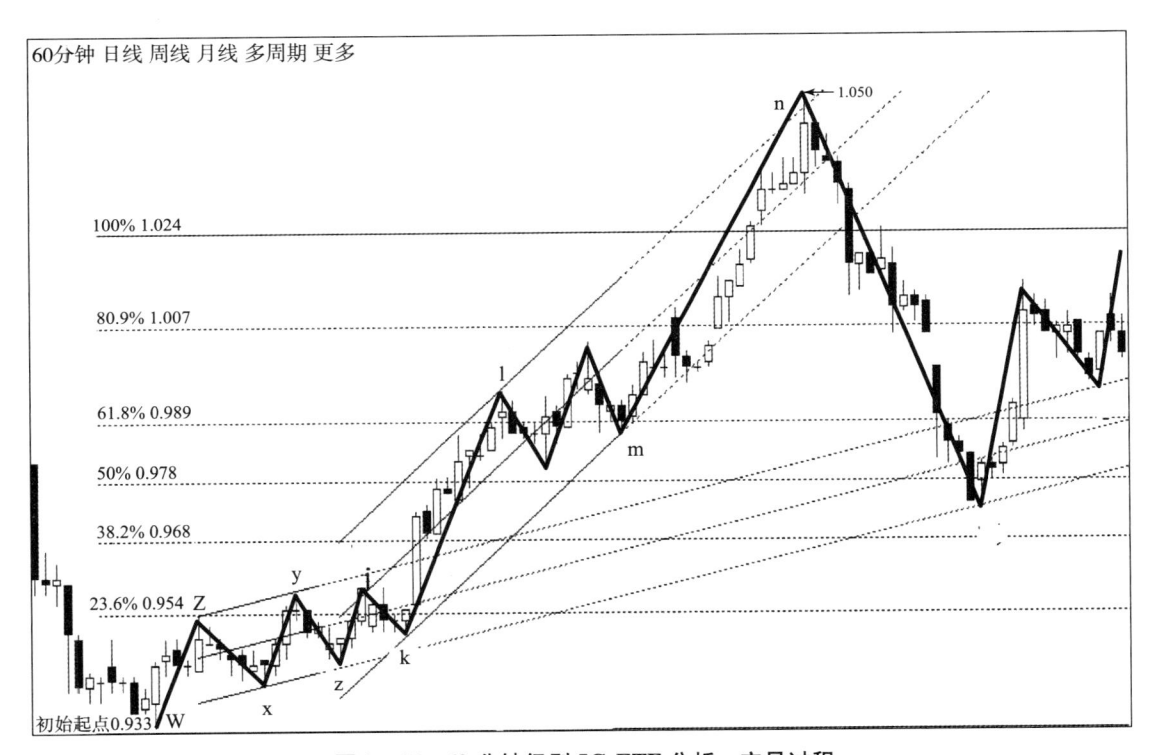

图 2-17　60 分钟级别 5G ETF 分析、交易过程

（1）初始中枢结构成立，形成确定性买点。

如图 2-17 所示，由 WZ、Zx、xy、yz、zj、jk 六条线段构成了三个二波结构。二波结构Ⅰ形成了初始波结构，二波结构Ⅱ是对初始波结构的确认过程，结束点 z 的完成确定初始中枢成立，z 点被认为是一个确定性买点。二波结构Ⅲ完成，k 点没有破前低，出现中枢 2 类买点，k 点的确定性要比 z 点更加可靠。k 点的完成也是对多空循环Ⅰ的第二次确认,确认成功多头胜利,将产生一个向上的多空循环结构。

(2) 初始上涨通道线的作用。

如图 2-17 所示,形成初中枢后,我们使用延长回归通道线(中信建投软件,大智慧,东方财富都有),以 W 点为起点,通过 Z 点、x 点和 y 点、z 点划出初始上涨通道线,通道线上重合点数越多越可靠。这个通道线的意义重大,是这波行情回调的最后防线。

当价格突破初始中枢高点,完成初始上涨目标 l 点后,我们还是使用延长回归通道线,划出变轨后的上涨通道线。由 k 点起的变轨通道,是通过 l 点、m 点画出的,这个通道也很重要,对上涨目标有控制作用。

如图 2-18 所示,30 分钟级别初始波上空间结构,起点是 2019 年 11 月 27 日 0.933 元,初始高点是 11 月 28 日 0.954 元。

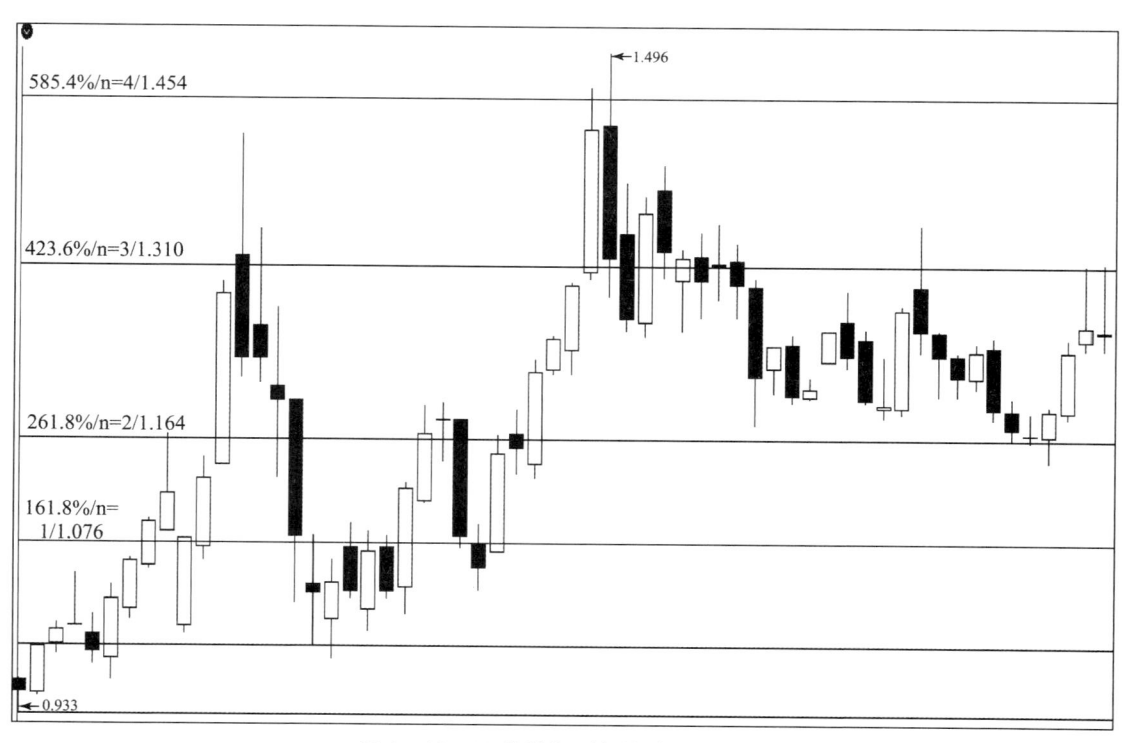

图 2-18　30 分钟级别初始波空间结构

L = (0.954 - 0.933) ÷ 0.236 = 0.089（元）

价格成长空间目标公式：$H(n) = r + L \times 1.618^n$

这个公式在本章第六节中将有详细讲解,有兴趣的读者可根据图 2-18 计算一下。

第五节　定量化交易的理论基础

1. 价格空间结构生长逻辑

　　价格走势属于大众行为，是自然界中的一个动态系统。价格的成长与植物的成长过程一样，都遵循黄金螺旋规律，价格成长是按逐级，逐层次展开的，展开的最大阻力在各级层次的最大直径上，而最大直径遵循斐波那契数列规律。研究表明，价格生长逻辑遵循由初始波计算得出的斐波那契数列排布规律，这个数列是 0.236、0.382、0.618、1、1.618、2.618、4.236、6.853 等，其中 0.618 和 1.618 最为重要。

　　遵循黄金比率与斐波那契数列规律所构建，成长壮大的体系，最为简单，沿着斐波那契数列生长阻力最小，如植物、美术、建筑等。自然界并没有必要规划其未来形态，斐波那契数列所反映的完全是自然界中的自然规律。如，蜗牛外壳的生长，外壳的生长速度永远大于内壳，内外两层之间生长速度之差异，自然形成对数螺旋模式，如图 2 - 19 所示。

　　这里还必须得强调的是 1.618 在黄金螺旋中，有两个特性值相当重要：①由螺旋的理论中心点所引出的每一个半径，与其先前呈 90 度（即逆时钟方向）之半径，两者的长度之比为 1.618；②螺旋的每一个直径较先前呈 90 度的直径之比为 1.618；这对我们理解价格生长空间结构有很大的用处（黄金螺旋特性以及细节请参考其他有关书籍，这里不做详细讲解）。

2. 未来价格空间结构生长逻辑

　　我们已经确定价格的生长是遵循初始斐波那契数列：0.236、0.382、0.618、1、1.618、2.618、4.236、6.853 等。换句话说，由初始斐波那契数列构建的价格空间结构就是价格成长的 DNA 结构，只要我们找到价格生长的初始值，就可以依据初始斐波那契数列构建的价格空间结构逻辑，计算出其中的某一个值。这就是我们实现定量化交易的理论基础。当初始波基本结构确立后，初始波幅 r 确定，这个 r 就是我们要找的初始值。

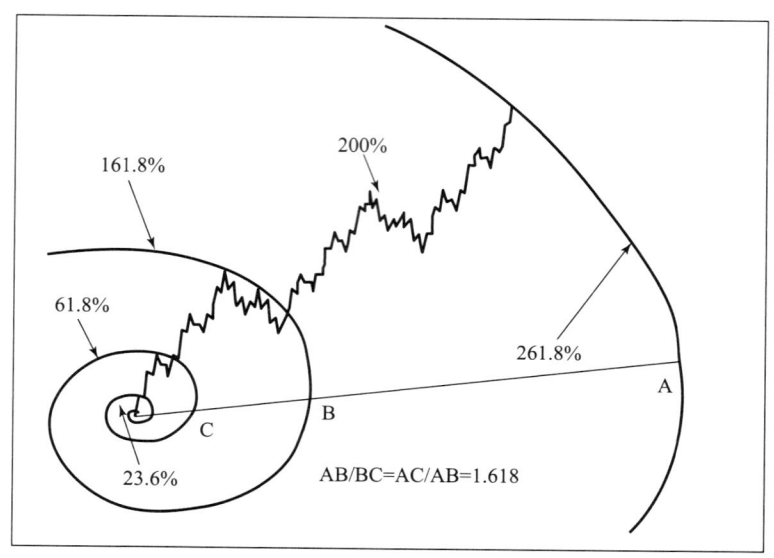

图 2-19 初始波黄金螺旋结构

如图 2-20 所示，是依据闻泰科技 2006 年 5 月初始低点 0.96 元，与初始高点 6.80 元，计算出的闻泰科技空间上涨结构逻辑。下节我们讲这个计算公式。

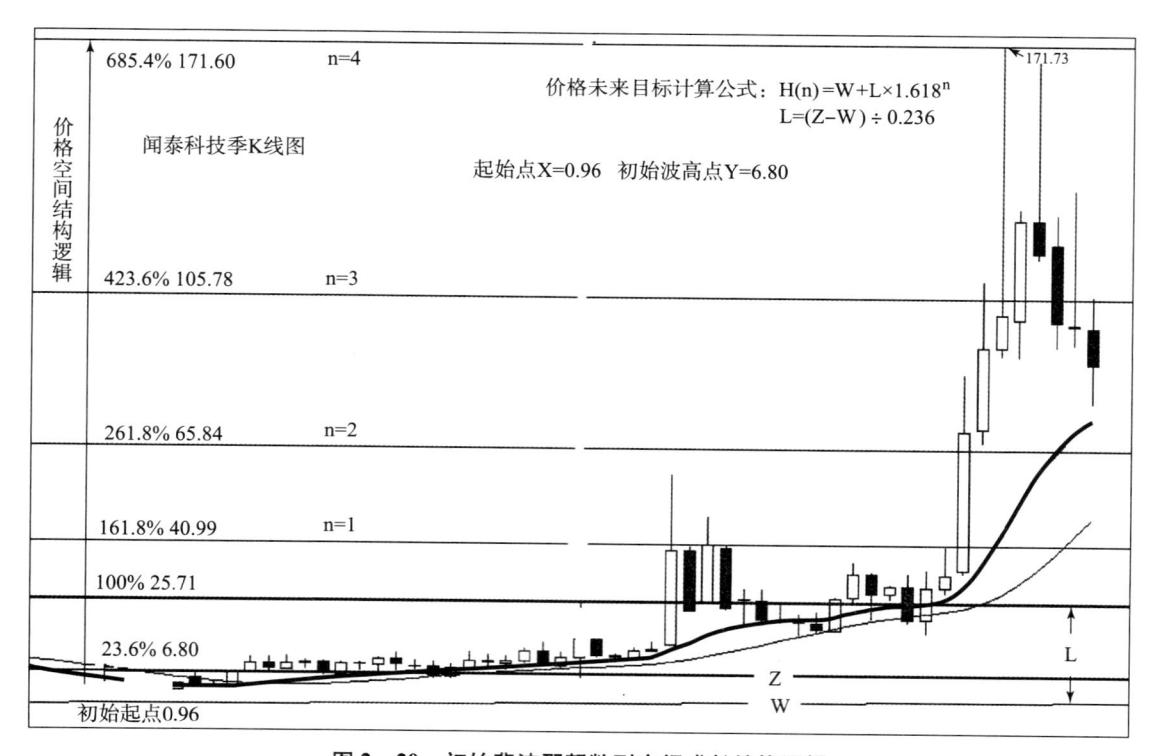

价格未来目标计算公式：$H(n)=W+L×1.618^n$
$L=(Z-W)÷0.236$

起始点 X=0.96 初始波高点 Y=6.80

图 2-20 初始斐波那契数列空间成长结构逻辑

未来价格上涨结构逻辑是指一个新生的上涨或下跌的趋势中，价格上涨或下跌的生长逻辑。初始波幅1作为分析研究价格未来生长空间结构的基本单位，在未来空间结构分析上有着重要的意义。重要的初始黄金位是由初始波幅1计算出来的，图中所标注的初始黄金位。初始波经过一次、二次确认，初始基本形态成立，价格的初始上涨目标是61.8%位置，回调至38.2%上下，经一段时间整理，将进入快速进攻态势，目标位100%～161.8%。

3. 初始波黄金位与黄金分割

初始波黄金位与黄金分割是两个不同的概念，初始波黄金位是依据初始波幅计算得出的，是对未来价格生长空间结构的描述，初始波黄金位所描述的生长空间遵循斐波那契数列规律，生长空间是无限的。黄金分割是描述某一段行情的黄金比例位置，两者有本质上的区别。

第六节 定量化交易的两个重要计算公式

1. 未来空间结构计算公式

（1）初始波上涨目标公式：

初始目标公式：$H = W + L \times 0.618$

价格成长目标公式：$H(n) = W + L \times 1.618^n$

（2）由初始波构筑的斐波那契数列规律：

初始值 $F_0 = 0.236$，$F_1 = 0.382$，…$F_n = F_{n-1} + F_{n-2}$（$n \geq 2$）

初始波斐波那契数列：0.236，0.382，0.618，1，1.618，2.618，4.236，6.853，…

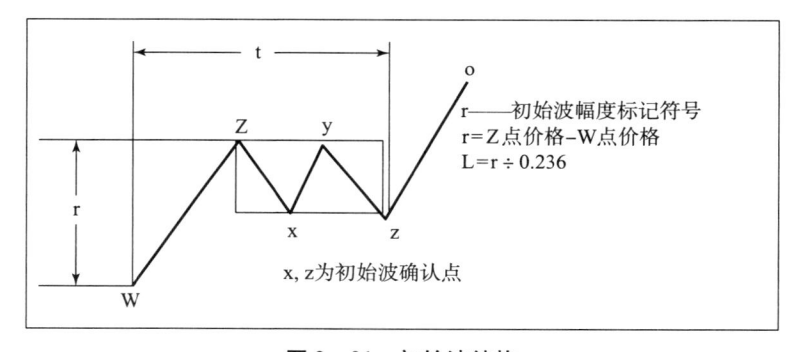

图2-21 初始波结构

初始波幅度 $r = Z - W$，初始波百分之百位置 $L = r \div 0.236$

假定，H 是未来上涨目标价格，则有：$H(n) = W + L \times 1.618^n$，n 为 0，1，2，3，4，5，6，…，如表2-1所示。

表2-1 价格成长目标计算表

初始黄金数列	0.236	0.382	0.618	1	1.618	2.618
初始波幅数列	Z－W	L×0.382	L×0.618	L×1	L×1.618	L×2.618
初始波黄金位	H	W+L×0.382	W+L×0.618	W+L	W+L×1.618	W+L×2.618

2. 初始反向波幅与 1.618ⁿ 黄金目标公式

如图 2-22 所示，一个初始下降波的形成，之后在螺旋机制的影响下，出现 AB 段反向调整走势，调整完成重新回到主趋势下跌运动方向，其主趋势延伸段 BC 与调整段 AB 存在 1.618ⁿ 倍数关系，n 为 0、1、2、3、…。反向初始波（AB 段）终结后，当价格重新回到主趋势运动方向，并且突破前期高点或低点，形成主趋势运动的延续，我们就可以应用初始波（AB 段）预测市场未来生长目标。目标价格（P_t）计算如下：

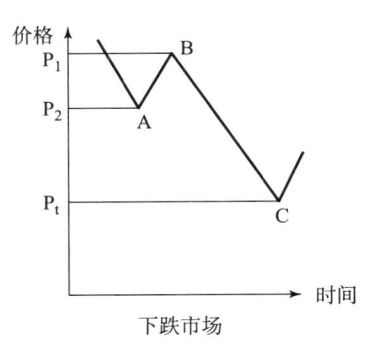

图 2-22 目标价格 1.618ⁿ 计算公式

下跌市场：$P_t = P_1 - (P_1 - P_2) \times 1.618^n$（n 为 0~3）

3. 初始波时间周期

（1）斐波那契线。

如图 2-23 所示，用斐波那契线作为初始波时间周期，分析一下同仁

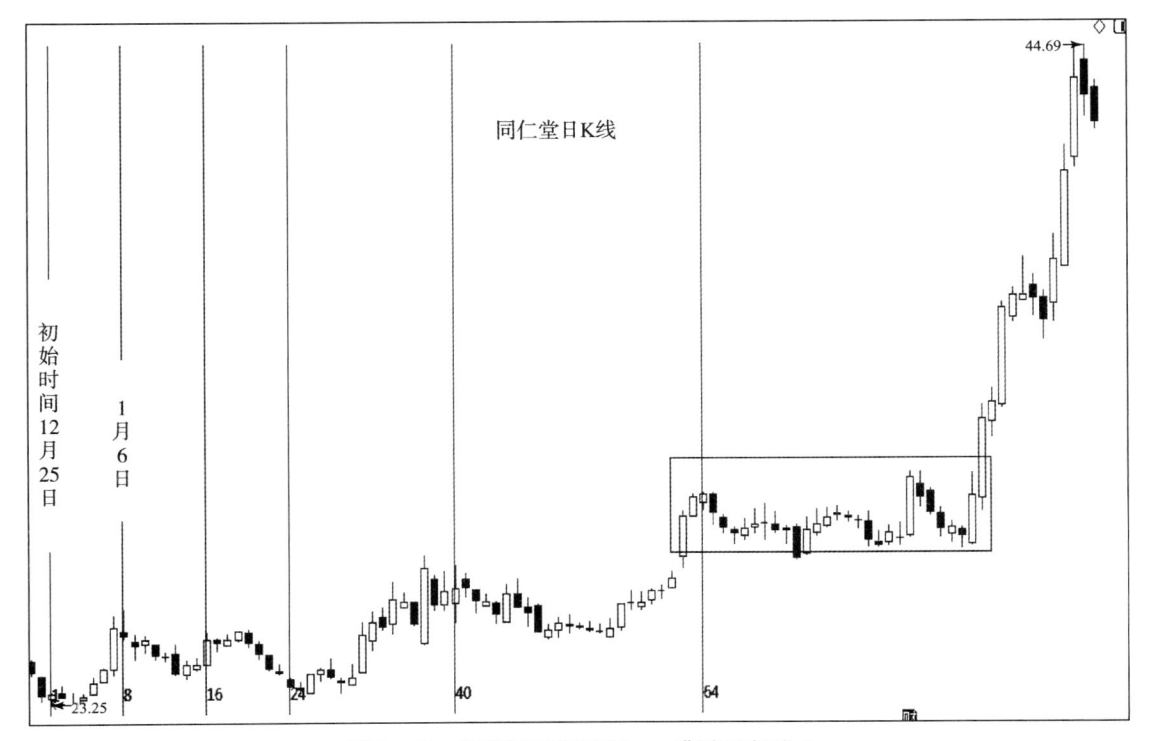

图 2-23 初始波时间周期——斐波那契线 1

堂的时间之窗与初始空间结构。起始时间2020年12月25日，初始周期点2021年1月6日，可以看出，时间之窗的描述是准确的。

（2）斐波那契数列。

如图2-24所示，信维通信初始波起点2020年3月30日34元，初始波高点4月7日，应用斐波那契数列线画出初始波时间周期，时间之窗的描述也是准确的。这种例子可以随便找两个练一练，就知道其准确性了。

图2-24 初始波时间周期——斐波那契线2

4. 初始波与原趋势的关系

如图2-25所示，bc段是一个下跌趋势的最后一个下跌波，当初始波反弹到最后一个震荡区域，价格会发生震荡，震荡区域在最后一个下跌波的50%~90%区间，e点不破a点，f点突破b点，可以初步确认初始波成立，你可以cd段为初始波幅计算黄金未来空间结构，也可以用c-f段为初始波幅计算黄金未来空间结构，这里主要看f点的回调幅度，如果幅度不跌破e点，用c-d段做初始波，如果跌破e点，不破c点，用c-f段做初始波。跌破c点所谓的初始波就不是真正的初始波了，依旧是原下跌趋势的继续。

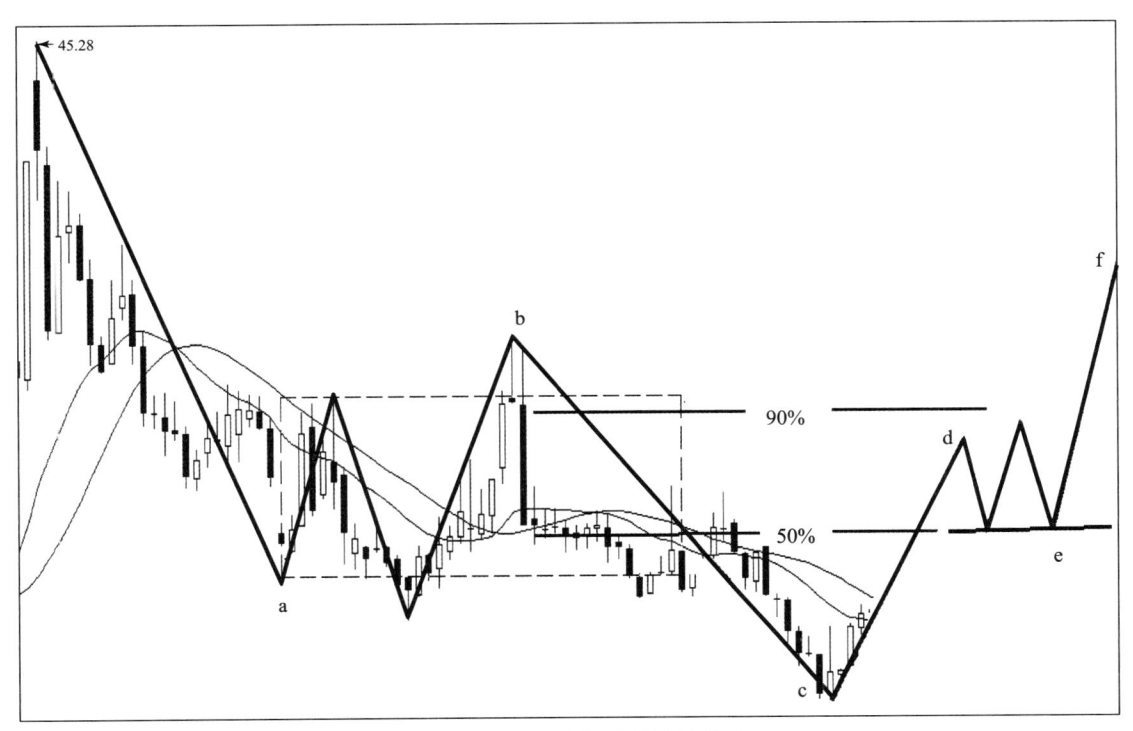

图 2-25 初始波与原趋势的关系

第七节　初始波幅 r 的内部结构

在本章第一节如何判断趋势反转中,主要是通过多空分界法,即:反作用浪幅度的力量对比来判断趋势是否反转。这一节我们主要从反作用浪次级别内部形态来分析一下。

1. 初始波作用浪 a 的内部结构

初始波内部结构与原趋势的反作用浪内部结构是不同的,反作用浪内部结构由三波构成,初始波幅 r 的内部由五波上涨结构构成,是一个完美的 5-3 多空上涨结构,如果你在下跌调整浪中突然发现一个由五波上涨结构构成的反作用浪,那就基本上可以认为是初始波。下面就以实例讲解一下。

如图 2-26 所示,2020 年 2—3 月,同仁堂 60 分钟走势图,下跌过程

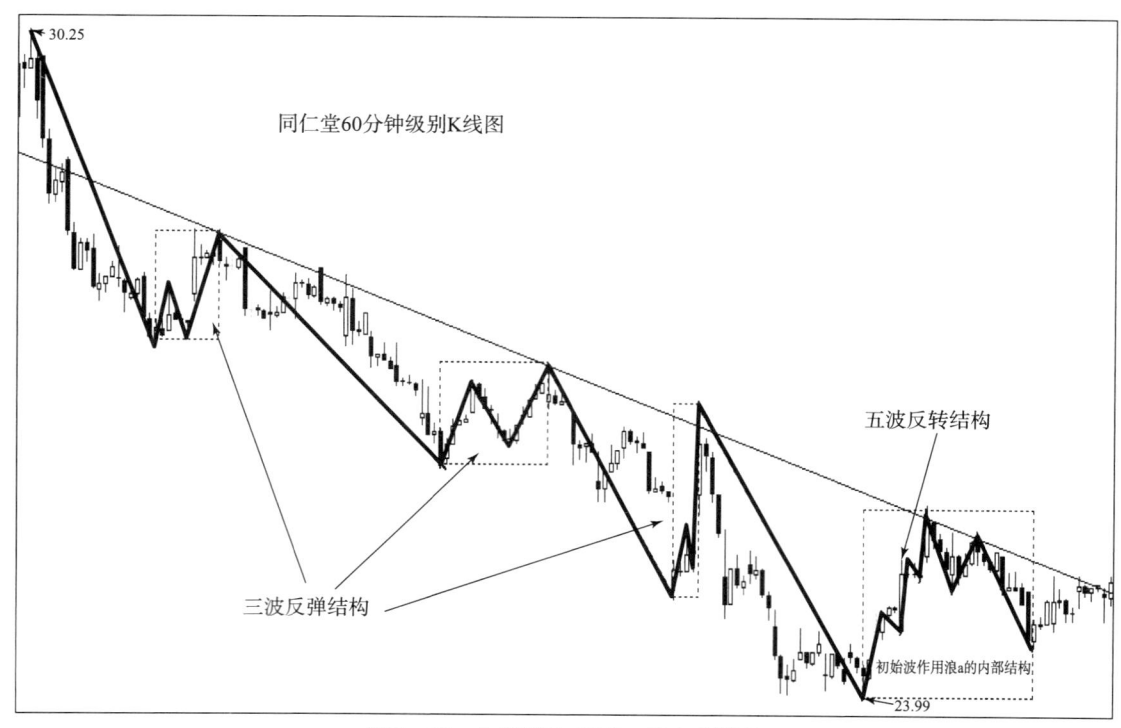

图 2-26　初始波作用浪 a 的内部结构

中前三个反作用浪都是以三波结构完成的,而最后一个反作用浪是以五波结构上涨展开的,由这个五波上涨结构和之后的三波调整结构形成的5-3多空循环结构完成后,就可以确认WZ结构成立。

如图2-27所示,创业板日线图,以2018年10月18日低点1184.91为起点,一个五波上涨与三波调整结构,与前边两个反作用浪结构明显不同。前边两个反作用浪都是三波反弹结构,而最后一个反作用浪是五波上涨结构,由此就可以确认底部形成5-3多空循环上涨结构初始波结构(WZ结构)成立。

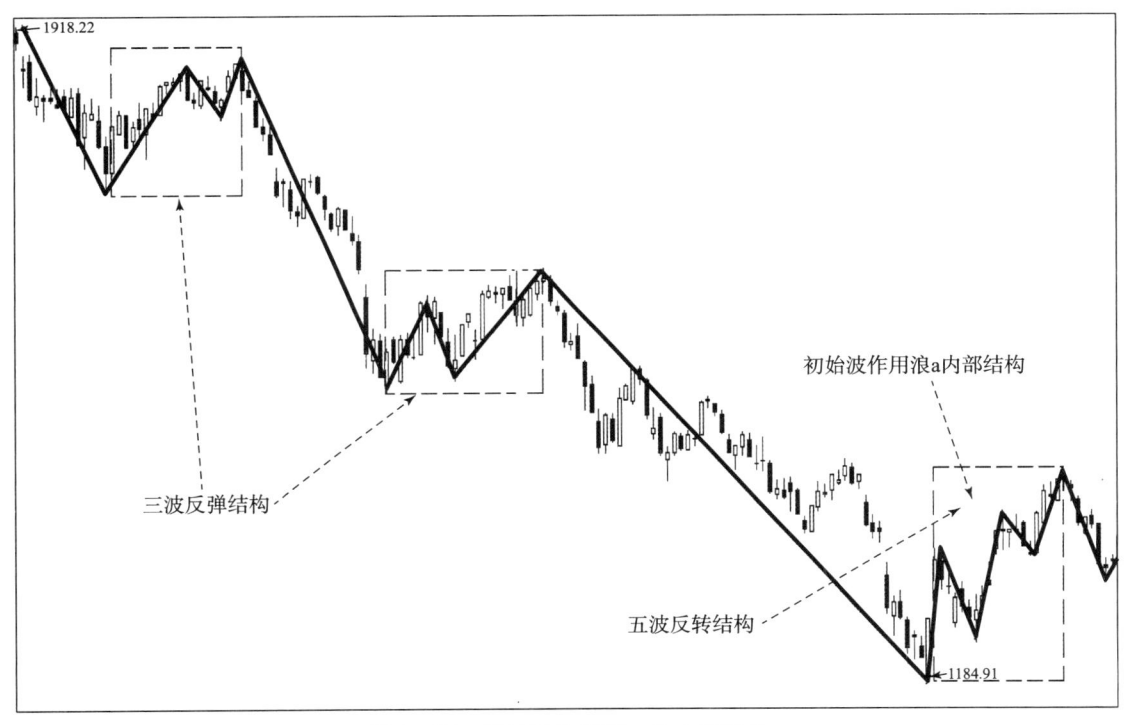

图2-27 初始波作用浪 a 的内部结构

2. 初始波的反作用浪对后势强弱的判断

反向初始波的正常调整位是61.8%~67%位置,以此为界,如果反向调整在38.2%,说明初始波超强!在50%以下为强势。跌破67%不破100%为横盘震荡。

初始波如同价格走势的DNA,以小见大。从小周期初始运动结构是否完美,可以判断大周期发展空间。

第八节　定量化交易最重要的买点
——混沌区域 3 类买点

价格经过 2 浪回调，完成初始波基本结构，向上突破 61.8% 混沌区域上轨，形成混沌区域 3 类买点，这是定量化交易中最重要的买点。正常情况下，混沌区域 3 类买点也是波浪理论中 3 浪 ii 的低点。突破 61.8% 这个重要阻力位，下一个重要位置就是第 3 浪的目标位，也是 161.8% 初始黄金位。这是一个标准的交易模型，有明确的买点和目标位，也是实战交易中吃大肉的机会，一定要引起重视！

案例 1　金力永磁

金力永磁 2020 年 3 月 23 日创下 16.18 元低点，初始高点 17.25 元，经回调确认初始波成立。发现这个股票是因为 3 月 26 日涨停，当时是在 15 分钟图上分析的。

初始波 61.8% 位置是 16.18 + (17.25 - 16.18) ÷ 0.236 × 0.618 = 18.98 (元)，2020 年 3 月 26 日涨停价是 18.99 元，仅差 1 分钱，初步判断 15 分钟图上 i 浪完成，寻找 ii 浪低点建立仓位，3 月 30 日创出 17.12 元低点反弹，第 2 天第二次回头确认，最低 17.19 元未破前低，初始中枢 3 类买点出现（也是混沌区域 2 类买点）。再看一下成交量，第二次回头确认时，15 分钟 K 线量能急剧萎缩，而且从结构形态上 15 分钟级别初始波基本结构已完成。在 18.23 元建立 5 成仓位。

如图 2-28 所示，这里要讲的重点是，当价格调整至 2 点后，15 分钟级别已完成一个 5-3 结构，也是 15 分钟级别混沌区域 2 类买点，2020 年 3 月 28 日在收盘价附近 18.12 元增加 3 成仓位。4 月 30 日价格突破混沌区域上轨，突破调整趋势线，形成混沌区域 3 类买点，五一节后价格跳空高开，在回补缺口 19.73 元满仓！

前面我们讲了，15 分钟级别第一个目标位是 161.8% 位，理论计算价格 23.53 元，实际 5 月 18 日价格最高点是 23.93 元。一般在价格到达

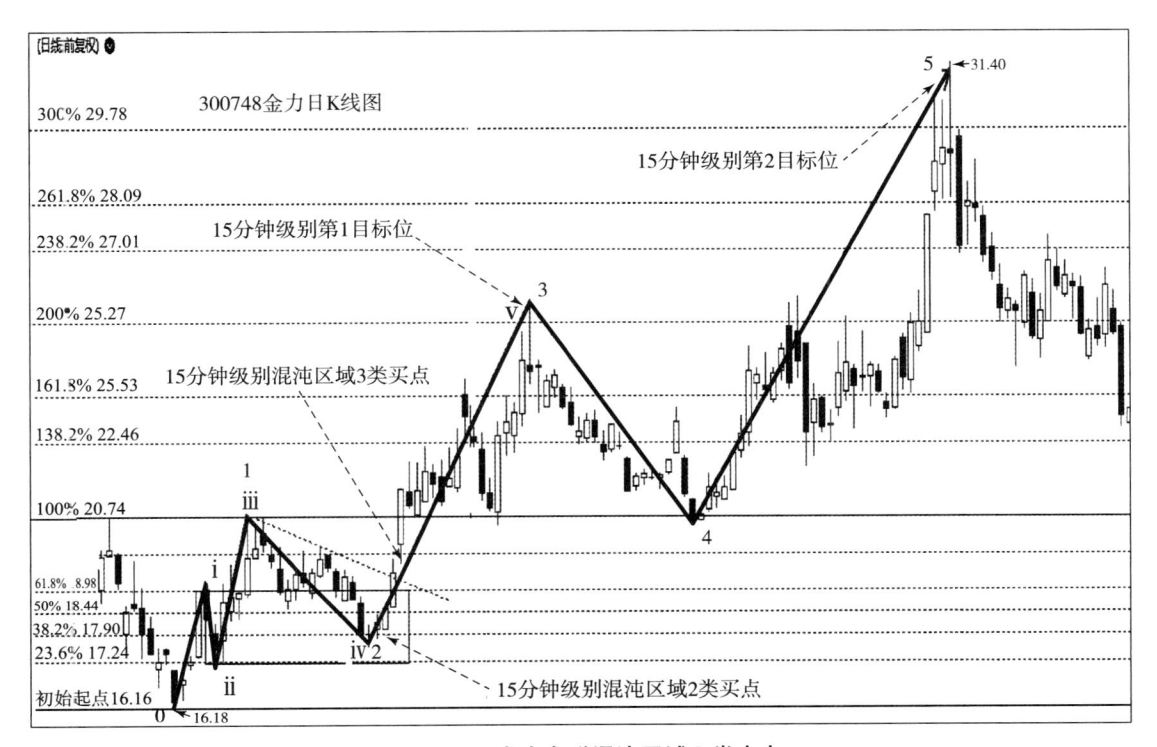

图 2-28　金力永磁混沌区域 3 类卖点

161.8%位置时我减3成仓，之后观察回调力度。如果回调力度不大，再将仓位补回来。6月19日价格调整到21元左右，横盘4天在21.52元补回仓位，价格最终目标应该是初始波261.8%黄金位。这就是应用初始波混沌区域性质捕捉3浪起点与终点的过程。

15分钟上的 i 浪、ii 浪、iii 浪为日线级别的1浪，5月28日高点25.81元是15分钟 v 浪（日线3浪），在实际走势中，价格突破15分钟级别161.8%目标位，v 浪终点25.81元与200%位置25.25元仅差0.56元。6月2日在15分钟级别上出现了量价背离现象，判断15分钟级别 v 浪终结。我们在23.98元减3成仓。15分钟 v 浪也是日线3浪，经过一段调整后，日线级别在31.40元完成5浪，实际高点与15分钟级别初始波300%位置29.78元也是相差不到5%左右。

混沌区域3类买点是价格进入主升浪的最佳买点，而由初始波计算出来的斐波那契数列目标价位更是3浪和5浪目标位的重要观察点和决策点。

案例2　海尔智家

如图2-29所示，海尔智家2020年3月23日13.43元为起点的日线级别上涨行情（周K线图），在日线级别上，价格突破61.8%混沌区域上轨、回探，在二次向上突破混沌区域后，形成3类买点，走出主升3浪和第5浪，上涨目标同样是161.8%、261.8%和423.6%初始黄金位。在此不详细分析了，读者可以自己对照图上日期及画线分析一下，股票分析不动手，光看是不行的。

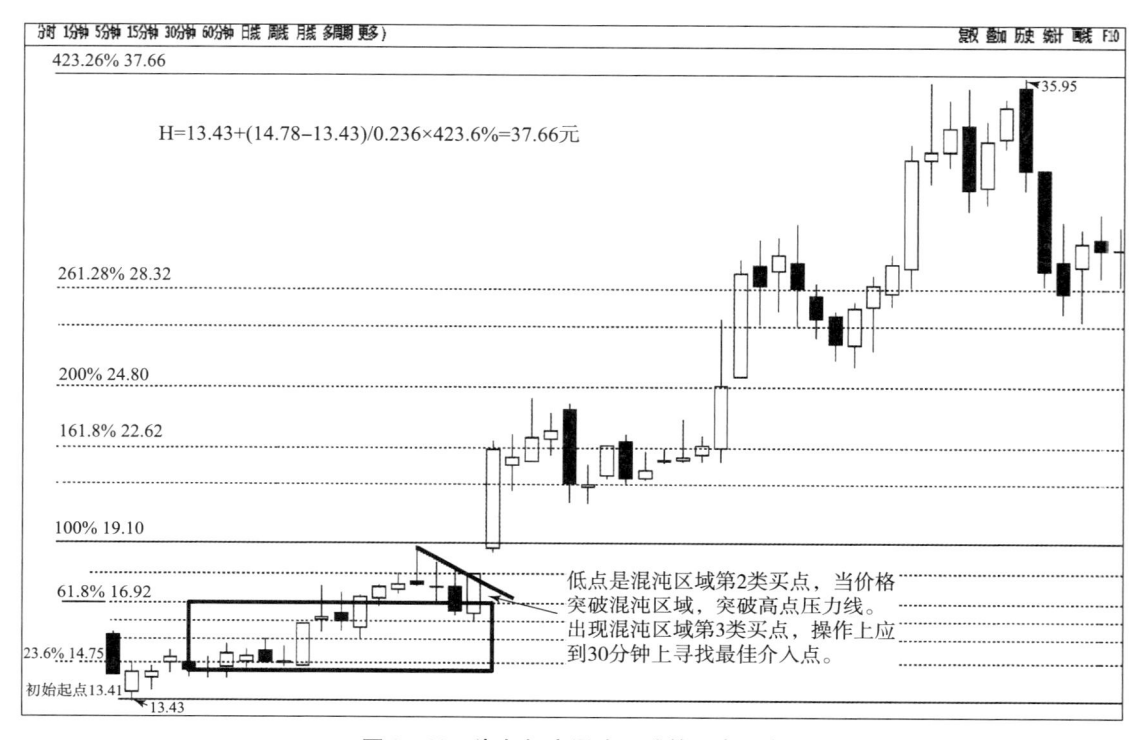

图2-29 海尔智家混沌区域第3类买点

应用价格突破混沌区域61.8%上轨，形成的混沌区域3类买点，是寻找介入3浪的最佳时刻，这条规律在价格运行中很普遍，80%以上的股票都符合这个特性。

股票价格运行中，2浪整理时间是不好确定的，可以确定的是2浪横盘震荡区间就是初始波混沌区域。1浪的初始目标基本上是混沌区域61.8%上轨，3浪的目标是初始波161.8%位置，上下不会大于10%。大势比较弱就低一点，大势强就高点。

案例3 步长制药日线级别图

如图2-30所示，2019年6月17日z点，步长制药完成了日线级别的WZ结构，z点是确定性比较强的初始中枢2类买点，可以试探性建立2成仓位。决定买步长制药的主要原因是步长的分红能力，15.50元左右买入步长制药，按年平均红利计算达8%左右。在中药行业中，步长制药研发能力差，销售结构不合理，但基本面还是不错的，值得长期投资。步长制药从2016年上市最高87.19元（复权价）开始调整，到2019年5月20日15.08元低点，已调整近3年。在技术上，空间、时间以及下跌结构都基本完成。

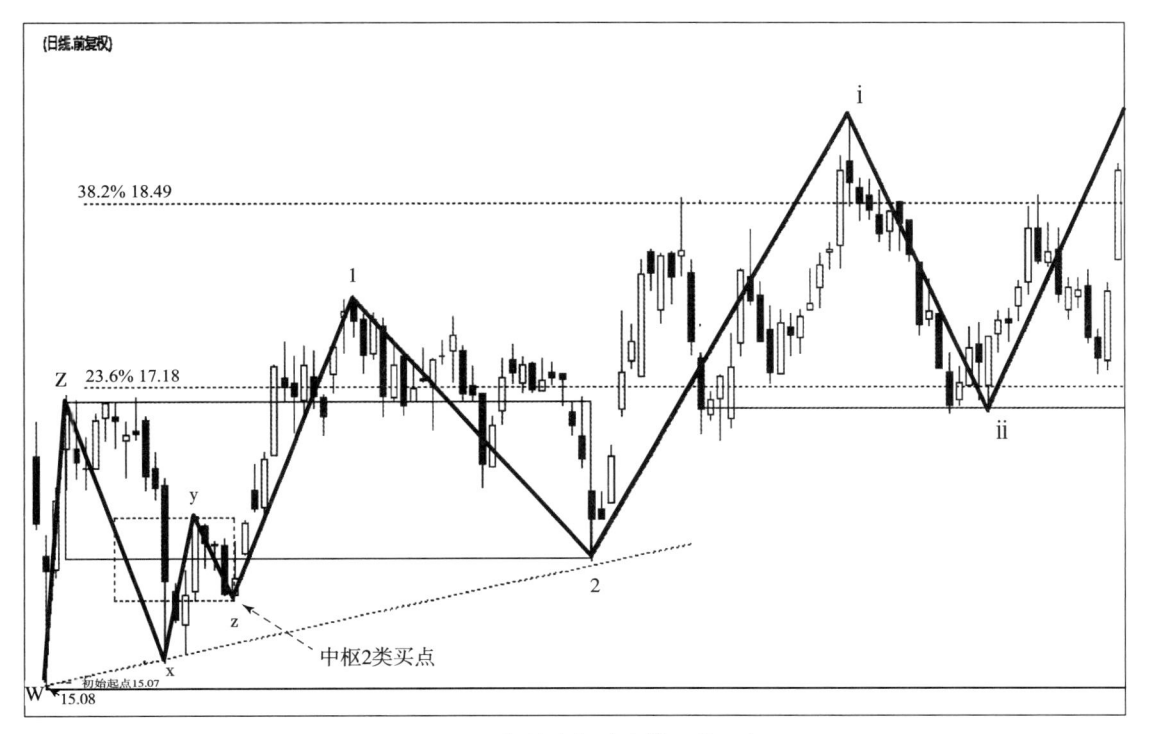

图 2-30 初始中枢确定性2类买点

我第1次买入步长制药是2018年10月份，在17元左右买入的，2019年3月末卖出一多半，当时留了3成仓，跌破上升通道后，又减了2成。

如图2-31所示，在建仓后，步长制药走得相当弱，连续几次上攻，都没有达到61.8%初始目标位，但是有一点，初始上升通道还是保持完美的，因为，上升通道波动幅度较小，无操作价值，放着就不管了。直至2020年春节后开盘跌板，我认为疫情期间中药行业还是有机会的，又加了2成仓位，总共达到5成仓位，这次价格很快就冲破61.8%混沌区域上轨，调整2天，第1次出现混沌区域3类买点，我在27.70元又加了3成仓。加完后第2天步长制药跌了近6%，经验表明，股票已经进入骚动期，我没动。在之后的一周内，股价向上冲击61.8%位置共3次。3月12日跳空低开跌破上升通道，感觉有点不对劲，但算一下，离低点也不过就是5%左右，所以，确定依然不动。

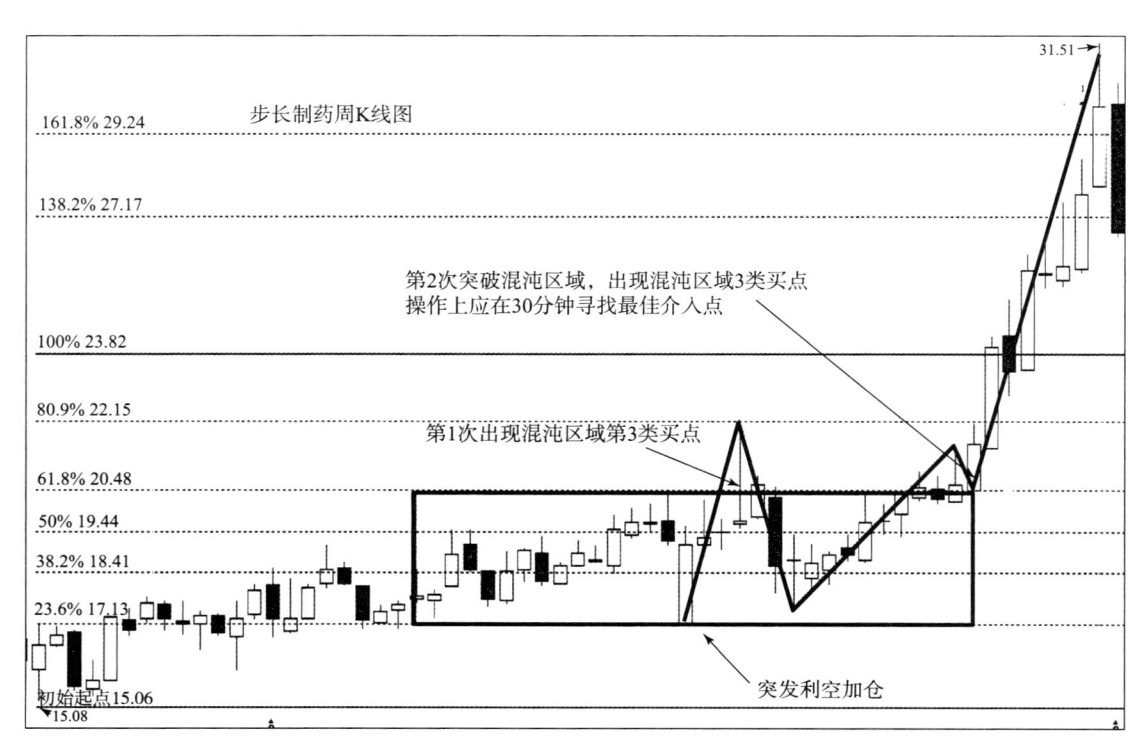

图 2-31 步长制药混沌区域 3 类买点

我不动的原因，主要是 WZ 结构形成后，整理时间已经 9 个多月了，在完成第 1 次攻击混沌区域上轨后，肯定还有第 2 次，第 2 次突破的机会更大。经分析我决定在 30 分钟图上监督这波下跌过程。等待价格突破下降通道，寻找加仓机会。

步长制药基本面稳定，以获得红利为基础进行投资，是可以按照价值投资理念逢低买入的。因此，当 2 类买点出现，我打破原有仓位计划，将仓位增加到 15 成，也就是说，正常一只股票仓位为 10 成仓。我现在是 8 成仓，改变计划后仓位增加到 15 成。

如图 2-32 所示，在 30 分钟级别上，y 点突破前高 Z 点，z 点回探没有跌破起点 W 点，30 分钟 WZ 结构确认。z 点成为 30 分钟级别最佳 2 类买点。确定再加 3 成仓。30 分钟 WZ 结构确认成立后，形成 ze 段的向上走势是必然的，价格在 e 点形成压力，e-f-h-i 形成了标准的三波调整，这个调整是对 WZ 结构 z 点的再次确认，调整低点 i 点没有跌破 z 点确认获得成功。

在 5 分钟级别上，价格突破 e-f-h-i 三波调整结构后，出现最佳介

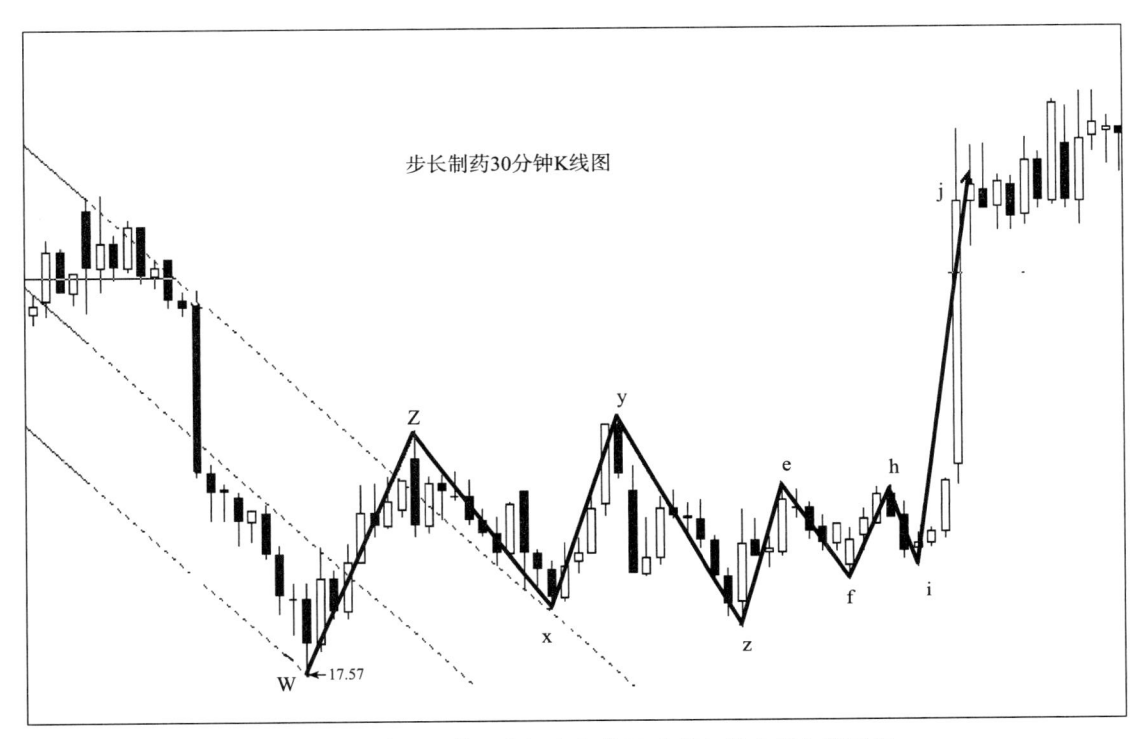

图 2-32　步长制药二次探底生成 30 分钟初始中枢 2 类买点

入点，在 18.70 元完成建仓任务，共 15 成仓位。计划价格在冲击第一目标 100% 黄金位置附近时，卖出 5 成。

如图 2-31 所示，价格第 2 次突破混沌区上轨后，进入快速拉升期，沿着多空线 DKX 一个多月，终于到达 3 浪目标 161.8% 位，最高 31.51 元，与理论计算值相差无几。日线 3 浪是投资者梦寐以求的获利浪，特点是，确定性强，上涨空间大。事实上，应用这种方法，捕捉 3 浪买点与终点是很容易的，从 2 月第 1 次突破混沌区域上轨加仓开始，到第 2 次突破到达 161.8% 目标位，用时大约半年，卖出 2/3 仓位，留下 1/3 的仓位，成本已经为负数。

这里再说明一下，在任何情况下不能满仓，必须有足够的备用金。备用金的用途，第一是确定性较强的买入点临时加仓用；第二是应急用，如利好或利空。正常情况下，占总资金的 20%，以现金形式存在，临时买入时只要短线趋势结束，立即卖出，不可转为中线持有。应急买入也是尽可能在三天内出来。

案例4 四方精创周线级别混沌区域第3类买点

如图2-33所示,四方精创周线走势图,起点2018年10月1最低点6.90元,初始波高点9.67元,自己按照图在电脑中复制一下,一般情况下,第3浪的进攻模式都差不多。随便找些股票,在各个级别上,试着分析一下,就会知道,混沌区域第3类买点的重要性。

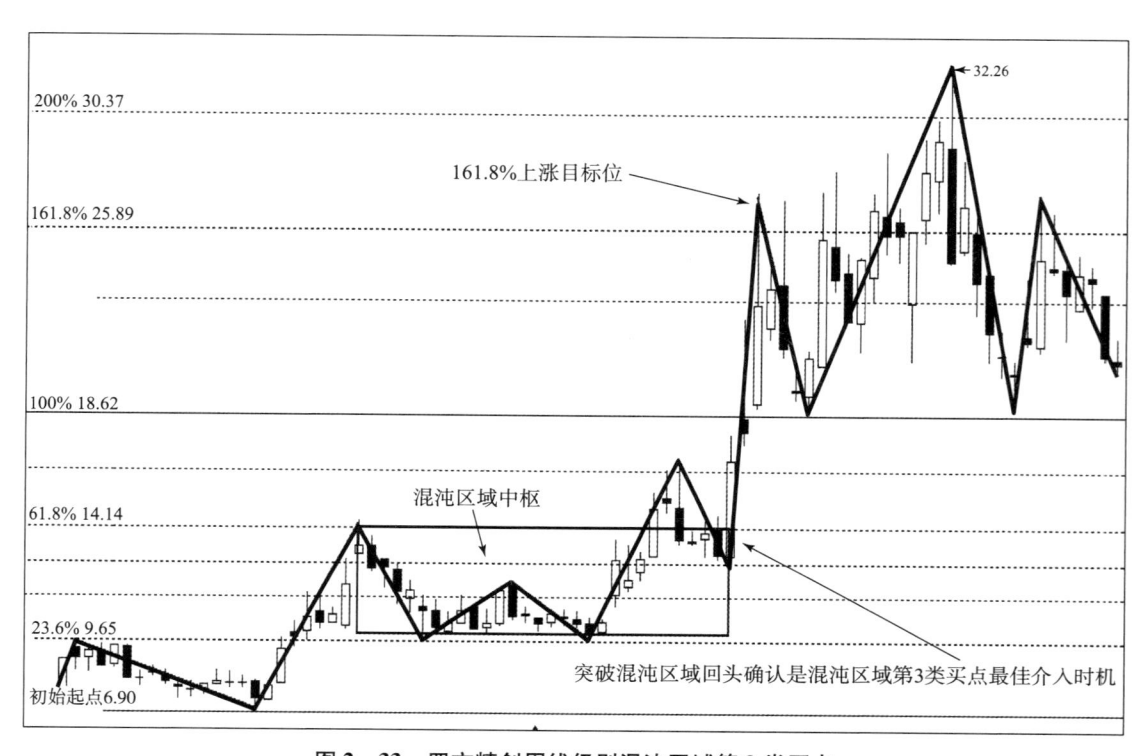

图2-33 四方精创周线级别混沌区域第3类买点

第九节　应用混沌区域性质寻找热点板块

1. 回避弱势板块，回避基本面风险是第一要素

风险和收益在投资过程中，是相生相伴的。投资风险越大，收益越大，投资某只股票，主要是分析该股风险与收益比。也就是下跌空间有多大，上涨空间有多大。但是，对于普通投资者来说，是很难的。大家都知道在市场中，生存的第一要素是回避市场及个股风险。市场风险属于系统风险，大趋势为下跌趋势，出来回避便是。所以，当大趋势向好，主要回避的风险，就是弱势板块风险与个股风险。如果你贪便宜，买了一只被市场抛弃的弱势板块中的弱势个股，大势上涨，你手中的股票就是不涨，也是一种风险。

2. 把握宏观政策、产业政策、税收导向的重要性

不知投资者注意到没有，每年两会后，股市都会有一波调整，原因就是，两会期间国家都会针对当前经济形势，对下一阶段的发展方向做一次修正和调整。会后，各部委都会出台一些与之配套的产业、税收政策。调整就是场内资金根据两会精神调仓换股的过程。

3. 应用混沌区域性质寻找热点板块

作为个人投资者是没有能力分析国家产业政策的，更不知道市场主力的调仓情况。这几年我在研究初始波理论应用时发现，应用混沌区域性质分析板块指数，可以让我们知道，主力资金进入了哪个板块，哪个板块强于大势。下面是上证指数和创业板指数走势图，初始波起点都是 2018 年 10 月 19 日。

如图 2-34 和 2-35 所示，对比一下可以看出，在 2019 年 6 月之前，上证指数走势强于创业板走势，上证指数在初始波形成后，指数出现了一波凌厉的上涨，指数突破混沌区域上轨后才开始调整，调整幅度也比创业板小。创业板指数在完成初始波形态后，上攻位置正好在混沌区域上轨，之后出现了一波快速调整，调整低点触及初始波高点。

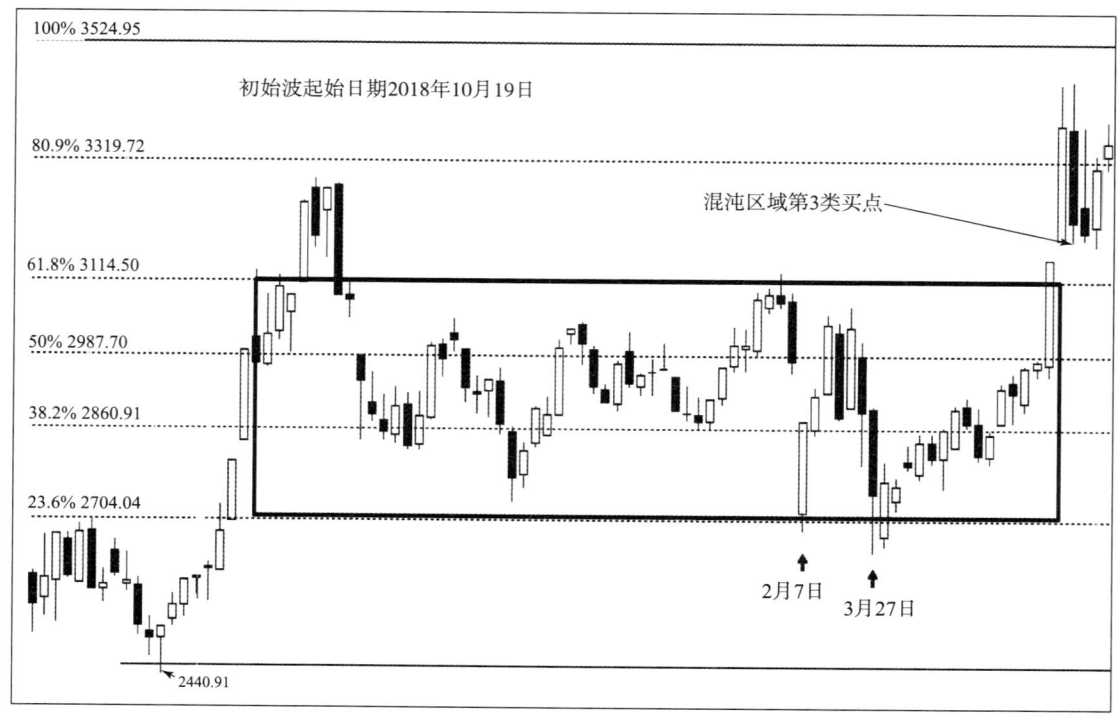

图 2-34　上证指数周 K 线混沌区域 3 类买点

图 2-35　创业板指数周 K 线混沌区域 3 类买点

再看一下，从 2019 年 6 月份起到 11 月，创业板指数走势明显强于上证指数，创业板指数形成了一个明显的上升通道，并于 2020 年 1 月初突破混沌区域上轨，出现第 1 次混沌区域 3 类买点，这是一个重要信号，尤其是 2020 年春节后，走势明显强于大盘。上证指数在春节开盘最低触摸 23.6% 位置，最高反弹至混沌区域上轨下方，价格在混沌区域内运动，而此时，创业板指数在春节开盘最低触摸混沌区域上轨，之后反弹至 100% 初始黄金位上方，回头确认，创业板出现第 2 次混沌区域 3 类买点，之后快速拉升至 161.8% 初始波黄金位，而上证指数都没摸到 100% 初始波黄金位。如果选择指数基金投资，在上证 50 或上证 180 及创业板 50 之间选择，那一定要选择 ETF 创业板 50 作为投资标的。

如图 2-36、2-37、2-38 所示，图为中证行业指数（证券公司、中证信息、中证消费）。

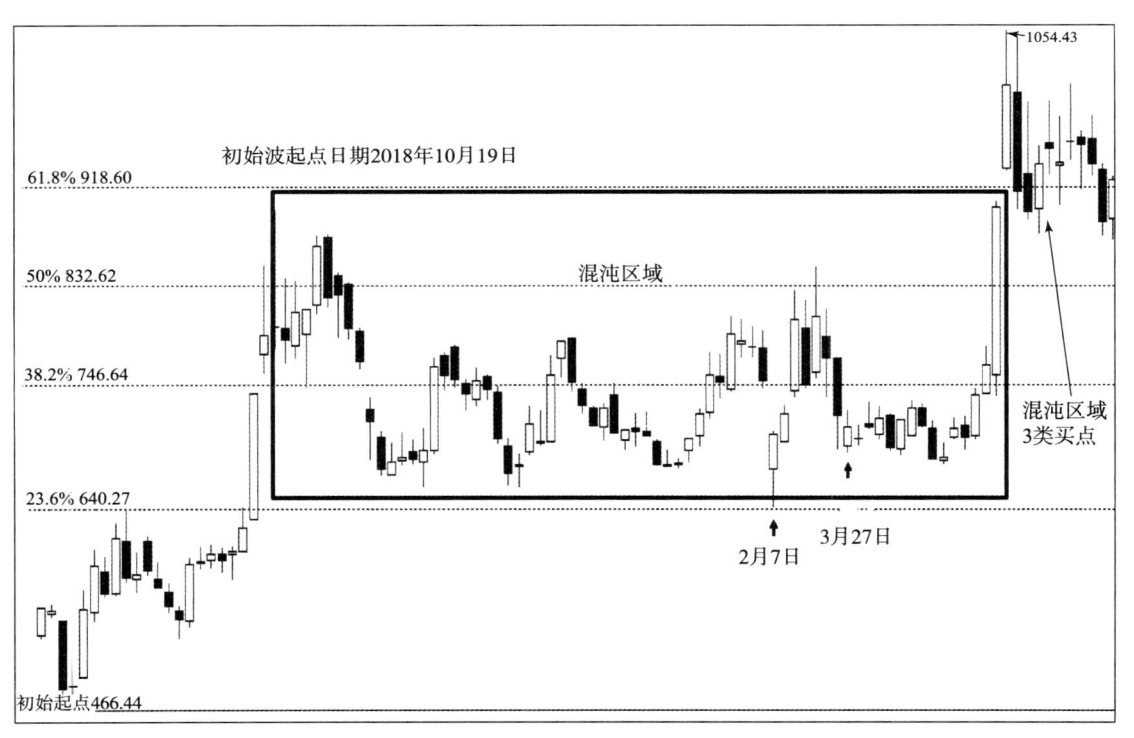

图 2-36　证券公司指数周 K 线图

证券公司指数与上证指数相比落后于上证指数，混沌区域 3 类买点在 2020 年 7 月份才出现，相比之下，中证信息与中证消费早在 2019 年 8 月 12 日和 3 月 8 日就出现了混沌区域 3 类买点。对比一下后期走势，明显强于上证与创业板指数。

图 2-37　中证信息指数（起点 2018 年 10 月 19 日）周 K 线图

图 2-38　中证消费指数（起点 2018 年 10 月 19 日）周 K 线图

如图 2-37、2-38 所示，中证信息突破混沌区域后，最低回调至 38.2% 上方，围绕着混沌区域上轨震荡，2019 年 8 月 12 日第 4 次突破混沌区域产生第 3 类买点，在进攻目标上，2020 年 2 月 27 日中证信息最高 6297.82 点，与理论计算 261.8% 目标位 6461.23 点差 163.41 点，误差不到 2.5%。

中证消费指数走势最强，2019 年 3 月 8 日第 1 次突破混沌区域产生 3 类买点后，直接冲到 100% 初始黄金位上方，在 100% 初始黄金位上方震荡整理两个月，拉到 138.2% 初始黄金位置，围绕着 138.2% 初始黄金高位震荡，到 2020 年 3 月 27 日开始向上突破，最高已经冲过 261.8% 成长目标位，截至 2020 年 10 月 1 日依然在 261.8% 上方运动，体现了热点板块的快速拉升小幅回调的特性。

通过混沌区域 3 类买点，寻找热点板块启动位置是十分准确的，而且这种方法相当简单，只要你掌握混沌区域 3 类买点的应用，可以说一学就会。这种方法也可以用于选股，发现哪个板块指数最先突破混沌区域形成 3 类买点，就去哪个板块中寻找龙头股票，再应用混沌区域 3 类买点寻找主升浪最佳买点。

4. 建立大盘、板块与个股的优化交易策略

大盘与板块分析是大局，当大盘、板块走势良好或微跌，而你的标的股却大跌，你就要去 5 分钟级别，仔细观察标的股的下跌趋势是否在 5 分钟级别上有终结结构出现，5 分钟是否出现二买，如果有，那就应敢买，因为，板块趋势良好，个股做空动能一旦衰竭，会很快跟随板块进入多头行情。

如果个股走得很好，大盘与板块走得不好，这时千万不要抱有侥幸，一定控制好个股仓位，因为，它随时都会被大盘与板块下跌的力量所拖累。小胳膊拧不过大腿。

当然，能做到这一点，也是不容易的，需要很强的综合能力，不可勉强为之。

5. 投资收益最重要的是安全稳定

有一个最简便的办法，就是购买与热点板块相应的主题基金。投资主题基金，是未来市场的投资趋势。投资主题基金与投资龙头股票相比，预期收益率可能降低，但是，收益是安全、稳定的，安全稳定才是最重要的，谁能保证肯定抓住龙头？即使曾经抓住了你也不知道，也拿不住。投资就要将复杂的事情简单化，这本身就是一种智慧。

第十节　T+0最佳操作时间分析与应对策略

对于日T+0交易，要特别注意开盘10分钟K线波幅，开盘10~20分钟的最高点与最低点，是主力行为，对当日交易和短线波段交易有着重要的指导意义。以日内交易为例，当价格突破开盘10分钟K线高点，回头确认，如能在高点附近停留5~6分钟，就是日内做T的最佳买点，止损点就设在开盘10分钟K线的最低点。还要提醒大家，这需要很强的技术分析和操作能力。分析能力差，判断不准是真突破，还是假突破，最好的办法是不动。实际中，假突破可能比真突破概率还大。这就是别人问我在什么点位做T，我不说的原因，不容易掌握，看到突破我买进，可能10分钟后，看到价格上涨意愿不强，就要减仓。

做T的大原则是30分钟级别大趋势多头向上，5分钟小趋势是调整，5分钟级别启动点上做T，也就是说，日内T+0是在这个基础上展开的。傻乎乎的，见突破就以为是机会是不行的。

在一天当中早盘：9：30~9：50，一般散户不要参与，这是主力展示盘口语言的时间段，水平高的可以在此阶段通过量比去博涨停。短线战法量比大于3，涨幅开在3%~5%之间，市场强势，是容易抓住涨停的时间。

①早盘9：50~10：10往往是对前一交易日热点个股顺势拉高的阶段，容易产生短期的高点。经验：在这个时间段高抛效果不错。

②上午盘10：00~10：40是主力入场的时间，此时间段如果热点拉升清晰，大盘无忧。经验：这个时间如果个股出现拉升，且主力数据良好，那对这股可以放心。

③11：10以后的急拉除非市场非常强势，否则不要跟风，容易中套，指数是拉给下午要买票的人看的。

④13：30~14：00往往是主力下午盘面主要攻击的时间段。

⑤14：00~14：30是盘面最容易发现转向的阶段，很多游资如果看指数14：00后的走势相对稳健时往往会袭某只股票拉涨停。

⑥14：30~15：00，弱势行情短线诱多往往在这个时间段产生，当然强势行情不存在诱多，而是进一步拔高吸引人气。

持仓股票做T+0一定要先低买再高抛，持仓股票在达到目标位短线减仓后，调整到达重要支撑位，可以逢低回补，买入1/2或1/3，待其涨升到一定高度之后卖出，从而在一个交易日内实现低买高卖，来获取差价利润。

分时放量、突破买入法这是最直接、最稳健的T+0套利手段，也是个人最喜欢的套利手段之一，成功率很高，分时持续震荡杀跌，在最后会有一个分时急跌，分时形态小于30度转向，分时形成一个转向尖角、这就是很好的潜伏机会，这种分时形态往往是强势股，盘整期最后的杀跌手法，要做的是敢于潜伏。

本章小结

1. 定量化交易的重点

（1）要学会怎么判断趋势的延续与反转。江恩的名言："价格等于时间，时间等于价格，价格与时间相互转换"。换一句话就是，在上升趋势中，如果调整的时间比前一次调整的时间长，则价格趋势将面临转势。若调整幅度大于前一次调整幅度，则价格已经进入转势阶段。在下跌趋势中也一样。

（2）重点掌握二波结构，包括次级别3-3和5-3多空循环结构。

（3）重点掌握初始波 WZ 结构，学会运用初始波。

（4）能够熟练应用两个公式去计算价格未来生长空间。这是实现定量化交易的基础，使用公式可以计算出1浪、3浪、5浪及调整C浪的大致目标范围。

（5）必须学会应用混沌区域3类买点，寻找热点板块，寻找个股主升浪，混沌区域3类买点是一个确定性很强的介入点，掌握混沌区域3类买点就可以基本确定3浪的起点与终点，从而实现定量化交易，吃掉3浪带来的80%以上的利润。因此，可以说，学会运用这个方法，盈利就不是问题。

综上，能够基本学会，掌握这几条就可以超越90%以上的人，就能解决股票分析当中，趋势与空间两大最主要问题，就基本具备分析、操作股票的能力。不开玩笑，是真的，就这么简单。第一章里讲的这套方法是最简单、最有效的方法。方法虽然简单，理论依据却是充分的。也因为有了充分的理论依据，所以，方法才是可靠的，只要路选对，剩下的就是精的问题，没有捷径，只有不断地去悟，去体会。

2. 掌握基本理论是理解内涵的基础

化繁为简是解决问题的智慧，想在一个复杂、纠结的问题当中找到一个简便的方法，就要从细节入手，从本质上、原理上入手。

理论就是透过表象（趋势、空间、形态、成交量）看清实质（主力意图）的基础。本章是技术分析的基础中的基础，是非常重要必须掌握的内容。在学习中，刚开始不一定理解，但没关系，反复地看，学习实践，再学习、再实践。我的讲解也是这样，讲一段理论，就讲一个实例，通过实际例子去理解理论，我认为这种学习方法比较好。反反复复，让这些基础理论，融入脑子里，最后达到临盘应用时，根本不用想用的是什么就能应付自如。因为实际交易中买卖点的最佳机会就那么十几分钟时间。

3. 分析能力与操作能力是两回事

会分析只是第一步，能够实盘操作，达到盈利才是真正学会弄懂了，其中对买卖点还有下一章讲的止损点理解尤为重要。对买卖点与止损点的理解，首先，重点是一定要搞清楚初始中枢、初始中枢区间、混沌区间是怎么确定的；搞清楚确认点的逻辑关系，这关系到1、2、3类买卖点的确定，关系到你对买卖点的理解，尤其是混沌区域3类买卖点的理解。

4. 反复练习是唯一途径

如图2-9所示，初始波基本结构——WZ结构，要反复在5分钟K线上去体验，为什么让你在5分钟K线上体验，一是WZ结构的确认是在内部结构上确认的，二是常用软件最小周期是1分钟，5分钟是能看到内部结构的最小级别。所以，实盘训练在5分钟级别上机会会多一些。

初始波基本结构是遵循自然规律的，是科学的，是具有普遍性的。学习者可以随意找些股票，在5分钟图上，画出WZ结构，画出初始黄金位空间结构，画得多了自然就会感悟到，其中的用处和意义。证券分析就是这样，必须深入到实战中。我现在告诉你WZ结构非常有用，也非常好用，不仅能在初始阶段用，在其他地方也能用。在5分钟K线能用，在周线月线上也能用，对于一些大牛股的分析，最大级别我用在季度线上。

5. 区域划分是应用重点

在区域划分中，重点是对混沌区域概念的理解，61.8%是混沌区域上轨，是价格生长最初的阻力位，也是初始目标位。混沌区域从本质上讲，是价格生长初期能量动能的储备积累，从问题的实质上说，是市场对上市公司股票价格反复确认、定位的一个过程。价格反复震荡，方向是不可确定的，因此，操作上必须遵循震荡操作策略，下轨买入，上轨抛出，最多只能 1/2 仓操作。

成长区域是混沌区域积攒动能的第一次势能转换，是价格第一次成长，目标基本在初始波 100%～161.8% 之间，应用时应注意，由初始波计算出的初始波黄金目标位，是价格正常生长的普遍规律，价格生长过程中有强弱之分，品质上也有优劣之分，给出 100%～161.8% 目标区域目的是当价格到达这一区域的某一个位置，如价格在 138.2% 上下出现大幅震荡，或者量价背离等顶部形态，我们就要根据判断价格终结的四大因素，本着一致性原则做出是否卖出的决定。如果价格到达 161.8% 区域根本就没有停留，或是只有较小的震荡，那就说明价格上涨动力充足。由初始波计算出的初始波目标位区域，是一个非常重要的观察点或区域，当价格到达区域后必须仔细观察。

6. 关于交易策略与交易级别

交易策略无论从什么理论上讲，基本上就是一样的，大同小异。

交易级别是人为设定的，交易级别及仓位的控制是因人而异的，对一个懂分析、懂交易规则的投资者而言，交易至少分三个级别。对于初学者来说，交易级别概念也是要有的，只有明确并熟练掌握交易级别才能达到入境之界，初学者可以从两个级别做起，即 30 分钟级别与日线级别。

我所传达的是交易逻辑，学习者要根据自己的性格、习惯慢慢建立自己的操作级别及仓位策略，初学者仓位建议保持在 50% 以下，建仓时一定要试探性，慢慢建立，越是老手建仓周期越长，我建仓周期基本上在一个多月左右，都是试探性，修复性反反复复，才确定是否中期持有这只股票，才完成建仓。

股票什么叫好，什么叫坏，须知，了解一个人还得个一年半载，得通过共事，何况你是将你辛辛苦苦挣来的钱投资一只股票，若不试探性地深入其中体验一段时间，就仓促下决定，不吃亏是命好，吃亏才是大概率事件。只有初生牛犊不怕虎的人才一次性建仓，一次性建仓就能挣钱是个案，所以建议在资本市场中还是低调点。学别人的东西只能一知半解，只有自己建立了一套系统完整的操作方法及操作策略，才算真正懂得了投资。

第三章

止损在投资中的意义及设置

  不论是股市、汇市、期货交易，其交易技巧都是相似的。"止损"的重要意义只有少数人能"彻悟"，所以，也就少数人能在市场上赚钱。"止损"就像一把锋利的刀，它使你鲜血淋漓，但它也能使你不伤元气地活下去。它可以不扩大你的亏损，使你化被动为主动，不断寻找新热点。它可以保护你已经取得的利益。在市场上生存，需要耐心，需要信心，但耐心、信心不代表侥幸，不懂得止损的投资者，就输在侥幸上，侥幸是止损的天敌，止损是投资的基本功，是交易成功的保证。

第一节 止损是投资中最重要的一环

一、止损的概念

世界上最伟大的交易者江恩，非常重视止损的确定，认为不设立止损是交易失败的三大原因之一。由于投资者对市场的理解认识不同，投资者进入市场获利的成功率是不一样的。就是好的职业交易者也不能保证70%以上的成功率。分析水平的高低区别只是成功率的大小，而有没有止损是本质的区别。所以，止损不仅是投资者的一个保护措施，更是交易者的看家法宝。

止损是用于保护已获得的利润和防止亏损进一步扩大的措施。入场交易的同时，就必须考虑如何设定止损。所谓的"我已经无法止损"，是因为入场前，根本就没有仔细分析，跌破哪个点位会改变上升趋势。从技术上讲，是不明白，从概念上讲，是根本没有设置止损点的概念。保护盈利同保护资金一样重要。一旦在一个交易中获利，就不能让它化为乌有，变成损失。要永远使用止损单，不让利润跑掉。进行交易后，止损是不可取消的。

二、止损是投资股票的基本功

世界上最伟大的交易员有一个有用而简单的交易法则——"鳄鱼原则"。所有成功的投资者在进入市场之前，都要反复训练，加深对这一原则的理解程度。

鳄鱼法则源于鳄鱼的吞噬方式：猎物越试图挣扎，鳄鱼的收获越多，假定一只鳄鱼咬住你的脚，它咬着你的脚并等待你挣扎，如果你用手臂试图挣脱你的脚,则它的嘴巴便同时咬你的脚与手臂,你越挣扎,便陷得越深。

所以,万一鳄鱼咬住你的脚,务必记住:你唯一的生存机会便是牺牲一只脚。若以市场的语言表达,这项原则就是:当你知道自己犯错误时立即出场!不可再找借口、理由或有所期待,赶紧离场!

三、止损是证券投资获利的保证

交易中,没有止损保护,你可能会两手空空。被套与获利是我们在交易中遇到的两件最普通的事情,对于有经验的投资者来讲,总是在进入市场之前就已经设立好止损点,止损点与操作计划是同时制定的,例如,当买入条件成立,买入建仓,止损点设为前两个交易日的最低点,这就是江恩的三日线止损法,很简单。在进入市场后,一旦价格没有按预期趋势发展,而是朝相反的方向发展,使自己的头寸处于亏损状态,并达到事先设立的止损位时,应立即执行止损的操作。

交易者盈利时,也要设立止盈保护,避免账面利润过分损失。失败的交易者一般就是没有使用止盈保护,或没有正确地使用止盈保护。实际上止损、止盈保护贯穿投资过程,发现各种入场信号时,都会提到这个问题。它是整个交易不可或缺的一部分。所以,在你没有确立止损位置之前,请不要入场交易。

四、平常心态看止损

在资本市场中,散户犯错误的概率在80%以上,就是职业投资者犯错误的概率也在60%以上,所以,一定要以平常心态看待止损,犯错误是正常的。止损仅仅是投资过程中的一个技术手段,是投资风险管理的重要措施,是资金管理技术的一个部分。止损是正常的、正确的"止错"手段,但止损结果却并非一定正确,有时你按照你的原则执行止损操作,但结果很可能与预期相反。其中有两层含义:操作思路上、原则上没有任何错误,但是,任何事情的执行结果是有概率性的,绝不可能百分之百准确;止损原则的确立也需要不断完善,不同的情况也应有不同的应对原则。所以,止损本身是正常的操作手段,无论结果如何,都是该做就必须做的。

止损原则通常在进场之前就应设定，一旦现实情况符合了你的止损原则就必须执行，你的止损原则是否科学、合理，可以暂且不理，坚决、果断地执行是当下最为紧要的。交易时万万不可在止损的紧要关头，抱有侥幸、抱有幻想，这种心理是万万要不得的。执行止损时应该坚持少思考、多行动，考虑过多往往会错过止损时机、消磨止损决心、产生主观性错误决定。真正的止损，实际上是执行一种客观性的决策，因为，止损信号的发生不会是交易者自己想出来的，是客观事实的表现。所以，坚定执行是不会错的。切忌在止损平仓后马上买入交易，要经过一段时间，仔细分析、观察再做决定。敢于认错是投资者最重要的品格。

成功止损可以使交易者避免更大的损失，保护你已经取得的成就。想成为一名成功的投资者，就必须将止损看得透彻。无论止损是否达到预期效果，先操作执行止损计划是最重要的，事后，你有充足时间去分析，考虑下一步应该如何。记住，调整好止损后的心态，才能进行下一步的交易计划。每一次止损绝非一定会与预期相同，建立完善止损思想、止损手段永远是正确的。为了最终能获利取胜，一定要在止损计划完成后，再制定出更加完善、科学的交易计划。

止损成功率的提高，主要依赖于入场时机的选择，之所以发生止损，绝大多数的原因是入场的时机不当，或是在一个无趋势的市场中交易。还有就是止损点设置得不合理。作为一项保护性的防错措施，投资者判断市场趋势的能力，直接影响止损执行的频率。我们都知道，壁虎在面临生命威胁时，会自断尾巴以求全身而退，许多自然界中的生物都具备这种令人敬佩的求生本能。在市场中，不怕死的俯拾即是，但拥有壁虎精神、肯认错止损的人，却成了市场中的稀有幸存者。

大多数市场参与者，虽然有止损常识，但是，往往只沉醉于可观的获利中，对于"潜在的巨大风险"却视若无睹，不善使用启动利润保护止损单。我们讲的止损概念，实际表达了两个含义：一个是入场止损单；二是利润保护性止损单。在理解上，不要片面，后边会在分析实际例子中，讲述保护性止损单的具体使用过程和确定的方法。

五、分析能力是制定止损计划的基础

制订正确的止损计划，需要很多方面的投资知识，投资技巧，而执行止损计划需要螳螂断臂之勇气，两者缺一不可。投资者需要学习、研究、思考并解决投资过程中，最基本的三个问题：①趋势；②目标；③方法。你需要把本书所有的内容都研究透，投资类书不是你看一两遍就可以融会贯通的，即使你再聪明，也得学习、实践，再学习，再实践，反反复复认真地总结成功与失败的经验，才能取得进步。那些耍点小聪明、懂了几个指标，会画几条线就觉得自己全都懂的人一定会被市场教训。投资犹如修道成仙，只有在你对市场有了深刻的理解和认识之后，反复学习才有升仙入境的机会，至于能达到几境，还得看你修行根源，投资之路就是这样。投资者最开始投资一定要先拿一小部分资金在市场中打拼，学习，等到你具备足够的知识、智慧再加大投资，市场的机会总是留给那些有准备的人。盲目入市只有两个字——亏损。

第二节　止损、止盈点的设置

学会止损、止盈，才算懂得交易。交易必须有明确的买卖点，止损、止盈点，否则交易是混乱的。投资者必须通过固定的模型，让自己的交易行为实现机械式交易。只要有买入行为，就必须设置止损点。只要持仓，就必须设置浮动的止盈点，以确保截断亏损，截断账面利润的损失，实现资产稳固增长。

一、初始中枢 2 类、3 类买点的止损点设置

如图 3-1 所示，WZ 结构确认后，确定点 z 是最佳 2 类买点，如何知道 z 点结束，必须等待 i 到 ii 段形成后，才能确定 z 点终结。ii 点才是最佳买点。严格地说，这个过程是 i 突破 yz 段调整趋势线 ii 回头确认时产生的买入点。

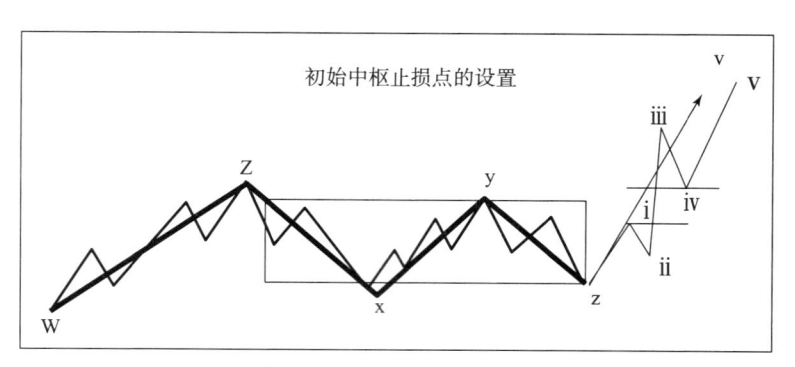

图 3-1　初始中枢 2、3 类买点止损点的设置

假定 yz 段是 30 分钟调整走势，当下就得去 5 分钟图上，观察、分析，寻找 ii 点。

1. 中枢 2 类买点的止损点

止损点一般设在 WZ 结构 x、z 点中的最低点或设在起点 W。当价格跌破中枢组件最低点时，将继续下探初始点 W 的支撑。跌破初始起点，初始波基本形态被破坏，自然也就不是初始形态，依然是上一个大的调整趋势的延续。

WZ 结构确认后，走出 zv 段的概率非常大，一般情况下，zv 段上涨幅度是 WZ 段的 0.618~1 倍，初始阶段买入属于试探性建仓，最多建 2 成仓，而且这种建仓是多次的，是带有修复性，反反复复的过程，是次级别逢低买入，逢高卖出波段操作区域。

举个例子说明一下修复性建仓，假定，最初是在 5 分钟级别上，建 2 成仓，那么，一定要在 5 分钟级别上，监控这个上涨过程，当价格出现调整，破坏 5 分钟趋势时，一定要卖出 1 成仓，以待调整后，寻找比较好的买点，重新买回，这个过程可能不只是一回、两回，我称为修复性建仓。修复性建仓的好处是，一旦第一次建仓成功，就要保持这笔交易不亏损，即使价格二次回探，跌破止损点，发生止损操作时，也是微利或少亏损。

在这里还要说一点，你不能因为我说"WZ 结构确认后，走出 zv 段的概率非常大，一般情况下，zv 段上涨幅度是 WZ 段的 0.618~1 倍"，就认为价格一定会到达那个位置，0.618~1 倍只是一个临界区域，我是提醒你，当价格到达这个区域，你要到交易级别上，观察价格走势是否有终结现象。

2. 中枢 3 类买点的止损点

当价格突破中枢、回探出现中枢 3 类买点时，在 2 类买点建的仓才算暂时安全。但依然不可大意。形成初始中枢后，价格的上攻目标，大概是混沌区域上轨，出现中枢 3 类买点依然属于在混沌区域内试探性建仓，此时加仓，也只能加 2 成，总共 4 成仓。

操作上依然采用修复性建仓的方法，用 1~2 成仓在中枢上轨与混沌区域上轨所构成的区间内做高抛低吸。止损设在 ii 点。

试探性建仓阶段，盈利不是目的，安全才是第一。这一点一定要记住，盈利是等待股票进入快速拉升期时，才考虑的事。如果股票进入快速拉升初期时，你还亏损，或刚盈利，你的心态可能是想卖出股票，进入快速拉升期你才考虑安全，那正好是本末倒置。

二、混沌区域 3 类买点的止损点设为 DKX 多空线

如图 3-2 所示，混沌区域 3 类买点属于趋势性买点，止损点的设置必须遵从价格趋势。一般情况下，混沌区域 3 类买点都是在 60 分钟 K 线上寻找最佳买点，因此，将 60 分钟 DKX 多空线设置为混沌区域 3 类买点的趋势性止损点，价格跌破 60 分钟多空线，反弹确认下跌趋势成立。混沌区域 3 类买点加仓部分就地执行止损。

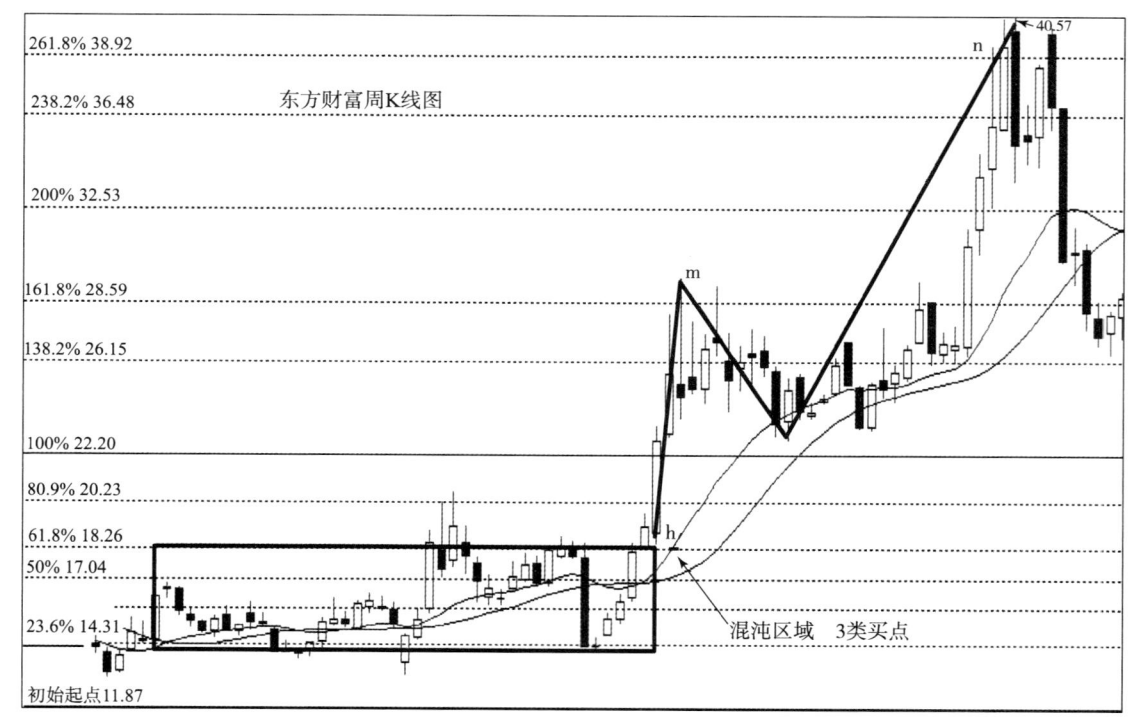

图 3-2 混沌区域 3 类买点，止损点的设置

价格进入上升通道线，将初始波目标位 100%、138.2%、161.8% 及 261.8% 作为止盈监控点，当价格依次到达或临近（图中 m 点、n 点）这些点位时，需要到 60 分钟级别上监控价格走势，当价格跌破 60 分钟多空线，第 2 次上攻如果有量价背离现象出现，则卖出 1/2 仓。这是一个综合判断过程。如果分析能力差，也可以只根据初始波目标价位卖出。

价格突破混沌区域进入快速拉升，形成快速上涨趋势，大的原则是依据日线级别 DKX 多空线持股，止盈须按事先设置好的止盈条件执行。

三、如何止盈

（1）应用初始中枢第 2 类买点建立 2 成仓位，设置 5 分钟趋势终结为短期目标止盈点，卖出 1 成仓，以确保余下的 1 成仓有足够大的止损空间。

要认真对待每一次建仓，如果建仓时，你连 2%~3% 的利润空间都看不到，你凭什么要买入，建立仓位。

（2）WZ 结构的初始上涨目标位 61.8%~80.9% 作为第一目标止盈位。

应用初始中枢 3 类买点增加 2 成仓位，总计 4 成仓，在混沌区域 23.6%~61.8% 内做高抛低吸，不断摊低成本，为后续价格突破混沌区域形成 3 类买点时，加大仓位打下良好的基础，尽量保持股票在建仓阶段就保持盈利状态。

（3）价格突破混沌区域进入快速拉升，形成快速上涨趋势，按照 WZ 结构成长目标位设置止盈：到达初始波 161.8%、261.8% 以及 423.6% 成长目标位就卖出 1/3 仓；应用江恩 3 日止损法卖出 1/3 仓；应用多空分界法卖出 1/3 仓。

四、应用基本面现金流建仓可以不设止损

（1）固定股息增长率股票价值贴现评估。

$P_0 = D_1/(k-g)$，$D_1 = D_0(1+g)$，其中，D_1 为下一期股息，D_0 为当期股息，k 为年回报率，g 为固定股息增长率。

步长制药当期分红每股 1.6 元，股息增长率是 6%，年回报率为 13.5%，则有当期股票贴现评估值 $P_0 = D_1/(k-g) = 1.6 \times (1+0.06)/(13.5\% - 6\%) = 22.61$（元），实际上 2018 年 7 月 30 日跌破 21 元。

（2）技术分析与交易。

如图 3-3 所示，步长制药以红利为基础建仓，2018 年 9 月 27 日步长制药跳空高开，并放出巨量，底部资金进入明显。我跟踪这个股票，寻找进场点已经有两个多月了，从 2018 年初起，市场一直处于下跌态势，看中这个股票，是因为步长制药的长期分红能力。理论贴现估值 22.61 元，按 9 月 27 日 19 元左右计算，年平均股息约 8%，有了这 8% 垫底，再做做波段，一年 20% 左右收益还是有的。所以，我计划将三只股票仓位放在步长制药

上，由于高开一直低走，等到收盘，以收盘价 19.15 元建 2 成仓，第 2 天最高 19.74 元，原计划卖 1 成，结果没卖成。隔天价格又高开低走 18.60 元收盘，跌近 5%，我决定以收盘价再增加 2 成仓，日线级别多空线呈多头态势，短期多头支撑价位 18.20 元，明天准备在这个价格附近再加 2 成仓做 T。

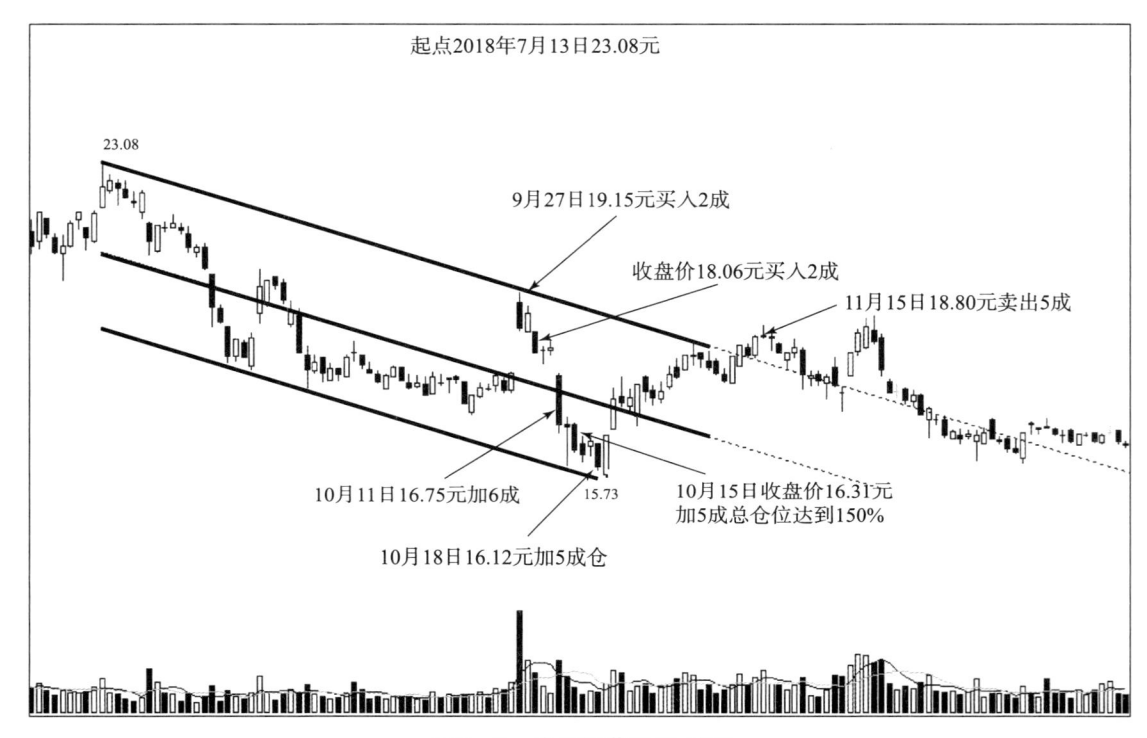

图 3-3 步长制药日 K 线图

加到四成仓之后的两天价格小幅波动，无操作机会。10 月 11 日股价又一次跳空低开，跌破 DKX 日线，一度跌停板，我没有手软 16.75 元满仓，均价 17.60 元。

满仓后第 2 天价格最低探至通道线下轨，探底回升，收出了一个带长下影线的十字星。第 3 天 10 月 15 日价格又高开低走，尾盘收在十字星之内，我决定以收盘价 16.31 元再增加五成仓，反正也没什么好买。之后两天，价格最高返到 16.50 元，无操作机会。10 月 18 日价格又一次高开低走，跌幅与之前相比，明显收窄，我在 16.12 元又加了五成仓。总仓位达到了 200%，两只股票的仓位。平均成本 16.95 元。

如图 3-3 所示，价格反弹第 1 个高点正好落在前面两个高点连线的通道线上轨，调整后第 2 次反弹 11 月 15 日 18.80 元卖出五成仓。余下的

150%仓位成本降至16.33元。

　　价格沿着通道上轨向下调整，2019年1月28日当价格接近前低点15.73元时，临收盘时我决定15.81元买入10成仓，仓位达到250%，成本均价降至16.07元。

　　这个例子虽然是在大市行情不好的特殊时期，没什么好买的，步长制药每股红利达到1.6元多，按16元价格计算股息还在10%左右，当时我认为是一个非常好的选择，因此，我拿出一半资金买入了这个股票。由于是按股息收益建仓，我没考虑设止损，当时我还盼它继续往下跌，好再买。就是放到今天，我感觉这种投资也是稳定的。

　　提醒大家一下，不要因为以基本面买可以不设止损，就胡乱找一个自认为基本面好的股票，在下降通道越跌越买，那是要害死人的！以基本面买股，必须有真凭实据的东西在。例如，茅台1750元左右投资价值就不大，但是，如果调到1400多元，按现金流折算就有投资价值。中国股市能按现金流10年期折算的企业太少，所以，谈价值，进行长期投资，一般都要慎重。

第三节　实例讲解、持仓监控与止盈止损条件

三种止损、止盈卖出方法：多空分界线为止盈点；江恩三日 K 线最低点为止盈点；上升趋势线止损。在实际临盘时，只要触发一种止损、止盈条件，就应无条件执行，止损、止盈仓位视交易级别而定。

案例 1　创业板 50

价格上涨的第一阻力位是 61.8% 位，目标位为 100% ~ 138.2% ~ 161.8% 区域，在实际中，能到达什么位置，主要根据股价在 61.8% 和 100% 这两个位置的回调力度。回调力度小、时间短，股价的上升力度就强，空间就大。我们再看看创业板 50 在 61.8% 和 100% 位置的表现。

如图 3-4 所示，创业板 50 K 线图，空间坐标我们使用初始波斐波那契数列，初始波起点 0.419 元，初始波高点 0.45 元，由此计算，并画出未来价格空间结构位置图。

（1）建立仓位。

如图 3-4 所示，前面我们讲过 z 点是确定性买点，细节需要在 30 分钟图上观察 z 点终结，寻找入场点，2019 年 1 月 24 日 0.439 元建立 3 成仓位，止损点设在初始起点 0.419 元，买入后价格冲高回调。2 月 1 日跳空高开，结合 31 日收出十字星，在开盘价 0.433 元增加 2 成仓位。价格开始持续上涨，并于 2 月 20 日到达 61.8% 初始目标位。

价格到达目标 i 点后，我们以这波上涨起点 2 浪低点与初始目标 i 浪高点为基准点，用延长线形回归带画出价格上涨趋势通道线。当价格调整至通道线下轨时，有明显的止跌现象，价格开始沿通道线上轨向上运行，2 月 21 日股价再次突破混沌区域上轨，回头确认在通道下轨得到支撑，出现混沌区域 3 类买点，我们以 0.494 元增加 5 成仓，总仓位 10 成。

（2）持仓监控及卖出。

如图 3-4 所示，2 月 19 日创业板 50 在到达 61.8% 位置后出现调整，价格最低回探到 50% 位置，25 日突破混沌区域上轨形成 3 类买点。在第 3

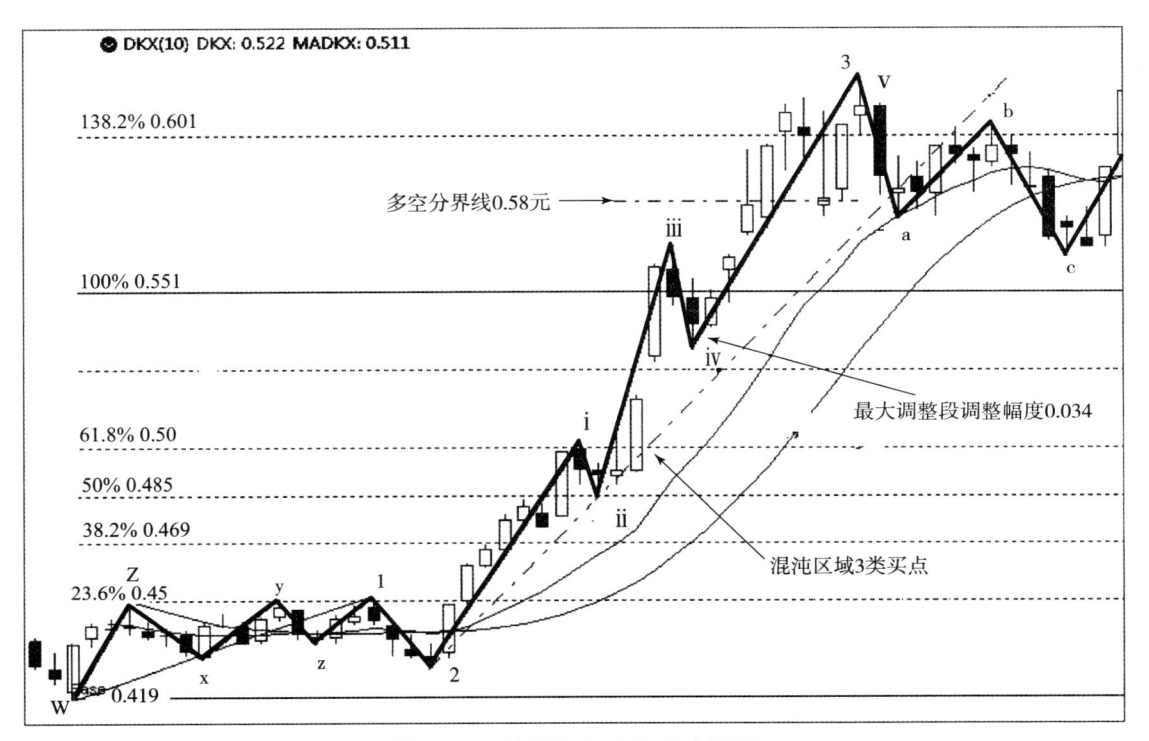

图 3-4 创业板 50 日 K 线走势图

个交易日就直接向上攻击 100% 位置，如此看出，主力向上拉升的决心，在 100% 的位置只调整 2 天，第 3 天就恢复上涨，因此，我们判断目标位将到达 138%～161.8% 区域。

上述两波调整，没有触及止损点，调整最大幅度是 iv 浪调整，幅度 0.034 元，这个幅度就是多空分界线最大调整幅度。在价格空间上，我们利用趋势通道线，江恩三日法、多空分界线卖出止盈法监控价格趋势在到达 138%～161.2% 目标位后的走势，最后用成交量确认卖出条件。

2019 年 3 月 6 日股价到达 138.2% 位置，到达 138.2% 的第 2 天股价稍微向上摸了一下 0.604 元就开始震荡，并以阴十字星收盘，第 3 天股价跳空低开，最低 0.575 元，跌幅 0.029 元，未触发多空分界线及以江恩三日法所设置的止损点，但是，要注意的是这天也是时间之窗。价格已进入相对狭窄的共振空间，我们改用短周期 60 分钟 K 线监控短期价格趋势。

2019 年 3 月 12 日尾盘一小时，价格在时间之窗，138.2% 黄金位与趋势线发生共振，日线时间之窗与 60 分钟时间之窗在 3 月 12 日发生共振，股价在冲击前面两个高点连线后回落，成交量明显放大，在量大幅增加的情况下，股价滞涨，这也是一种高位卖出条件，因此，我们在收盘前以

0.611元卖出3/4仓。

　　股价最高的0.618元，调整最低0.575元，调整幅度0.043元已经大于多空分界线止损幅度0.034元，触发止损条件，从而确认顶部成立，股价在调整到上升通道中轨后止跌，反弹至138.2%初始黄金位受阻回落，这次跌破上升中轨之后反弹，又到138.2%位置受阻，我们决定卖出剩余的1/4仓，以收盘价0.598元卖出。

　　创业板50自2019年1月7日创出低点0.419元起，到3月7日创出新高的0.614元，用时2个月，根据波浪理论调整期最少两个月。此时，我们只需要观察。

案例2　金力永磁

　　如图3-5所示，金力永磁2019年5月7日—6月12日完成上涨，进入调整阶段。经过日线级别abc调整后，完成大A浪的调整，随后有一个确定性较强的30分钟反弹行情出现，也就是大B浪，当下我们就准备交易这段行情。

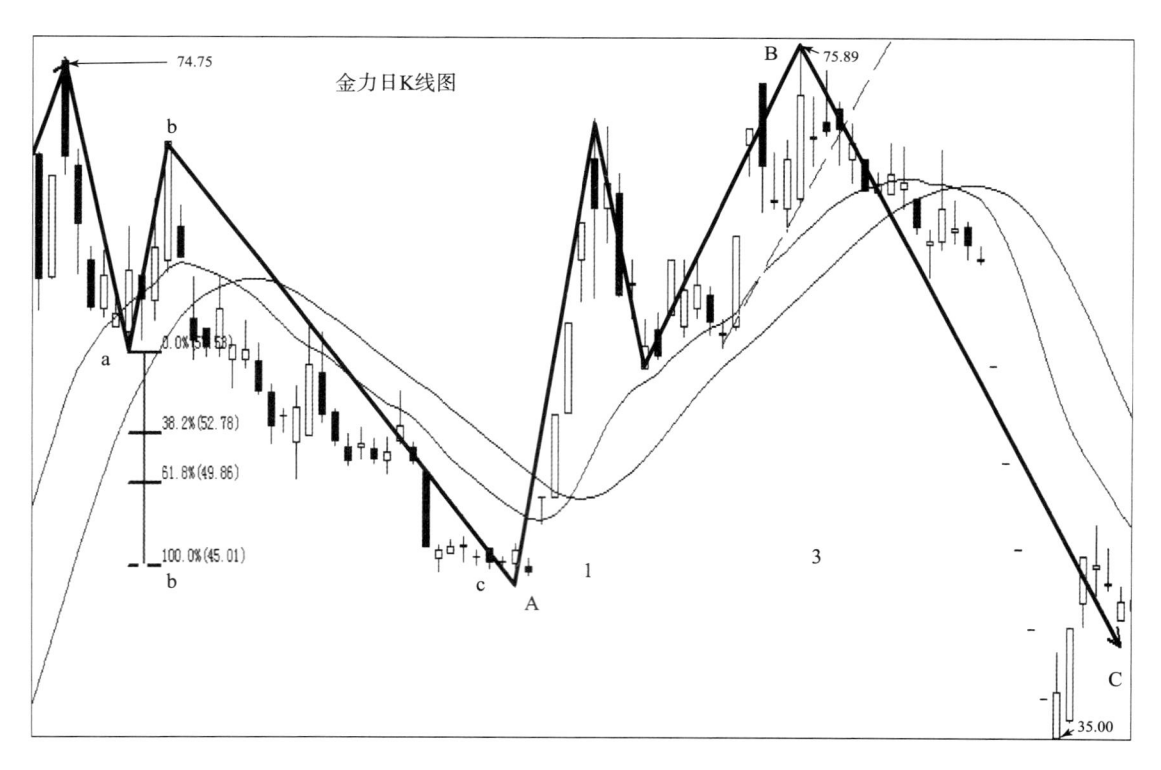

图3-5　日线级别调整对应的30分钟级别反弹行情

1. 30 分钟 B 浪反弹行情

（1）建立仓位。

如图 3-5 所示，首先计算下跌目标，下跌目标是依据下跌初始反向波幅 b 浪计算的。

计算公式如下：$P_t = P_2 - (P_1 - P_2) \times 1.618^n$

当 n = 0 时，$P_t = 57.39 - (69.95 - 57.39) \times 1.618^0 = 44.83$（元）

当 n = 1 时，$P_t = 57.39 - (69.95 - 57.39) \times 1.618^1 = 37.07$（元）

当价格下跌至 100% 跌幅位置 44.83 元时，小幅横盘震荡 6 个交易日，第 7 个交易日 7 月 31 日探底拉升，成交量明显放大，价格突破下降趋势线，我们在 15 分钟级别图上，以 45.32 元买入 5 成仓，第 2 天价格回探没有创新低，我们以收盘价 44.44 元增加 3 成仓。

（2）计算未来空间上的空间。

如图 3-6 所示，在 30 分钟级别图上，初始波是在 30 分钟一根阳线上完成的，初始起点 43.67 元，高点 46.19 元，由此可计算出，L =（46.19 - 43.67）÷ 0.236 = 10.68 元。

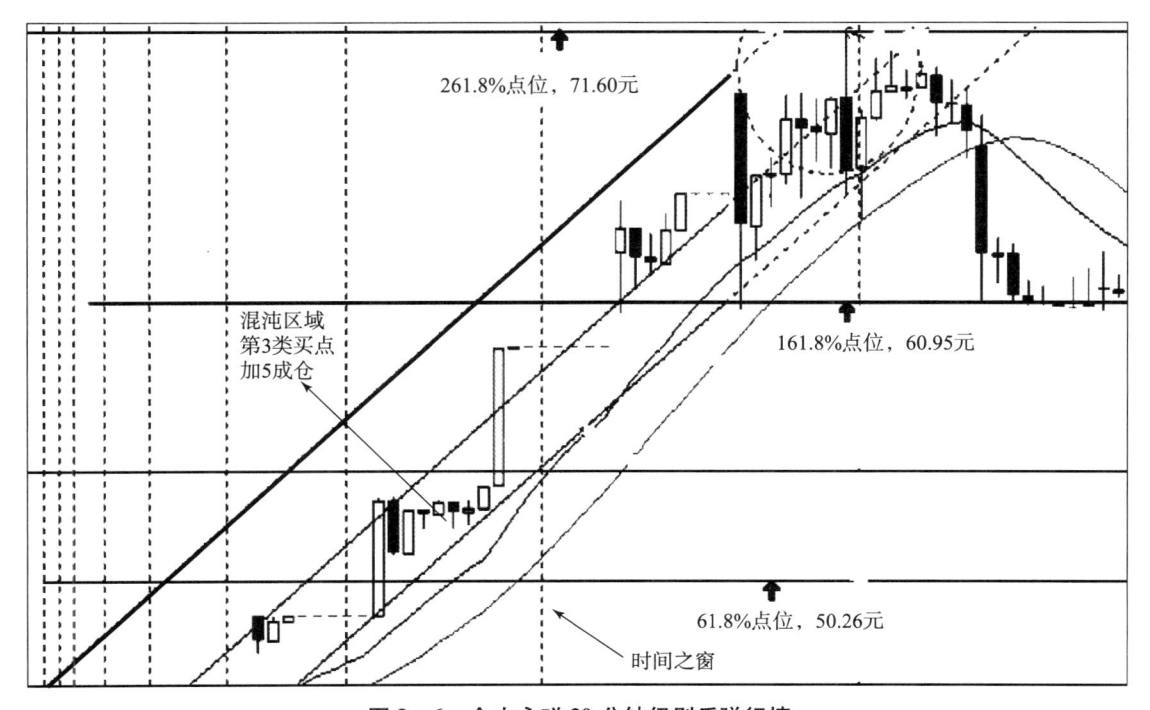

图 3-6　金力永磁 30 分钟级别反弹行情

初始黄金61.8%位置43.67+10.68×0.618=50.26（元）

初始黄金161.8%位置43.67+10.68×1.618=60.95（元）

初始黄金261.8%位置43.67+10.68×2.618=71.60（元）

（3）持仓监控与卖出。

金力永磁30分钟级别反弹行情是以连板的形式展开的，我们以初始波起点和8月5日最低点为基础，应用回归通道线画出上升通道线。8月2日完成第1个涨停，8月5日开盘30分钟收盘价涨幅在9%左右，价格已突破61.8%混沌区域，出现混沌区域3类买点，我们在下午2点左右以52.6元增加5成仓，仓位达到13成仓（包括备用金）。

如图3-6所示，价格突破混沌区域后，经过窄幅强势整理尾盘涨停，第2天小幅高开，过30分钟拉直涨停，第4天大幅高开，价格始终在通道线上震荡，最后于下午开盘涨停。我计算下，如果下一个交易日再涨停就是71.62元，这个价位正是261.8%初始黄金位，再看一下上升通道上轨是70.28元左右，因此，决定在上升通道上轨附近卖出8成仓。第2天9点15分竞价涨停，但是到9点24分竞价下降到70.12元，此时我果断填入65元卖出8成仓，结果以68.89元成交，开盘后一路急速下跌，最低触及161.8%黄金位，这个位置也是上升通道下轨，我在61.82元补回4成仓，并在随后反弹至66.41元时，将后补的4成仓现价卖出。第2天8月8日价格小幅高开最高冲到71.39元，随后快速下跌，最低跌破上升通道，反弹没有创新高，成交量萎缩，另外，开盘第2根30分钟线是30分钟级别时间之窗，价格走到这个位置，从空间、时间及成交量上判断，头部迹象明显，因此，我决定在前边次高点附近清仓。从大方向上讲，我们做的这次交易是30分钟级别反弹行情（日线级别大B浪），反弹结束后，将出现大C浪。及时出局是最重要的。

2. 寻找大C浪终结点

如图3-7所示，2019年9月30日金力永磁在第6个跌停板处开板，最低34.89元，开板反弹后，回探2点没有低于起点0，临收盘时在下午2点30分钟K线，我们以36.80元买入2成仓。止损点设置为初始起点34.89元。

（1）开仓依据。

①依据下跌初始反向波幅B浪计算C浪的调整幅度，理论计算161.8%下跌目标位是37.07元，实际价格跌到第6个跌停板最低价是34.89元，见图3-5；

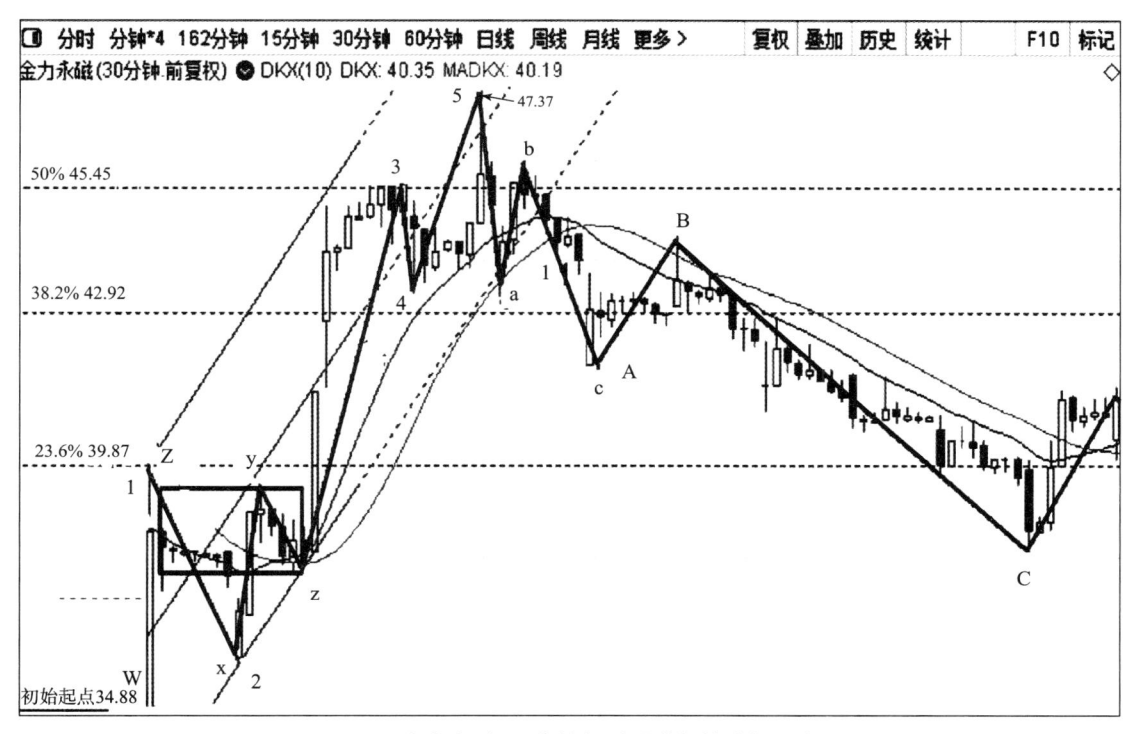

图 3-7　金力永磁 30 分钟级别反弹行情分析、交易

②初始反弹段 WZ 段放出巨量，30 分钟 K 线上换手率达 7.46%；

③Zx 段回探没有创出低点，并且 x 点成交明显低于起点 W，在 30 分钟级别上，x 点形成了中枢 2 类买点。

买入后价格继续反弹到初始最高 Z 点附近开始调整，当下 WZ 结构基本形成，我们去 5 分钟 K 线观察多空循环 II 的结束点，也就是 WZ 结构的确认点 z 点，寻找最佳的加仓点位。我们在 38.07 元又加了 1 成仓。这个买点是 WZ 结构的确定性买点，我们之所以加 1 成仓，是因为前边不确定买点上，我们建立了 2 成仓，试探性建仓一般不能超过 4 成。

（2）确保建仓成功。完成试探性进场后，最重要的就是保持持仓盈利，确保初次建仓成功。首先依然要明确，这是一波 30 分钟反弹行情，建仓交易也是在 30 分钟上进行的，监控与卖出也必须在 30 分钟上进行。我们先计算一下，30 分钟初始波上涨空间结构。

初始波起点 34.89 元，终点 39.89 元，L = (39.89 - 34.89) ÷ 0.236 = 21.18（元）。

初始上涨目标：34.89 + 21.18 × 0.618 = 47.97（元）。

如图 3-7 所示，中枢 3 类买点出现在 4 点，与理论计算的初始上涨目标 47.97 元，相差不到 10%，因此，决定 43.82 元再加 2 成仓。总仓位达到 6

成仓，持仓成本 39.92 元，价格最高到达 47.34 元后，开始快速回调，我们去 5 分钟 K 线上观察发现，价格已跌破 5 分钟 DKX 趋势线，当日收盘 45.07 元，第 2 天股价跳空低开，好在低开高走，为我们观察分析赢得了点时间。

仔细看一下，a 浪调整幅度已经大于前面任何一波调整幅度，价格已经跌破多空分界点，出现卖点，再看一下，从 x 点起的这波行情，已完成了 5 分钟级别的 3 个多空循环结构，且最后一个多空循环的终点与起点仅相差 0.17 元，多空双方基本上是打个平手。因此，当下低开高走是一个绝佳的卖出机会。

当价格反弹至前震荡高点 45.50 元时，果断卖出 4 成仓。保留 2 成仓，持仓成本 25.97 元，持仓盈利 34.9%。

（3）观察是否能成长为日线级别初始中枢。

如图 3-8 所示，起点 47.48 元是上一波 30 分钟反弹行情的最高点（为保证清晰度图 3-8 用的是 60 分钟 K 线图），接下来能否成长为日线级别初始中枢，关键是能否形成日线级别混沌区域，也就是以 2019 年 9 月 30 日 35 元为起点，反弹高点 47.48 元为初始高点，形成的日线级别初始波幅，能否生长成日线级别 WZ 结构，走出一段日线级别 61.8% 初始目标的行情。

图 3-8 金力永磁 11 月 1 日 60 分钟级别走势图

2019年11月1日金力永磁在一路下跌中，突然放量涨停，这是一个明显的见底信号。从最高点47.48元开始下跌，我们用b浪的反弹幅度（44.61－42＝2.61元）计算一下c浪的下跌位置，下跌100%、161.8%及261.8%位置分别是39.39元、37.77元及35.16元。实际走势中价格在100%和161.8%之间走出了一波反弹，但是，回头确认时跌破了前期低点，形成新的下跌趋势。10月31日创出35.25元新低，之后放量拉出一根8%多的大阳线，新的低点与我们理论计算的261.8%位置35.16元，仅差9分钱。

从图3－8中可以明显看出，WZ段这个涨停不仅突破了原下降通道，而且还是下跌中最大的反弹浪，依据多空分界法可以判断，下跌趋势已经终结，将出现一波反弹行情。

第2天又一路下跌，观察了一天最终在收盘价37.19元加了2成仓。隔了一天，6日又一路下跌，看了一下，已经接近前边低点35.25元，临收盘时价格企稳，在收盘价36.72元又加了2成仓。总仓位达到6成。

如图3－8所示，在30分钟K线上，c点是11月1日最低点，Z点是涨停高点，WZ段和Zx段构成二波结构Ⅰ，随后会产生二波结构Ⅱ，完成对二波结构Ⅰ走势的确认，确认成功则初始WZ结构成立，将形成一波上涨走势。11月14日价格跳空低开最低35.55元，之后一路上扬，最后半小时，突破y-z段下跌趋势线，突破30分钟DKX多空线，30分钟出现极好的加仓点，我们在36.56元加了2成仓。总仓位达到8成。加仓平均成本36.67元，总仓位成本34.01元。止损点设在起点35.14元。

在30分钟K线上，经过 i 浪、ii 浪、iii 浪三波反弹走势，进入调整，a浪的调整幅度已经大于前边任何一段调整幅度，再结合61.8%初始目标位是44.71元，判断b浪的反弹应是最佳的卖出机会。b浪最高45.85元，我们在45.28元卖出5成仓，保留3成仓，持仓成本3.96元，持仓盈利1143%。

由于价格未突破前波高点47.48元，没有形成向上趋势，也就是说没有形成日线级别中枢的迹象，因此，要密切关注后期走势是否能形成上升趋势。

（4）跌破止损点、止损。

如图3－9所示，2019年12月3日价格又一次在底部强力拉升（为保证清晰度图3－9用的是60分钟K线图），并在开盘15分钟突破30分钟多空线压制，我以39.74元买入3成仓，收盘39.76元，第2天价格又一次高开，回落时，我又在40.01元加了2成仓，总仓位达到8成。加仓均价

40.00元，止损点是这波行情的起点38.09元。行情高点43.91元，12月13日跳空低开跌破多空线，跌破上升趋势通道线下轨，当反弹至多空线下方，在42.71元卖出5成，余下3成仓位成本已成负数。

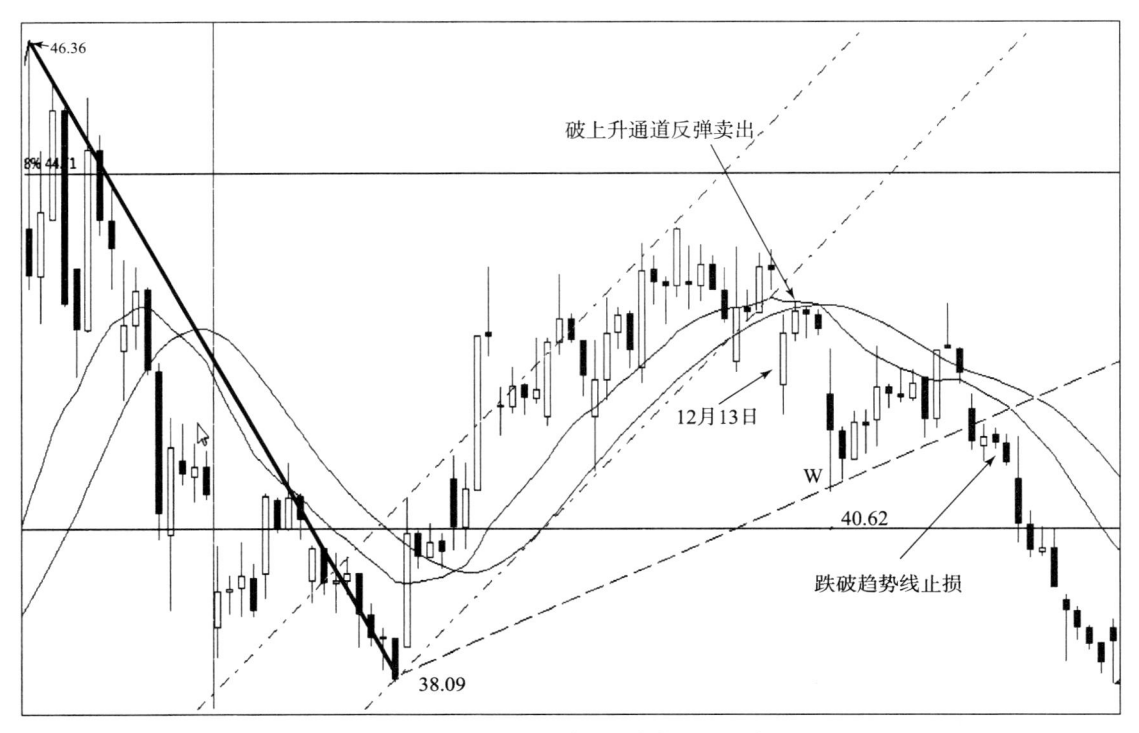

图3-9 金力永磁60分钟级别走势图止损点的设置

如图3-9所示，W点出现后，价格突破30分钟多空线，12月18日我又在41.60元加了3成仓，止损点为W起点40.62元，这波价格最高43.04元，之后一路下跌，19日跳空低开，跌破30分钟多空线，跌破低点趋势线，之后反弹无力，收盘跌破前期低点，只好以收盘价40.99元止损出局观望。

总结一下，首先，我们交易的是一个确定性模型，即：日线下跌趋势终结后，将有一个确定性较强的30分钟反弹行情；其次，我们是以30分钟初始中枢1、2类卖点建仓，应用5分钟多空循环结构，监控趋势卖点。这是一个固定交易模型。反弹行情的初始目标是30分钟级别混沌区域上轨；止损点设在30分钟多空循环的起点。

本章小结

止损包含三个方面：止损概念；止损方法；止损计划的执行力。其中，最重要的是止损计划的执行力，也是最考验人的，需要克服人性的弱点，有壮士断臂的勇气。

正是因为止损操作很难决断，所以，我们必须把好入场交易这一关。发生止损有两层含义，一是操作思路上、原则上没有任何错误，但是，任何事情的执行结果是有概率性的，绝不可能百分之百准确。二是止损原则的确立也需要不断完善，不同的情况也应有不同的应对原则。要想交易不止损或少止损，就必须在这两条上下功夫。例如，针对第一条采取固定模型交易，采用试探性建仓、修复性建仓以及多批次建仓的方法，给自己改正错误、修正错误的机会。针对第二条同样也是要采取固定交易模式，不断修正完善止损计划。

投资也是一个人的修行过程，是考验一个人是否有能力修复自己百炼成钢的试金石，知己者智，了解自己，能够分析、纠正自己的错误，防止随波逐流或被自己的偏好所左右，这是一种能力的体现。

止盈与止损概念是一样的，很多人不注意这一点，在刚刚获利或已经赢得很大利润时，往往只沉醉于获利的喜悦中，对于"潜在的巨大风险"却视若无睹，不善使用启动利润保护止盈单，无视趋势已经发生变化，无理由地安慰自己都是大忌。我们讲的止损概念，实际表达了两个含义：一是入场止损单；二是利润保护性止损单。在理解上，不要片面，止盈从操作意义上讲比止损更重要。

第四章

建立简单的交易系统

关于技术分析的可信度，已争论了一个多世纪，至今，很多人对技术分析表示怀疑。事实上，在股票投资过程中，技术分析也不可能占据价格走势的主导地位，价格走势的最基本因素是基本面，这一点非常重要，切记。

股票价格走势是一种客观自然现象，能够影响价格走势表象与价格变化内因的共有八个因素：趋势、时空、形态、成交量、估值、筹码、策略和情绪。其中前四个因素是价格走势的表象，技术分析就是透过表象去分析价格运动背后主力资金意图。而后四个因素是影响主力行为的内在因素，最重要的是上市公司的估值，其次是主力的持筹量，主力的操作策略是根据上市公司估值以及手中筹码量决定的。当估值与持筹量都具备启动条件，主力就会利用消息或一些技术手段引导并利用市场投资大众情绪，完成与投资大众进行筹码交换与获利。

能够在第一时间了解、掌握基本面变化及进程的，一定是主力资金，而处于弱势的普通投资者只能通过技术分析等手段，透过价格走势微妙的变化洞察背后主力资金行为动向。如果普通投资者对股票价格运动过程，没有一个最基本的认知，基本面无论多好，也是把握不住的。

第一节　技术分析的四项基本原则

一、价格走在前面

市场价格的变化不仅反映过去，而且反映未来。预测市场走势的分析师、股评家以及经济记者，总是在价格大幅上涨后，分析、寻找价格上涨的种种理由，然而市场早已对此作出反应。也就是说，价格走在新闻前面。

一般来说，消息不产生价格波动，而是价格波动产生消息，任何市场都是一样，黄金、石油、股票市场都是这样。当价格上涨时，没有人愿意听坏消息，即便听到也是装聋作哑，交易者处于兴奋之中，多多少少是无意识的。这个市场的信息是不对称的，普通投资者得到的信息都是迟到的信息，并且是为主力资金服务的，换句话说，是主力资金选择特定时机告诉大众投资者的，这就是价格走在前面的真正原因。也是为什么可以通过价格走势分析，来洞察背后主力的真正动机和意图。

从行为学上讲，价格波动的背后是人的思维波动，这个思维是可循环的，可以通过研究小周期波动的波形与波幅，来预判大周期的波形与波幅。

通常，市场消息只能影响股价短期走势，短到几个小时，长到 3~5 天。了解价格走在前面，你就不会在某只股票出现重大利好时冲进去，且长时间享受利好带来的幻觉。

二、市场是非理性的

2017 年底比特币一路狂涨，这是一个疯狂的故事。2009 年的时候，一美元可以兑换 1300 个比特币，也就是说人民币 7 元钱就可以兑换 1300 个比特币。一个比特币最高时达到 2 万元人民币左右。如果 2009 年你花 700 元人民币买比特币，持到现在就是 26 亿人民币！

一个虚拟货币能在短短的 2 年里涨 300 万倍，这是世界投资领域一个神奇的故事！究其原因，无非就是稀缺性，用什么理论去分析都是不可能、不可预测的，然而市场的非理性表现就是这样。这种现象在狂跌的股灾市场中也是一样，市场参与者沉浸在无限放大的希望、贪婪与恐惧的非理性感情之中，就像美联储金库的黄金，可以随便搬家去一样，知道消息的人蜂拥而至，当然，能把金子搬回家的人没看到，被踩死的人却是不计其数。

三、价格受混沌支配

科学家给混沌下的定义是，混沌是指发生在确定性系统中的貌似随机的不规则运动。一个确定性理论描述的系统，其行为却表现为不确定性、不可重复、不可预测，这就是混沌现象。进一步研究表明，混沌是非线性动力系统的固有特性，是非线性系统普遍存在的现象。现实生活和实际工程技术问题中，混沌是无处不在的。

混沌现象在股票交易中普遍存在，股票价格在趋势还没有形成时，在一定区域内横盘震荡，看似错综复杂，变化无常，实质也是有规律可循的，是由强烈的高阶混沌所主宰的，不那么容易被人发现而已。

蝴蝶效应是指在一个动力系统中，初始条件下，微小的变化能带动整个系统的长期的巨大的连锁反应。它是一种混沌现象，说明了任何事物发展均存在定数与变数，事物在发展过程中其发展轨迹有规律可循，同时也存在不可测的"变数"，往往还会适得其反，一个微小的变化能影响事物的发展，证实了事物的发展具有复杂性。

2003 年，美国发现一宗疑似疯牛病案例，马上就给刚刚复苏的美国经济带来一场破坏性很强的飓风。扇动"蝴蝶翅膀"的，是那头倒霉的"疯牛"，受到冲击的，首先是总产值高达 1750 亿美元的美国牛肉产业和 140 万个工作岗位；其次是作为养牛业主要饲料来源的美国玉米，许多经济和金融系统存在长期不可预测性，这不仅造成了美国国内餐饮企业的萧条，甚至扩散到了全球，至少 11 个国家宣布紧急禁止美国牛肉进口，连远在大洋彼岸中国广东等地的居民都对西式餐饮敬而远之。

蝴蝶效应也是混沌学理论中的一个概念。它是指对初始条件敏感性的一种依赖现象。现代科学清晰地表明，股票价格实际上是由强烈的高级混沌所主宰，这些高级混沌理论上很难求解，但在市场确实存在、服从混沌现象是事实。这就是我们注重研究、分析小级别价格趋势变化的原因。

混沌现象与蝴蝶效应是市场中最常见的两种现象，价格整理期的运动属于混沌现象，价格在 1 分钟、5 分钟 K 线上拉出长阳或大阴，穿透日线级别当下趋势，属于蝴蝶效应，要引起高度重视。

四、技术图形自我实现

如图 4-1 所示，图形分析得到广泛使用，不仅是一种理解市场的技巧、还在于产生的心理作用。无论是技术分析者，还是各大主力的机械交易模型，所用的依据都是相同的技术图形、画相同的线、有相同操作程序软件的主力、大户越来越多。券商也开始理解这种交易模式，并据此做出逻辑分析和假设。使用软件交易模式的券商多了，即便是偶尔重合，市场

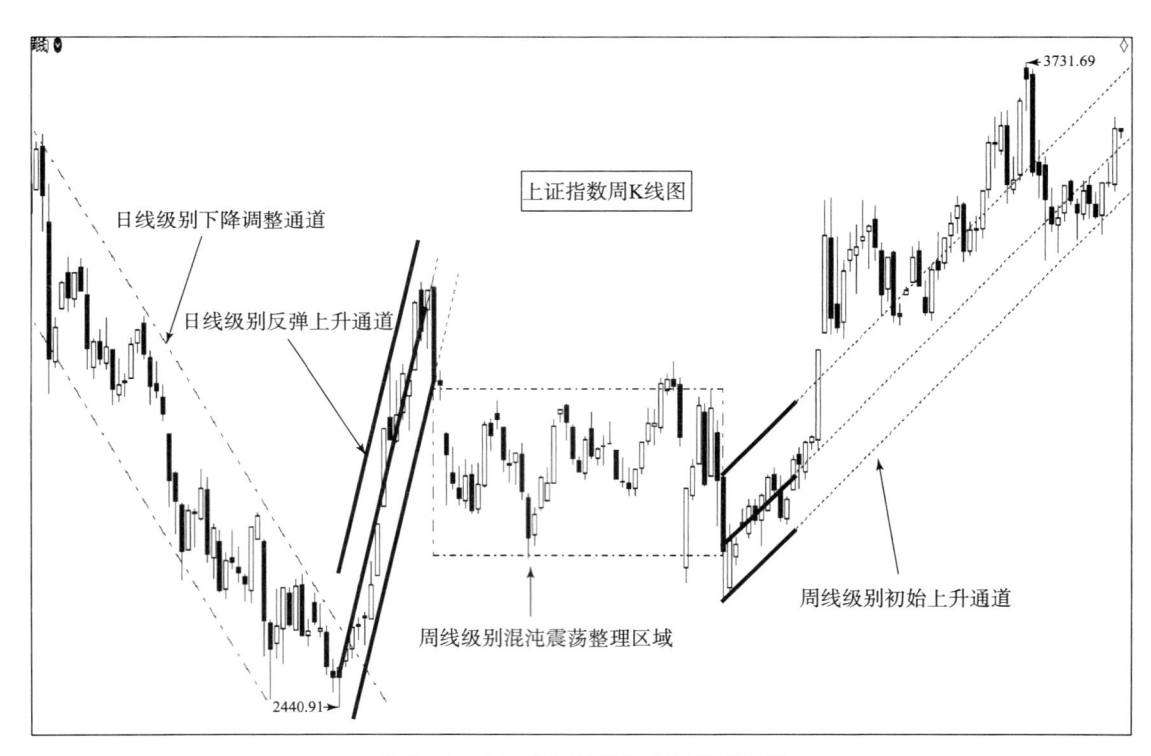

图 4-1 上证指数周线级别趋势通道图

也能做出强烈反应的信号。股价是受高阶混沌区域控制，总是沿着阻力最小的方向运动，直到外力打破这个规律，价格会一直运行在通道中。上图是上证指数过去一年多的走势，注意！实线是画出来的，虚线是自然产生的延长线，通道具有良好的操作价值，可以清晰地看到，市场是沿着明确的通道运行，当人们在技术图形上发现这个现象后，该现象成为自我实现。

第二节　技术性操作的基本条件

技术性操作的最基本条件是，要建立一个趋势跟踪的交易系统，系统要解决下面3个问题：一是系统如何决策建仓、建仓的比例、买入时机如何确定；二是如何止损；最后是怎样持有趋势仓位，何时卖出。

这3个问题是技术性操作的最基本问题，也是趋势跟踪的精髓，研究这3个问题，一个重要的因素必须放在首位，那就是我们前面讲的，你要熟知，股票从底部盘整、突破混沌区域到进入主升段，以及进入调整，及下跌运行的全过程，尤其是底部形态和顶部形态及中间调整形态。熟知股票在运行中各种形态时期的大众心理状态，知己知彼、百战不殆，操作心态是第一重要的。

无论多么好的决策系统，心态都是第一的。怎样保持好心态？须知，大众心理是技术分析的基础，每个个体的独立性是相对的，而不是绝对的，我们既有成为个人的能力，也有附属于群体的倾向。这两个特征的实际组合，则视环境不同随时会有变化。人有时会相当自我，而在其他时候，又相当愿意服从其他人所设定的行为方式。

涉足股票市场一段时间的投资人在做决策时，很容易感受到一种双向拉扯的心理冲突。一方面，依据"个人"方式做投资决策，可能会朝某个方向行动。另一方面，群居本能的诱惑却可能反向拉扯。即使是以参与金融市场为生，以击败其他玩家为志向的老练人士，在应该反向思考的关键时刻，有时也会陷入歇斯底里。仅有极少数的交易员能够很诚恳地说，他或她不会在价格走势的头部买进股票，或在价格走势的底部卖出股票。

个人受到双向拉扯的理由，源于其为大众一分子的特性。一方面，每个人都有自我肯定的倾向或主动、个性化的行事能力，但是，在另一方面，每个人也有整合的倾向，这使得他或她愿意附属于大众，身为大众中的一员，人的行为会因此异于其独处时的行为。

大众信念体系占压倒性优势的时候，被大众视为信息的资料质量受到了严厉的限制。大众心理通常只能感受到相当大，而且在极短时间内发生的差异。换言之，大众仅能意识到"明显的"变化。缓慢的变化唯有通过连续地、理性地监视所有相关潜在资料，才能够予以察觉。大众没有能力做这样的分析，他们以单纯的既有形象来进行思考，并以口号式的词句进行沟通。基于此，下面来具体讲一下技术分析与操作的四个基本条件。

1. 建仓、建仓的比例、买入时机的确定

前面在第二章中讲了，利用初始波黄金位，将股票未来价格空间划分成不同区域。现在，我们在分析股票如何建仓买入等问题时，就要利用股价在不同区域的不同性质，制定出不同的操作策略、不同的建仓买入方法、不同的持仓及卖出策略。

我们主要的操作策略是中线持仓，按照初始波黄金位区域划分，成长区域是我们操作的主要区域，所以，我们选择股票价格突破61.8%混沌区域时建仓，买入时机是突破混沌区后，回踩61.8%位时建仓。如果你将资金分成5份，用1份做备用金。也就是用5份中的80%建仓，20%做备用金，具体操作分四个方面：

一是按照攻击黄金目标100%位置的次数，可以逢高卖出2~3次，第3次应小心卖丢，卖出4成仓左右。然后，等回到61.8%左右补回，保持80%仓位。

二是当股价突破100%位时，下一个进攻目标是161.8%目标位。此时，一旦确认突破成功，应加到8成仓位。价格站稳100%黄金位，即可满仓，161.8%为初步目标。

三是股价经过一波上涨到达161.8%黄金位后，这波恢复性上涨行情也就基本结束，之后，将迎来一次较大的调整，调整时间是上涨时间的1.23~1.5倍，调整深度最低是接近61.8%初始黄金位，最小是100%初始黄金位。因此，不能急于增加仓位。可根据30分钟线，找出下跌初始波幅，计算下跌目标，可以用5成仓做B浪反弹行情，但只能操作一次。要耐心等待调整时间之窗出现，再逢低建全仓。

四是从波浪理论上讲，成长区域161.8%目标位是大一个级别的第（1）浪，而目标区域261.8%~423.6%是周线级别第（3）浪和第（5）浪。

2. 止损计划

根据不同的买入点，设置不同止损点，应用多空分界法、江恩三日线、交易级别DKX多空线以及趋势通道线设置止损点。

3. 如何持有仓位、何时卖出

第一，只要趋势不破坏就坚决持仓。

第二，要严格按多空分界线持有仓位，股价不跌破多空分界线，就持有。当股价跌破多空线，量能又出现量价背离现象，可综合判断此波头部出现，不用怀疑，清仓。

第三，区域的划分对实际操作意义是重大的，股票价格实际上是由强烈的高级混沌区域所主宰。每个区域目标非常明确，价格如同在你心里，每时每刻你都能做到心中有数。

4. 波浪理论划分各个层次浪的标注

技术分析中，为了清晰地分辨价格走势中波浪运动层次，会依据层次标注不同的名字。

表4-1中的浪级就是按照从低到高所进行的排列，某一级中的5浪组成更高浪级中的第1浪。例如，5个子浪组成中浪运动的第1浪，5个中浪等于一轮基本浪运动的第（1）浪，依次类推。采用标准标注，名称标注在某一波浪的末端。

表 4-1 波浪的命名

浪级名称	字母符号	级别
子浪	ⅰ、ⅱ、ⅲ、ⅳ、ⅴ、a、b、c	分钟级别
中浪	1、2、3、4、5、A、B、C	日线级别
基本浪	（1）、（2）、（3）、（4）、（5）、（a）、（b）、（c）	周线级别
循环浪	（一）、（二）、（三）、（四）、（五）、（A）、（B）、（C）	月（季）线级别

第三节　一个简单的交易系统

技术分析，必须有一个自己的分析、交易系统。对于初学者越简单越好。分析因素的重要性排序是趋势、空间、形态、成交量。其中，形态最复杂，放在最后学习。先应用"趋势 + 空间 + 辅助指标"建立一个简单的交易系统。系统主图用多空线 DKX 代替均线，副图以成交量、MACD、KDJ 为辅助指标。

一、构建分析、交易系统的过程

1. 确定分析、交易系统

（1）主图指标：多空线 DKX（普通软件大智慧、东方财富、中信建投主图指标）。

（2）副图指标：成交量、MACD。

主图 K 线指标多空线 DKX 只有两条均线，金叉为多头趋势，死叉为空头趋势，方法简单、有效，对市场趋势反映得更加真实，非常实用。

副图指标选用 MACD 和成交量，MACD 是一个非常重要的指标，市场认知度非常高。MACD 和成交量都用于最后确认，是当下对趋势与时空分析正确性确认的辅助指标。

2. 建立分析、交易系统

这个分析、交易系统主要是从趋势、时空、成交量 3 个因素入手，本着一致性原则，对股票价格走势进行一次全方位的综合分析预测。

（1）趋势分析——主要依据道氏理论对趋势的定义，使用趋势通道线对某一段行情进行分析。

（2）时空分析——主要利用初始波三个重要公式，对股票价格未来生长的空间、时间进行划分，有时我们还使用江恩角度线对时空做进一步的细化辅助分析。

（3）成交量——利用成交量背离现象对底部与顶部形态的反转做最后确认。

二、交易模型的应用规则

主图 DKX 多空线，副图 KD + MACD 交易模型的应用规则如下：

1. 趋势是重点

（1）买入的最基本态势是，价格突破下跌反压趋势通道线，进入横盘，DKX 多空线呈多头状态，上升角度大于 25°，突破横盘买入。注意真假突破，假突破 15 分钟量价背离则卖出。

（2）最佳是具备大于 25°角的多头上升趋势中。股价沿多空线 DKX 上升，属于阻力最小行为，就像水在河道中沿河道流淌一样，价格总是选择阻力最小的方式行进，所以，不破上升趋势线就持股。

2. KD 指明方向，据此寻找介入时机

（1）价格到达趋势线重要支撑位，大级别（日线）25 以上金叉，小级别（60 分钟）为多头循环结构，小级别 KD 在 50 以上属于强势，金叉追，股价会突破前高，死叉等待 1~2 根 K 线，股价回踩前高，找买点。

（2）大级别（日线）死叉，小级别（60 分钟）为空方循环结构，金叉找卖点，死叉破前低。

3. MACD 看资金流向，据此寻找买卖点

（1）底背离说明有主力低吸；顶背离说明有主力高抛。

（2）操作上重点看趋势。向下（上）趋势不改变，一次背离后，还有二次、三次背离。只要价格不突（跌）破趋势依然看跌（涨），背离可以用时间或者空间消化，只要趋势在有卖（买）盘，底（顶）背离引发的行情就都是短期反弹（调整）走势。

（3）日线 MACD 指标在 0 轴下方呈金叉，但距 0 轴较远，行情将反复，此刻 60 分钟 MACD 会围绕 0 轴波动。15 分钟 MACD 会出现顶背离和底背离，顶背离卖出，底背离买入。循环波段操作。

4. MACD 指标运用口诀

（1）MACD 指标在 0 轴上方——每发生一次金叉，股价将创新高。

（2）MACD 指标在 0 轴下方——每发生一次死叉，股价将创新低。

（3）MACD 指标在 0 轴上方——金叉有意义，死叉无意义。

（4）MACD 指标在 0 轴下方——死叉有意义，金叉无意义。

（5）MACD 指标在 0 轴上方——金叉死叉次数越多越好。

（6）MACD 指标在 0 轴下方——金叉死叉次数越多越差。

（7）MACD 指标在 0 轴上方——金叉与 0 轴下方金叉意义不同。

（8）MACD 指标在 0 轴上方——死叉与 0 轴下方死叉意义不同。

三、行情的延续、终结的判断逻辑

对某段行情走势的分析就是判断它会如何完成当前走势，也就是对当下的未来走势进行全方位的分析（原趋势、反转或横盘震荡），并依据未来的三种走势制定出相应的应对策略。技术分析重要的是当下，走势发生了什么，应如何应对。

分析方法及逻辑：假定这段行情是日线级别，在宏观上，重视大局，你就要知道这段行情完成后对周线、月线有何影响。在微观上，要注重细节，要去 30 分钟级别、5 分钟级别看这段行情如何完成，怎么完成。这就是我们的分析判断逻辑。举个例子（图 4-2）说明一下，一个向上三波行情的未完成段是如何演绎的。

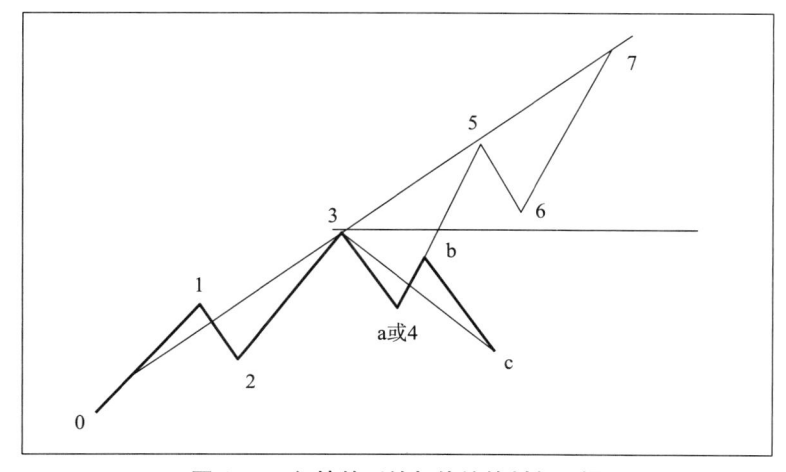

图 4-2 行情的延续与终结的判断逻辑

如图 4-2 所示，一段上涨或下跌行情，最少由三波构成，如 0-3 段行情。当 a 下跌幅度大于前波下跌幅度（如果是多波上涨行情，a 下跌幅度就是前边所有下跌段最大的一段），0-3 段上涨行情就有可能被打断，但是，当下也不能判断 0-3 段上涨行情就此终结，如果反弹创出新的高点 5，0-3 可延续，创出新高 5 之后，回调低点未与 3 重合，将确认 0-3 段的延续，形成第 3 类买点 6 点。

如果 b 点反弹没创新高，反转向下跌破 a 点，abc 调整趋势确立，ab 段将终结，b 点反弹的高点就成了第 2 类卖点，随后 c 浪调整将加速，下跌幅度至少是 b 浪的 1~1.618 倍。

当 c 点终结，如果 c 点没有跌破初始点 0，就形成第 1 个多空循环结构，随后将产生第 2 个多空循环结构，如果依然没有跌破初始点 0，那么初始波基本形态 WZ 结构就被确认。可将 0-3 段视为初始波幅，依据初始波幅计算出未来向上生长的初始波黄金位空间，结合区域性质及个人操作习惯，就可在所需的操作级别上制定全方位操作与仓位计划。

一段下跌行情的终结还是延续的判断也是同样的逻辑。可以试着将它反过来学习，这样可以更好地理解这一过程。

四、价格总是遵循沿阻力最小方向运动的逻辑

什么是阻力最小的方向，就是一个明显趋势形成后，价格沿着趋势形成的方向运动，其运动阻力最小。这是自然的力量，就像河水在河床通道中流淌一样。另外从心理学角度讲，假定在一个上升趋势中，当人们看到一个明显趋势通道时，很容易会形成在通道支撑下轨买，在通道阻力上轨卖，卖得多了跌到下轨再买，就是这样循环向上运动。

价格沿着阻力最小方向运动是场内资金运动的迹象，当一个外力（场外资金）进入后，价格打破原先运动轨迹，将跟随这个外力的方向运动。例如，价格处于横盘震荡，外力推动价格突破横盘区域，向上或向下突破，聪明的场内交易者就会跟随这个外力方向操作，当然，你也要会判别这个外力的力量大小，力量小就是场外资金在试盘，突破后又会回到原趋势通道内。这里用第 3 类买卖点，最能说明问题，当价格突破后，如确认 3 类买卖点成立，那么，就是说明新的价格趋势将形成，如果你懂得交易，就必须跟随新的趋势去操作。

五、应用趋势+空间+成交量案例分析

我们以一个次新股上市开板后走势为例子,看一下趋势线,初始波以及成交量在分析这波调整中的作用和使用方法。

案例1 601778 晶科科技调整趋势分析

(1) 上升趋势终结判断。

如图4-3所示,601778 晶科科技30分钟走势图,由图可以清晰看出,当高点7形成后,价格调整至上升通道下轨8点后,反弹至9点,未创新高,再次下跌至上升通道下轨附近10点,反弹至11点,正好落在前面两个高点连线上,由7、9两个高点连线所构成短期下降趋势线,被10-11段反弹确认成立,从而引发11-12段一波较大的调整,价格跌破30分钟多空线DKX,跌破30分钟上升通道。

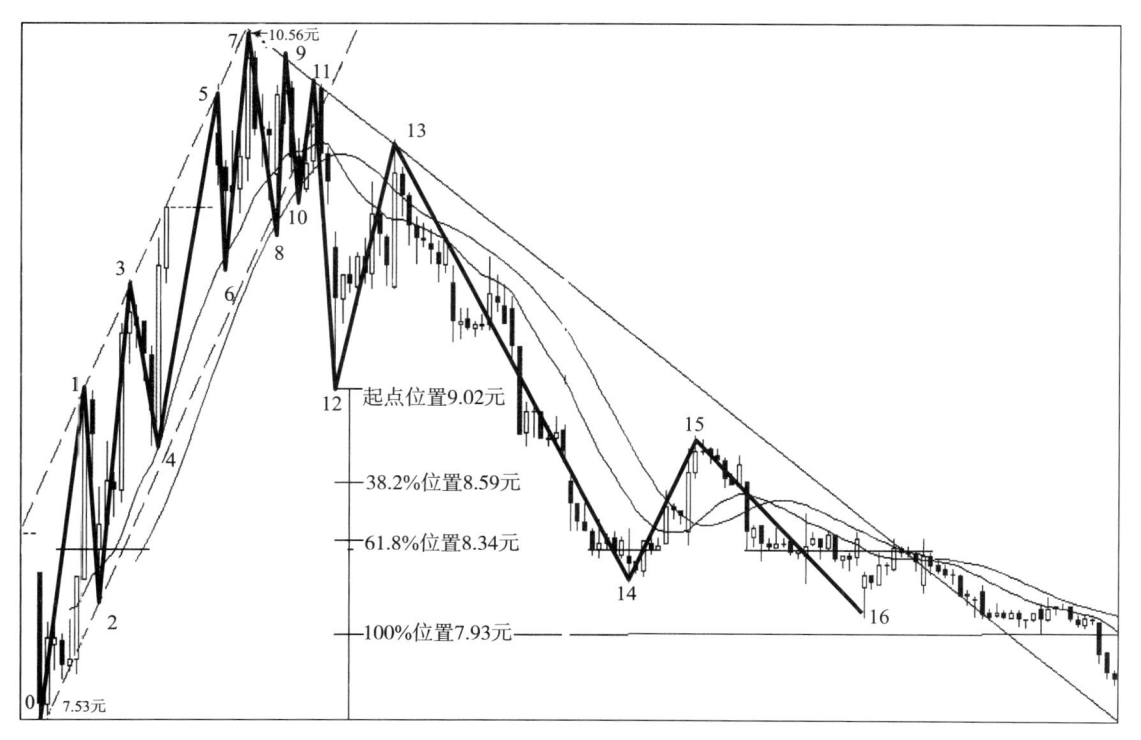

图4-3 晶科科技30分钟级别调整趋势分析

我们应用多空分解法计算一下 11－12 段的调整幅度，已经大于前边日线级别任何一波调整幅度。在 30 分钟级别上升趋势中，3－4 段调整幅度 0.73 元最大，最高点 7 价格为 10.56 元，多空分界点为 10.56－0.73×1.12＝9.74（元）。6 月 1 日以 9.61 元跳空低开 2.93%，直接击破多空分界点 9.74 元，最低跌至 8.97 元，从 5、7、9、11 高点成交量也可以确认头部形态成立，由此，确定晶科科技上升趋势终结，当下应逢高卖出。当价格反弹至 30 分钟多空线 13 点时，下跌中枢 3 类卖点出现，这是这波行情最后的最佳卖出机会，见图 4－3。

（2）应用初始波未来空间结构计算公式计算下跌过程中的临界点。

如图 4－3 所示，8－13 段走势是 30 分钟级别初始调整结构形态，7－12 段走势构成了 30 分钟级别调整浪 a，12－13 段构成反弹 b，现在我们就根据这个反向初始波 b 计算下跌调整目标，计算公式如下：

$$P_t = P_1 - (P_1 - P_2) \times 1.618^n$$

已知 2020 年 6 月 2 日最高点（13 点）$P_1 = 10.05$ 元，6 月 1 日最低点 $P_2 = 8.97$ 元，则：

$P_1 = 10.05 - (10.05 - 8.97) \times 1.618^1 = 8.30$（元）

$P_2 = 10.05 - (10.05 - 8.97) \times 1.618^2 = 7.22$（元）

如图 4－4 所示，日线级别的 1－2 段反弹浪（b 浪），虚线框内是日线级别多空循环Ⅰ，多空循环Ⅰ的第二个作用浪最低 8.12 元与理论目标 $P_1 = 8.40$ 元差 0.28 元，多空循环Ⅰ的第三个作用浪最低 7.49 元与理论下跌 238.2% 位置 7.63 元差 0.14 元。之后的 ABC 反弹点就更有意思了，主要反弹终点 C 是 9.15 元是 100% 位置，而中间两个次要点都是在下跌初始波这次要位置上。多空循环结构与初始波空间结构在主次浪上全部重叠还真不多见。多空循环Ⅱ为 3－3 结构，最低点是 7.18 元，与理论计算 261.8% 位置 7.22 元差 0.04 元。

1. 日线级别下跌趋势分析

如图 4－4 所示，应用多空循环结构分析下跌空间有两种情况：

（1）日线级别下跌由多空循环Ⅰ＋多空循环Ⅱ的作用浪构成一个完整的日线下跌结构。

（2）日线级别下跌由多空循环Ⅰ＋多空循环Ⅱ＋多空循环Ⅲ的作用浪构成一个完整的日线下跌结构。

多空循环Ⅱ的作用浪最低点 7.18 元与理论计算目标 7.22 元基本吻合。从空间上可以判断日线级别三波下跌趋势终结。

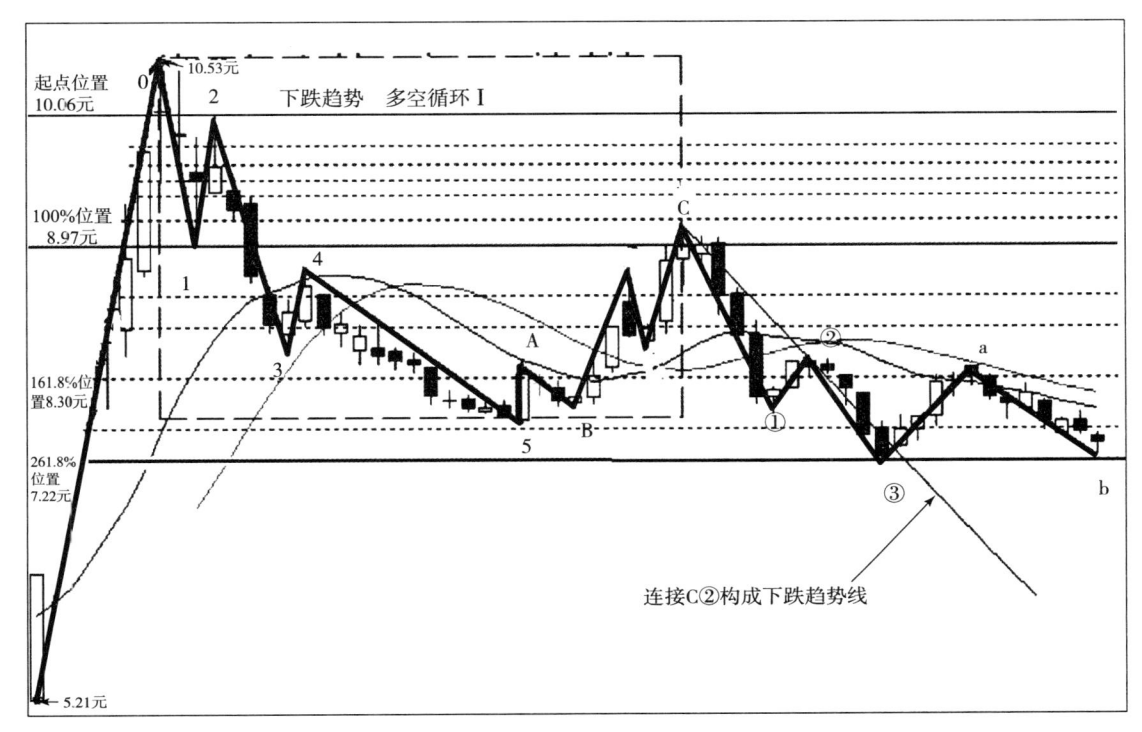

图 4-4 晶科科技日线级别调整趋势分析

如图 4-5 所示，多空循环Ⅱ的反作用浪 3a 段，反弹幅度已经大于 1-2 段反弹幅度，价格也突破下降通道，并站在 30 分钟级别多空线之上，将形成一波 30 分钟级别反弹行情。从多空循环Ⅱ（起点）C 点 9.16 元起的这波调整，第 1 波低点 7.21 元，之后反弹高点 2 为 7.99 元。据此可以计算一下第 3 波的理论位置。

第 3 波下跌位置 = 7.99 -（9.16 - 7.21）= 6.04（元），实际走势中价格在 2020 年 9 月 11 日最低点为 6.07 元（仅差 3 分）。

（3）确认 3 点终结的有效性。

9 月 23 日股价跳空高开，一路上扬以涨停报收，价格突破下跌趋势线压制，并站在多空线日线之上。为此我判断将有一波 30 分钟级别的反弹行情出现。

2. 试探性建仓

如图 4-6 所示，由于 2020 年 9 月 19 日多空线日线级别 DKX 还没有形成金叉向上态势。当下只能 30 分钟级别进行试探性建立 3 成底仓，接下来，能否走出反转行情，就看反作用浪的力度如何。

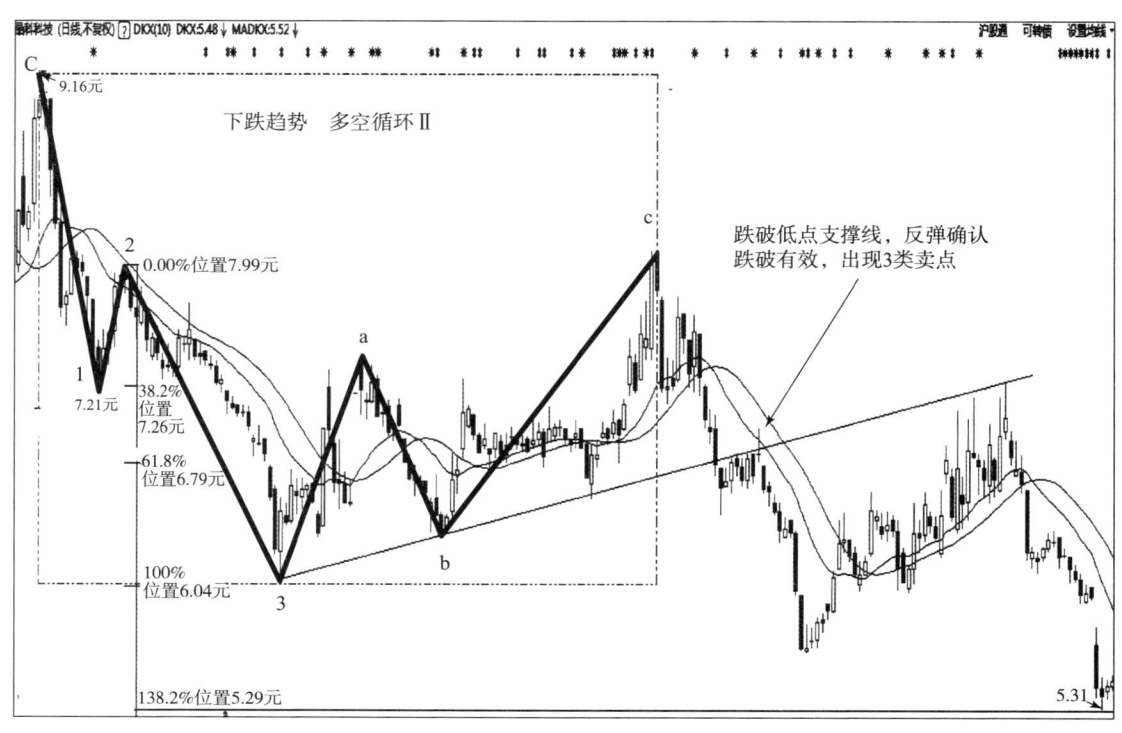

图 4-5　晶科科技 30 分钟级别调整趋势分析

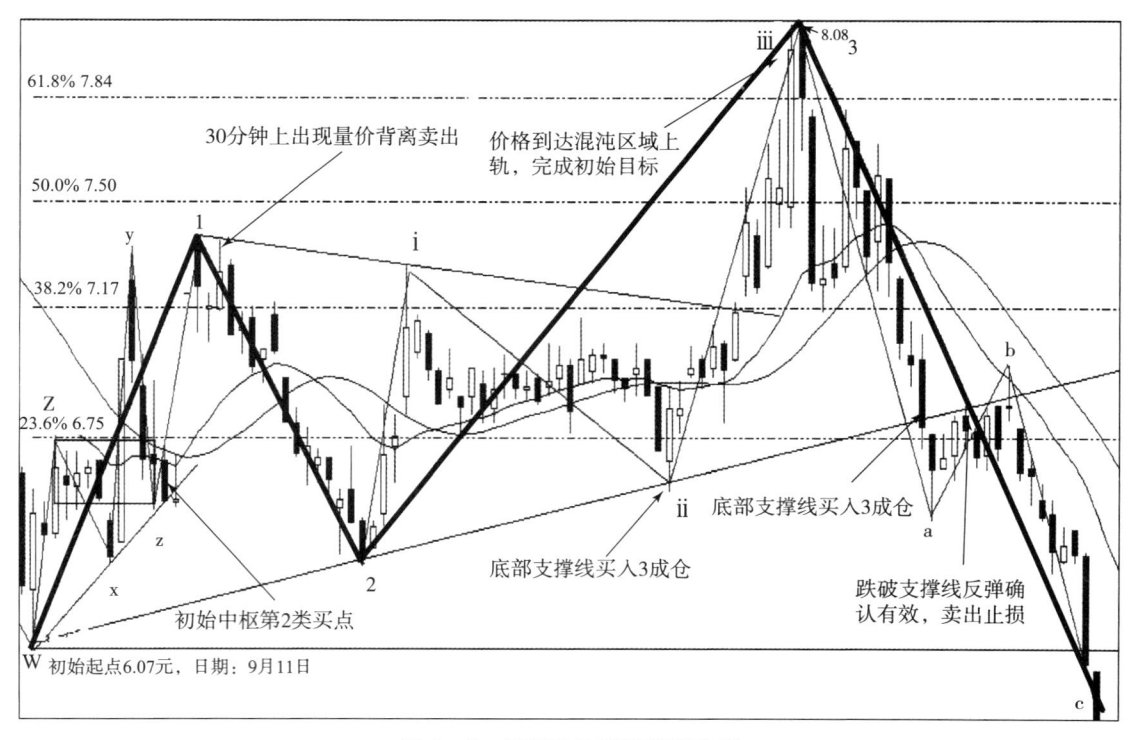

图 4-6　晶科科技调整趋势分析

一个日线级别下跌的完成，将有一个 30 分钟级别的反弹行情出现。因此，先计算一下 30 分钟级别反弹行情的初始波空间结构，2020 年 9 月 11 日初始起点 6.07 元，高点 15 日 6.75 元，L = (6.75 - 6.07) ÷ 0.236 = 2.88（元），61.8% 混沌区域上轨 = 6.07 + 2.88 × 0.618 = 7.85（元）。

连接 W 点和 x 点构成上升趋势线下轨，当价格调整到上升趋势线下轨，出现小幅反弹，连续 2 个交易日未跌破趋势线。我们通过 30 分钟 K 线图判断当下低点就是 z 点。从 6.61 元开始买入，分三次买入共建 6 成仓，均价 6.63 元。分析详情请参考图 4 - 6，自己到实际 K 线上具体分析一下。

如图 4 - 5 所示，下跌趋势中，多空循环 Ⅱ 的完成，确定了晶科科技日线级别调整趋势将走出多空循环 Ⅲ 的推动浪，而下跌目标大概在 138.2% ~ 161.8% 区域内。我们要做的就是，等待这个推动浪的终结，之后寻机进场交易。

案例 2　西藏药业分析、交易案例

西藏药业自 2020 年 8 月 4 日创出 182.07 元高点后开始调整，我们分析一下 A 浪的调整目标，这波调整属于周线级别调整，在日线级别的表现为瀑布式下跌，因此，我们只能在 30 分钟寻找下跌初始形态，并依据初始波幅计算下跌目标。

1. 判断下跌趋势终结分三个步骤

（1）计算并画出下跌空间结构图。

如图 4 - 7 所示，初始高点 0 是 182.07 元，低点 1 是 8 月 5 日 138.74 元，反弹高点 2 是 8 月 5 日 162.00 元，初始下跌幅度为 182.07 - 138.74 = 43.33（元），反弹幅度为 162 - 138.74 = 23.26（元）。

通常情况下，周线级别调整目标在 261.8% ~ 300% 位，应用初始下跌幅度计算 261.8% 位置是 182.07 - 43.33 × 2.618 = 68.63（元），300% 位置是 182.07 - 43.33 × 3 = 52.08（元）。应用反弹幅度计算 261.8% 调整目标位是 138.74 - 23.26 × 2.618 = 77.84（元），见图 4 - 7。

（2）利用趋势通道延长线判断下跌趋势终结。

如图 4 - 7 所示，使用中信建投卓越版软件，以 4 点为起点，应用画图工具里的延长线形回归带画出下降通道线，画出的原则是通道下轨与低点的接触点越多越准确。通道线画出后，当价格突破通道线上轨回踩时为最佳买入时机。

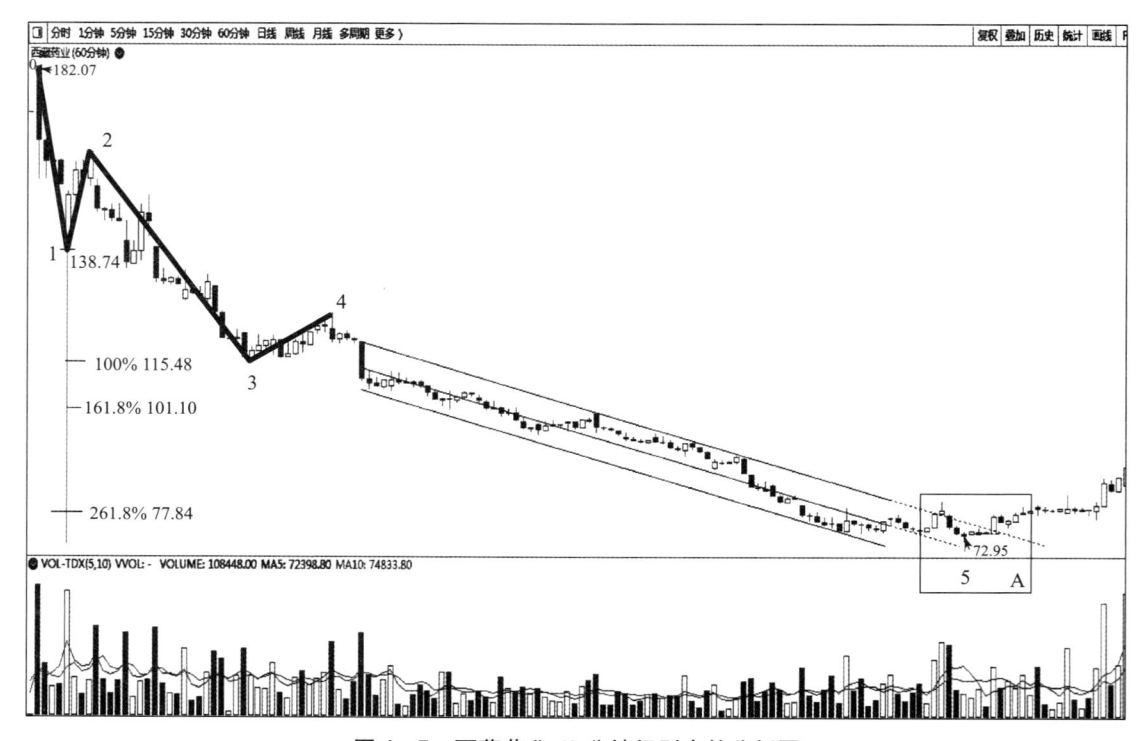

图 4-7 西藏药业 60 分钟级别走势分析图

（3）利用成交量确认买卖时机的成立。

如图 4-8 所示，为了更细致地观察价格走势，当从趋势、空间上分析价格进入可操作区域后，我们去 15 分钟 K 线图观察 4-7 图中方框区域的走势。将交易级别改为 15 分钟。

对比一下图中，A 浪中 0、ⅱ、ⅳ及②点，下跌趋势趋于缓慢，②点已经不再创新低，而且 A 浪中ⅱ-ⅲ段反弹力度比前边任何一波反弹都强，根据多空分界法可以判断，价格已经处于反转形态。而成交量却在逐渐萎缩，成交量与价格走势呈现背离状态。

综合来看，下降 A 浪中ⅱ-ⅲ段突破下降趋势线，A 浪中ⅲ-ⅳ段回调是最好的买入时机。空间上 9 月 10 日至 16 日价格低点均值是 75 元左右，也在理论计算 238.2%~261.8% 下跌目标 68.60~78.83 元区间，因此，可以判定 A 浪终结，由于 A 浪下跌速度与幅度都很大，可以判断由ⅳ点起来的这波 B 浪反弹，至少存在 20%~30% 的利润空间，下一步就是寻机买入。

2. 超跌反弹的分析、交易

如图 4-8 所示，我们判断 A 浪下跌趋势终结的主要方法是多空分界法，也就是 A 浪中 ii – iii 段的反弹幅度大于前边任何一次反弹幅度。反弹结束后，调整创出新的低点 iv（72.95 元）。之后形成 W 至 Z 的反弹。由于②点没再创新低，Z 点超过①点，且成交量逐渐放大，因此，可以确定，底部形态基本形成。Zx 回调是比较好的买入时机。

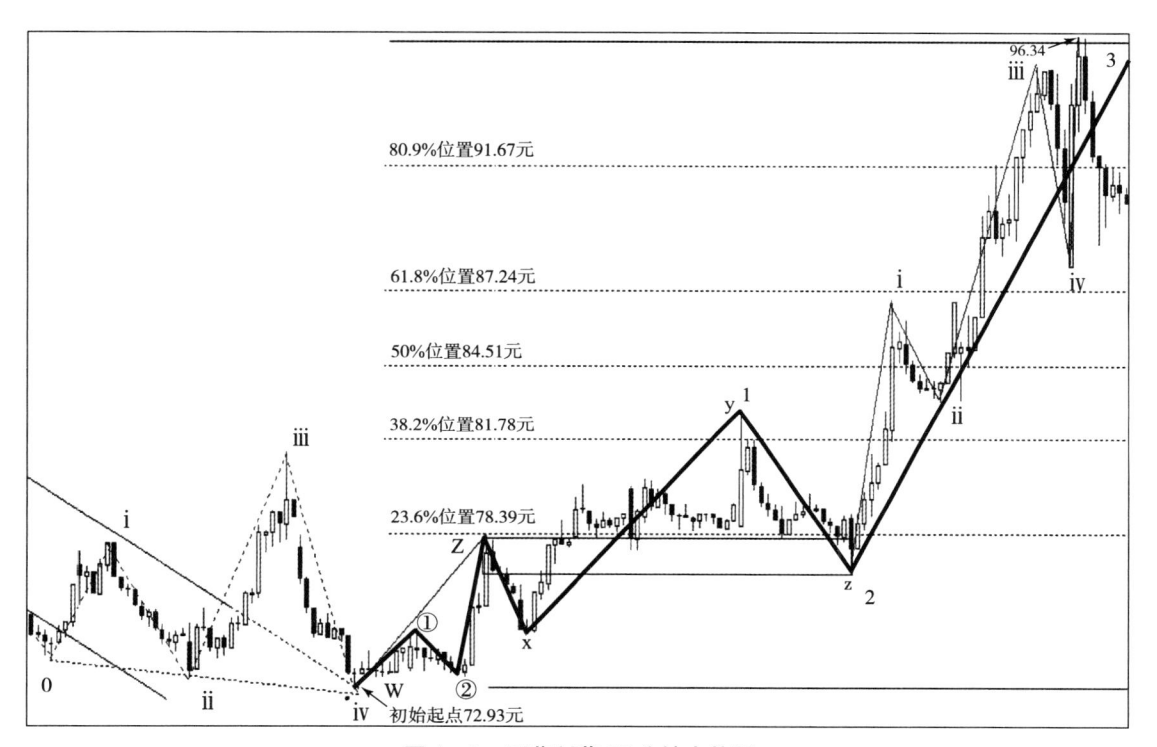

图 4 – 8　西藏制药 15 分钟走势图

（1）买入交易。

最初判断，回调不会跌破①高点 75.06 元，因此，在 77.55 元买 2 成，76.43 元买 2 成，75.12 元买 2 成。18 日价格突破 Z 高点 78.41 元，底部基本形态确立。回探在 78.30 元又买入 2 成，到此持有 8 成仓均价 76.88 元。9 月 21 日看到开盘价 80.00 元，根据理论计算② – Z 段涨幅是 5.20 元，x 点最低价是 74.80 元，74.80 + 5.20 = 80 元，因此，开盘竞价卖出半仓，成交价 80 元。剩下 4 成仓成本 70.75 元。

（2）应用初始波计算 B 浪反弹空间结构。

15 分钟级别初始波形态成立，起点 72.95 元，Z 高点 78.41 元。r = 5.46，L = 23.13 元。

61.8% 初始目标 72.95 + 23.13 × 0.618 = 87.24（元）

100% 第一目标位 72.95 + 23.13 × 1.00 = 96.08（元）

161.8%第二目标位 72.95 + 23.13 × 1.618 = 110.37（元）

  随后在 2 浪附近满仓，又在 3 浪 i 附近卖出半仓，卖出做 T 的理由就是 2 点、3 浪 i 是混沌区域上轨和下轨。应用初始波空间结构逻辑，做 T + 0 是实现定量化交易的基础，之后依据初始波理论目标价位，在 95 元清仓，90 元左右买回，96 元又 T 出，过程就不讲了。操作都是依据 15 分钟级别初始波空间结构、上升趋势通道线以及 DKX 多空线相互结合的结果。

本章小结

1. 技术分析的作用

技术分析主要包含两个方面：①价格走势的表象分析；②影响价格走势的内在因素分析。价格走势的表象与影响价格走势的内在因素共有八个，包括趋势、时空、形态、成交量和估值、筹码、策略、情绪。其中前四个因素是价格走势的表象，技术分析就是透过表象去分析价格运动背后主力资金意图。而后四个因素是影响主力行为的内在因素，最重要的是上市公司的估值，其次是主力的持筹量，主力的操作策略是根据上市公司估值以及手中筹码量决定的。当估值与持筹量都具备启动条件，主力就会利用消息或一些技术手段引导并利用市场投资大众情绪，完成与大众筹码交换而获利。也就是说，在低位将筹码从大众手中骗出，在高位利用上市公司的诸多利好将筹码再卖给市场大众。

虽然上市公司的估值是价格成长的第一要素，但是能够在第一时间了解、掌握估值变化及进程的，一定是主力资金，而处于弱势的普通投资者只能通过价格走势的表象分析，透过价格走势微妙的变化洞察背后主力资金意图，以便跟随、顺从主力操作。除了表象分析，大众情绪也是普通投资者一个重要分析因素，大众情绪分析的作用是摆脱自身情绪、意念对投资交易过程的影响。价格运动是多空双方博弈的过程，内部充满了诱惑和骗局。普通投资者如果对股票价格运动过程，没有一个最基本的认知，基本面无论多好，也是把握不住的。

2. 技术分析必须遵循四项基本原则

技术分析是在四项基本原则基础上展开的，因此技术分析的逻辑性与思维必须遵循四项基本原则。在价格运动过程中，是价格走势产生新闻，而不是新闻产生价格，无论什么市场都是这样。技术分析是发现价格的一个过程。从行为学上讲，价格波动的背后是人的思维波动，这个思维是可循环的，是可以通过技术分析研究小周期波动形态结构，来预判大周期的结构形态。四项基本原则的混沌理论是技术分析中的重要理论。价格运动表面上看是杂乱无章的，实际上是由强烈的高级混沌所主宰，价格确实存在服从混沌现象是事实，日线级别（30分钟级别）的趋势运动范围受月线（日线）级别混沌区域的限制。

3. 技术分析方法的实质是寻求多因子共振

本章叙述的技术分析方法主要是以价格趋势和空间两个因素为基础，对价格走势进行的分析，成交量是对价格走势的最后确认。在价格趋势上，我们主要依据道氏理论和多空分界法判断趋势的延续（持仓或空仓）与反转（卖出或买入）。在价格空间上应用定量化交易法的三大计算公式，计算不同区域的价格目标。将趋势与空间发生共振的区域作为我们买入或卖出的操作区域，分析时还需要结合成交量等指标以及价格区域性质做最后是否操作的决定。对书中实例光看是不行的，必须按分析步骤实际复盘，搞明白每一步的理论依据和思维逻辑，才能达到学习的目的。

第五章
价格区域性质及应用

应用初始波理论对价格进行的区域划分是定量化的基础。依据价格区域性质，价格在不同区域，操作上就得采取不同的交易策略和交易方法，这在实际交易中有重要的意义。如混沌区域上轨61.8%位置就是价格运动的分水岭，价格突破混沌区域61.8%上轨，就将进入快速成长区域，应用这一特性给出的混沌区域3类买点，是强势股的最佳买点。

第一节 混沌区域性质及应用

一、混沌区域金融产品价格的性质

混沌区域是指价格经过多空双方博弈达到平衡，进入震荡走势的一个价格波动范围，混沌区域是场内资金的博弈空间，没有确切的趋势方向，混沌区域的初始目标为初始波幅61.8%位。现代科学清晰地表明，价格是由强烈的高阶混沌所主宰，一个日线级别趋势的波动范围受月线混沌区域所主宰，同样，日线级别的混沌区域也主宰30分钟级别趋势波动范围。这就是为什么要按级别进行交易的缘故。假定，你交易的是30分钟级别行情，那么，你就要在日线上确定这个行情的波动范围。

混沌理论交易思想有三个原则：

第一，股价永远朝阻力最小的方向运动。不仅股票市场遵循这一原则，人类、动物、植物以及世间万物都遵循这一原则，这是自然的本质。

第二，在一个确定的系统中（股票市场），价格运动是随机的，是不可预测的。也就是说，长期趋势不可预测，只有跟随。

第三，股价对初始波具有极端敏感依赖性。这一点也极其重要，运用这一条可以分析股价运动空间。

股价处于混沌时期，上涨趋势不明显，上涨时会遇到不同的阻力区，价格很快回落，又遇着不同的支持位，这些区域范围内价格处于横盘震荡阶段，小的价格波动纯粹属于噪音，横盘后的突破方向是难以预测的，从中只能高抛低吸，获得一点小利。一旦价格突破初始波61.8%重要黄金阻力位，就会坚决地往上走。

二、混沌区域的交易策略

1. 控制仓位

日线级别混沌区域仓位控制，最高不能大于四成。

2. 区域内高抛低吸

选择 5 分钟或 30 分钟级别作为交易级别，在日线级别混沌区域内高抛低吸，等待突破。注意，突破不一定就是向上突破，向下突破，挖坑诱空的走法更常见。

混沌区域内只有场内资金在运作，股价横盘震荡，其突破方向是不可预测的，当一个外力（场外资金介入）打破这种格局，股价就会跟随这个外力，朝它所希望的方向突破。

三、混沌区域仓位控制及初始上涨目标

混沌区域价格处于朦胧的孕育时期，很难发现明显的趋势。假定，混沌区域是日线级别，我们只能到 30 分钟级别去寻找交易机会。具体方法是，在 30 分钟级别上，初始波的反向波形成 N 型结构后，确认初始波成立，确定点为初始最佳买点，试探性地建立底层仓位，一般最多为 2 成仓位。我习惯将此买点称为 2 类买点，将初始波的最低点称为 1 类买点。当价格突破初始波高点，回头确认时，在初始黄金 23.6% 位左右，在小级别 K 线上寻找确认趋势末端进行加仓，一般最多加到 4 成仓位。混沌区域以震荡为主。初始上涨目标基本上是初始黄金 61.8% 位。

四、高级别主宰次级别趋势波动范围的实例解释

如图 5-1 和图 5-2 所示，分别是上证指数 30 分钟走势图、日线走势图（图中 1、2、3、4、5 代表位置）在 30 分钟走势图中，点 2 是 2019 年 8 月 6 日，点 3 是 2019 年 9 月 16 日，所标空间黄金位是日线级别初始波黄金位。对比一下 30 分钟级别与日线级别，你也会发现，日线级别混沌区域初始黄金位完全主宰 30 分钟级别趋势走势的波动范围。

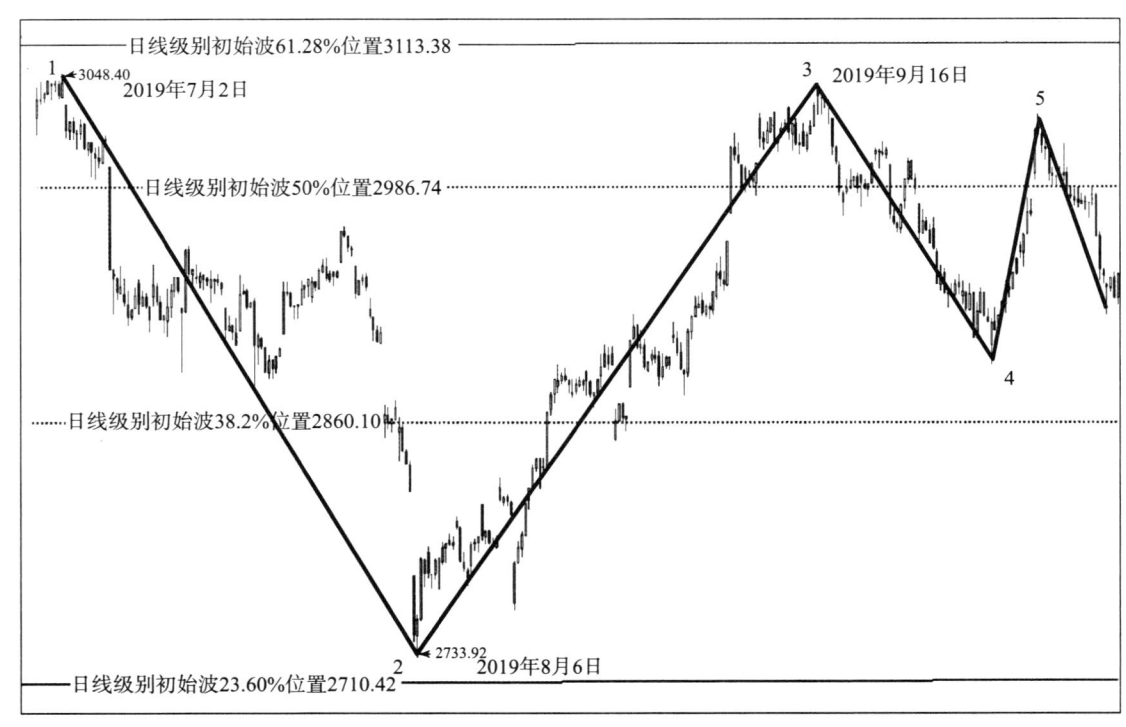

图 5-1　上证指数 30 分钟走势图

图 5-2　上证指数日 K 线走势图

如图 5-2、5-3 所示，在日线级别走势图中，一波上涨趋势的起点是 2440.91 点，最高点是 3288.45 点，而月线级别混沌区域 38.2% 位置是 2401.60 点，50% 位置是 3132.35 点（画线价位有误差）。对比一下日线级别与月线级别也是同样，月线级别混沌区域也是完全主宰日线级别趋势走势范围。

图 5-3 上证指数月 K 线走势图

明确了这一点，对我们交易很有利，任何一个次级别趋势走势都是受更高级别混沌区域所主宰。根据高级别混沌区域范围，大概确定次级别的支撑位与目标位。

五、混沌区域仓位控制案例解析

卓翼科技 2015 年 6 月至 2020 年 2 月走势分析。

卓翼科技 2015 年 6 月创出新高 19.97 元，回调采用瀑布式下跌，A 浪直接跌到 12.11 元，B 浪反弹最高 15.89 元，依据 B 浪计算 C 浪目标位等于 15.89 - (15.89 - 12.11) ×2.618 = 6.0 元，实际跌到 7.04 元反弹，最高反弹至 9.96 元。之后，二次探底最低 7.09 元，没有创新低可以确认 C 浪终结。

如图 5-4 所示，第 1 波反弹为初始波，初始波幅为 9.96 - 7.04 = 2.92（元），L = 12.37 元，据此，我们计算一下其他黄金价位：

23.6% 初始波位置 9.96（元）

38.2% 黄金位置 7.04 + 12.37 × 0.382 = 11.76（元）

50% 黄金位置 7.04 + 12.37 × 0.5 = 13.2（元）

61.8% 黄金位置 7.04 + 12.37 × 0.618 = 14.65（元）

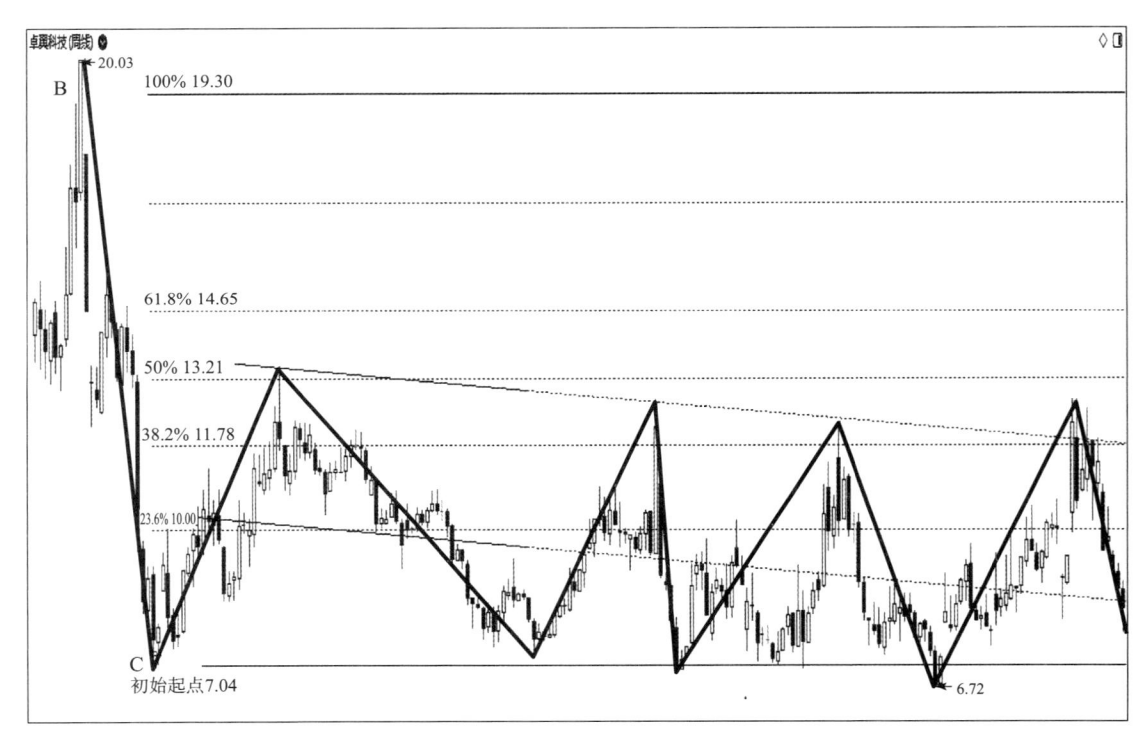

图 5-4 卓翼科技周线走势图

针对调整浪 ABC 的反弹行情，最高反弹至 13.42 元，在冲击最高点时放量滞涨，回撤速度快，向上只试探了一下 50% 这个位置，没有达到初始反弹 61.8% 目标位，由此判断走势力度较弱。在随后长达 4 年的时间里，股价都在 23.6% ~ 38.2% 这个孕育区间运动。

在实际操作中，从技术上讲，这类股票是没有介入价值的。但是，股票的真正价值是基本面，如果是对基本面进行了深入的研究，并对未来 2 ~

3年公司前景有个明确的预期,那就不一样了。那就可以依据日线混沌区域范围,使用5分钟级别交易建立底部仓位,但是,也必须控制好仓位,仓位最高不能超过3成。操作策略上保持1~2成仓,低吸高抛,等待价格突破。注意,价格突破不一定就是向上突破,向下挖坑才是最常见的走势,总之,无论是向哪个方向突破,都要有相应的应对策略。

第二节 价格成长区域性质及应用

一、成长区域的性质

初始波 61.8% 黄金位在价格生长过程中是极其重要的，价格只有真正站稳这个位置上，才能展开上攻行情，才能进入主升浪。80% 以上的股票都符合这一规律。

在技术分析中，我们利用 61.8%（初始上涨目标位）在股价中的重要性，制作江恩角度线，以初始波起点与价格到达 61.8% 时间点连线作为江恩角 1×1 角度线。

以 61.8% 制作出的角度线和以初始波幅制作出的角度线是可以相互印证的，这样更有助于我们对股价走势的认识。

上涨的第一目标位是 100%~161.8% 区域，其实，股票交易成功与否，很大程度上取决于交易者的心态。因此，交易者非常有必要知道，在价格进入成长区域过程中，大多数人的心理状态。

趋势经过长期下跌，某一天突破原下跌通道趋势线，并放出巨量，出现了买入信号，许多人判断趋势已经改变。价格在慢慢地上涨，突然有一天，放出巨量涨停，市场出现狂热。股评报道蜂拥而至，寻找股价上涨的原因（价格走在前面）。所有人都听到了正面消息，无人顾及反面声音。实际上，大多数看新闻的目的就是，在为自己所要做的交易找出理由，以确信自己的交易是正确的，这个想法完全是为了满足自己的心理需求，其本身就已经不客观了。

那些在上涨之前买入，且一直守住的人赚取了巨大的财富，他们感觉非常幸运。随着股价的上涨，在不断计算自己的财富，在贪婪与恐惧之间摇摆不定。但随时准备落袋为安。

那些在上涨之前刚刚卖出的人心情就不是那么好了。显然，他犯了一个大错误。一开始他们相信价格会上涨，慢慢失去耐心，最后在混沌区域上轨卖出，但是不卖不涨！一卖就涨！这种感觉真是太难受了。

最痛苦的人，还是那些在上涨之前做融券卖出的人。价格不断上涨使他们感到惊恐和绝望，他们害怕遭受更大的损失，而且证券公司要求他们平仓；晕头转向间会尽可能选择较低的价位出局，也有少数人会反手做多，由空头转向多头。

二、案例分析：中公教育

应用股价在各个区域的性质及成长目标位，制定交易策略及交易计划，实现有策略、有目标、有计划的交易操作。应用成长区域性质，重点是对价格突破61.8%重要黄金阻力位，突破后、回踩出现混沌区域3类买点的应用，是初始波实际应用中的精髓，一定要重视！

如图5-5所示，中公教育2012年12月7日创出了历史新低0.80元，反弹最高点1.98元，回调没有再创新低，初始形态成立。

初始波幅为 r = 1.98 - 0.80 = 1.18（元），L = 1.18 ÷ 0.236 = 5.0（元）。

股价在23.6%~38.2%孕育区间内整理了两年多，2014年9月才突破38.2%黄金阻力位，进入50%~61.8%上升整理区间，股价在突破孕育区间上轨时放出巨量，站在38.2%之上，经多次确认突破成功，这是中线介入良机。震荡后将进入快速拉升阶段。

如图5-5所示，161.8%是成长区域第一目标位，股价在突破61.8%黄金阻力位后，由于前期在底部孕育区整理时间较长，进入61.8%~161.8%区间后，股价进入骚动期，震幅、成交量明显加大，量价配合完美，并快速完成对第一目标168%位置的攻击。通常情况下，1浪一般在61.8%位置，3浪在100%~138.2%位置，5浪大概在161.8%位置。注意！这不是绝对的，只作为临界观察点之用。

当股票价格到达初始波重要黄金位61.8%、100%、161.8%上下时，恰好5-3上涨结构也完成推动浪结构，二者发生共振，形成震荡调整的概率大，当下最好减半仓或3/4仓，出局观察。当然，这个决策是在次级别上，依据趋势终结原则判断的，不是臆想，到站下车。

当价格接近临界观察点时，必须将监控窗口调到次级别，在次级别或次次级别上，应用趋势、空间、成交量来分析、判断一下终结点。

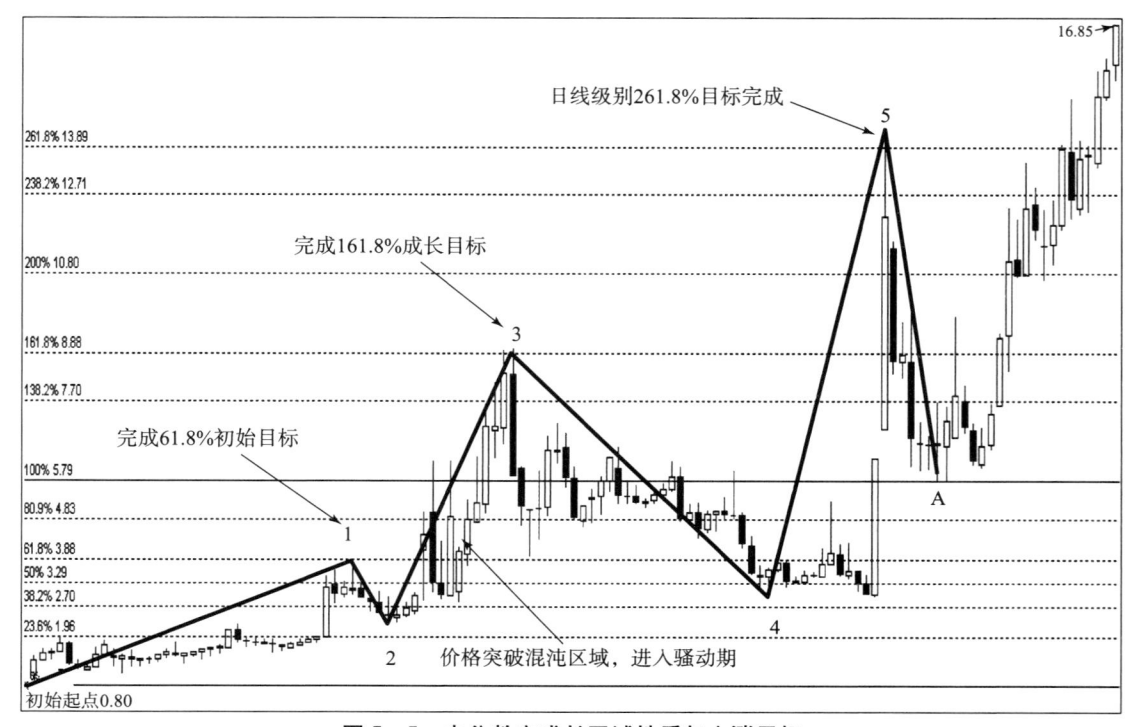

图 5-5　中公教育成长区域性质与上涨目标

三、趋势 + 时空——完全可以让初学者吃到鱼身

初始波黄金目标位对初学者在交易上，是有极大帮助的，最起码不会在股票刚刚开始拉升时就卖出，这种方法简单易学，只要学会如何计算未来空间价位，再结合多空线 DKX，趋势 + 时空——是完全可以让初学者吃到"鱼身"的。

四、理论计算目标与实际间的差异

一般提出这个问题的都是初学者，在实际中，多头与空头市场之间转换，头部形态与底部形态通常都存在着明显差异。产生差异的原因多为恐惧的不对称心理影响而造成的。

在空头市场由于怕亏损，C 浪的杀跌速度总是非常快，幅度也相当大，依据初始 B 浪计算公式 $P_t = P_1 - (P_1 - P_2) \times 1.618^n$，计算出的理论下跌目标位 C 与实际位置肯定不能完全一致，C 点的实际位置与临近 C 点时的市场情绪、环境等有非常大的关系，例如，如果在没到达理论计算的 C 点之前出利好，就可能减缓下跌力度或者延长到达时间；如果在到达理论计算的 C 点附近市场空头环境进一步加剧，空头得势，多头观望，价格肯定还要深跌一些，最常见的"黄金坑"；因此总体上说，理论计算只是一个有意义的重要临界点，当价格接近或超越临界点时，都需要到 5 分钟级别去观察价格是否有终结现象，如果 5 分钟出现卖点，则不应迟疑，最少卖出 1/3 仓。价格进入目标区域后，会出现高位震荡，是做 T 的好时机。

上涨也是一样，我说突破 61.8% 混沌区就进入快速成长区，目标是 100% 至 161.8%，你不能认为马上就到，一定会到。突破 61.8% 位置之后，如果连 100% 都没摸，那就说明价格走得很弱，有重新回到混沌区域内的可能，整理后重新再二次上攻，在实际中，反反复复三次上攻、四次上攻的时候都有，这与个股基本面及市场环境都有关系。但有一点是肯定的，就是突破混沌区域 61.8% 位置，肯定有一波上攻行情，至于走到哪，需要根据价格生长情况判断，在这一点，我认为缠论给出的方法是最好的。理解突破混沌区域的意义是你不会在刚突破混沌区时卖出，因为此刻卖出非常符合普通大众的心理。受尽了混沌区域内的折磨，终于解套了，获利了！

第三节　月线级别 3 类买点是大牛股启动点

初始波与混沌区域都是有级别的，二者相生相伴，级别是人为规定的，即根据个人操作习惯所规定的。我习惯用的级别有 5 分钟、30 分钟、日线、月线 4 个级别。一般 5 分钟级别是操作级别，30 分钟和日线属于建仓、持仓级别，月线级别属于长期持仓级别。下面分别讲一下大级别初始波与混沌区域级别的意义及应用。

一、月线级别 WZ 结构的生成

当价格突破日线级别初始混沌区域，到达成长目标区 161.8% ~ 261.8% 区域后，价格将形成一个较长时间的调整，这个调整是对价格成长的一次回头确认。

在操作上，当价格到达日线级别成长目标区域后，我们要将观察窗口，转换到 5 分钟级别监督价格走势，只要 5 分钟级别出现卖出信号，就立即卖出一半，然后再依据价格走势逐步减仓，最多保留 1 成仓。

当确认价格进度调整后，首先，计算一下上涨时间，再依据上涨时间的 0.5、1、1.236 倍估算一下调整时间之窗位置。其次，依据调整初始波结构，计算一下调整的大致空间。剩下就是等待时间到达，再对价格调整幅度，及结构形态，做一次全面分析。

对于一个基本面良好，具有成长性的公司，日线级别的成长目标可视为月线级别初始波的上涨段。上涨段与之后的调整段，可组成月线级别的初始波形态，当月线级别 WZ 结构得到确认后，成长性混沌区域也随之生成，当价格突破这个月线级混沌区域上轨时，将生成一个最少与月线初始上涨段同幅度的上升段。

如图 5–6 所示，闻泰科技走势，2006 年 5 月日线级别初始波起点 0.96 元，初始波终点 2.01 元，由此计算日线级别理论成长目标区域是：

$H(0) = 0.96 + (2.01 - 0.96) \div 0.23 \times 1.618^1 = 8.15$（元）

$H(1) = 0.96 + (2.01 - 0.96) \div 0.23 \times 1.618^2 = 12.58$（元），实际高点为 10.83 元。

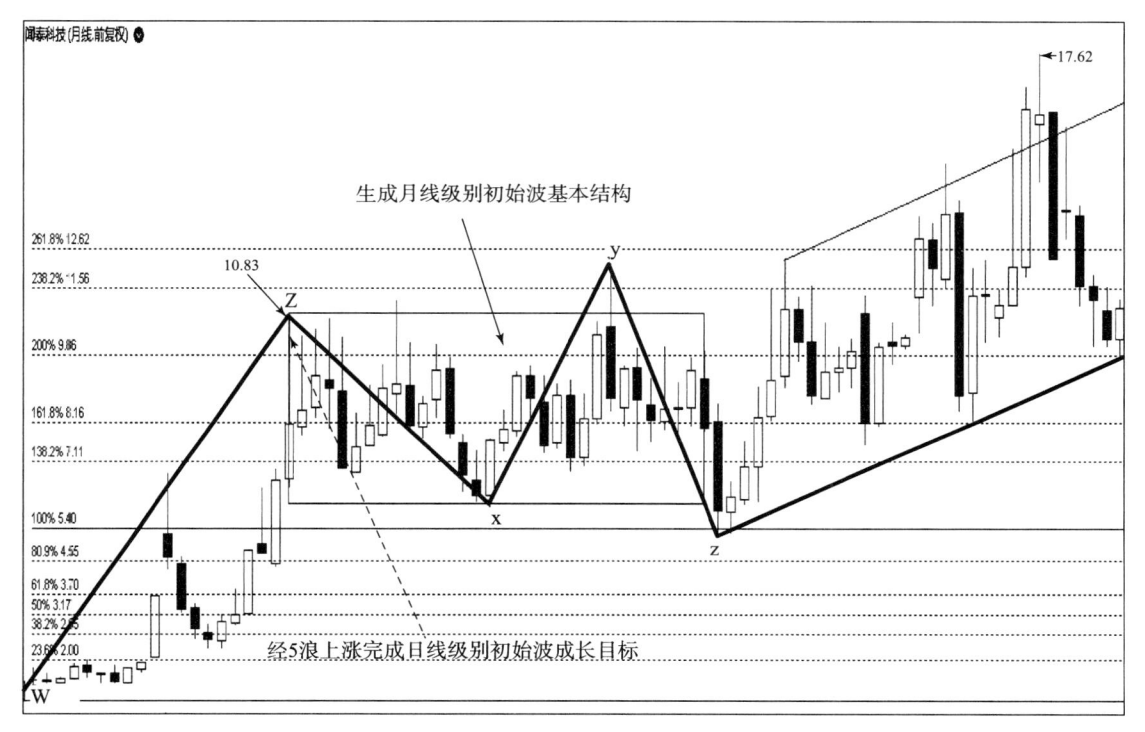

图 5-6　闻泰科技月线级别走势图

闻泰科技在完成日线级别初始成长后，价格以日线级别 161.8% 黄金位为轴，震荡整理近 3 年完成月线级别 WZ 结构，月线级别混沌区域生成。月线级别 WZ 结构的生成，确认了日线级别成长目标成立，反映了市场对公司成长的认可，同时也预测着，将有一个与月线初始上涨幅度相当的上升浪出现。让我们计算一下月线级别第 1 个成长浪位置。

初始起点为 0.96 元，终点为 10.83 元，下面应用两种方法计算月线级别三浪上涨目标。

一是按同等比例成长计算月线级别三浪上涨目标：

3 浪起点为 5.17 元，上涨目标 $H = 5.17 \times 10.83 \div 0.96 = 58.32$（元）

二是应用月线级别初始波计算月线级别三浪上涨目标：

$H(0) = 0.96 + (10.83 - 0.96) \div 0.236 \times 1.382 = 58.75$（元）

$H(1) = 0.96 + (10.83 - 0.96) \div 0.236 \times 1.618 = 68.62$（元），实际目标 58.83 元。

如图5-7所示，黄金空间结构比例为月线级别初始波黄金位，初始起点2006年5月0.96元，终点2009年12月10.83元。

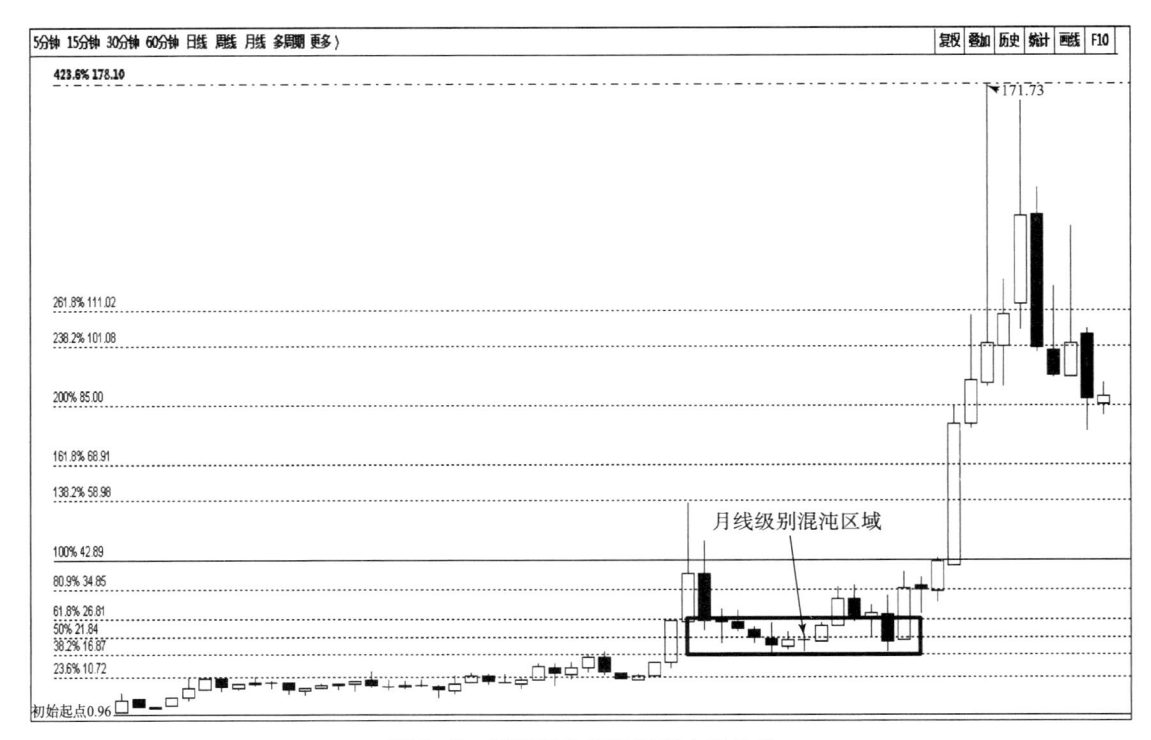

图5-7 闻泰科技月线级别空间结构

月线级别混沌区域上轨61.8%位置是 $0.96 + (10.83 - 0.96) \div 0.236 \times 0.618 = 26.80$（元），图5-7是季线图（初始的数据是按月线计算的）价格完成月线级别成长目标后，以月线级别混沌区域上轨为中心震荡整理4年，最终脱离混沌区域，突破月线级别100%黄金位，进入直线拉升，连续突破月线级别161.8%位、261.8%位，最终在423.6%位置终结。

理论计算月线级别423.6%黄金位是 $0.96 + (10.83 - 0.96) \div 0.236 \times 1.618^3 = 178.10$（元），实际值是171.73元。

二、日线与月线级别初始波之关系

小周期初始波成长目标（如日线）可成为大周期（如月线）初始波波幅，5分钟或30分钟级别上涨目标可作为日线级别初始波波幅。

三、月线级别 3 类买点的出现是大牛股启动特征

结合基本面，寻找股价长期在月线级别混沌区域内震荡的个股，当价格突破月线级别混沌区域，出现第 3 类买点时，寻机介入。月线级别混沌区域第 3 类买点，是大级别牛股启动的标志。

1. 价格成长逻辑

日线级别初始波成长，生成月线级别初始波的生长逻辑：生成初始波，形成初始中枢；完成 61.8% 初始成长目标，形成混沌区域中枢；完成 161.8% 日线级别价格成长目标；生成周线或月线级别初始波。

2. 案例分析：信维通信

如图 5-8 所示，2012 年 8 月 1 日信维通信创下 1.60 元低点，价格开始慢慢地上涨。

图 5-8 日线级别价格成长过程

价格成长过程：生成日线级别初始波；完成61.8%初始目标2.00元，理论值与实际完全相同；生成日线级别混沌区域；完成161.8%日线成长目标位，理论计算1.60+(2.00-1.60)÷0.236×1.618=4.34（元），实际为4.02元。

价格这一成长过程，从理论上讲，完成了第1阶段成长目标，后边市场将对这一成长过程进行确认，也就是对成长段的调整确认过程。确认过程最基本的还是取决于基本面，如果基本面良好，具有成长性，价格确认过程，基本上是以3-3多空循环结构进行调整，调整幅度不会触及日线混沌区域上轨。在技术上，我们可以根据调整的结构形态，调整幅度，来判断公司的成长情况及后边价格走势情况。

如图5-9所示，在月线级别上，日线级别0-1段成为月K线初始波幅，之后生成初始中枢S，完成价值成长目标，理论上点位在161.8%~261.8%区间内，即：18.18~28.43元区间内，实际完成目标是25.03元，在238.2%附近。

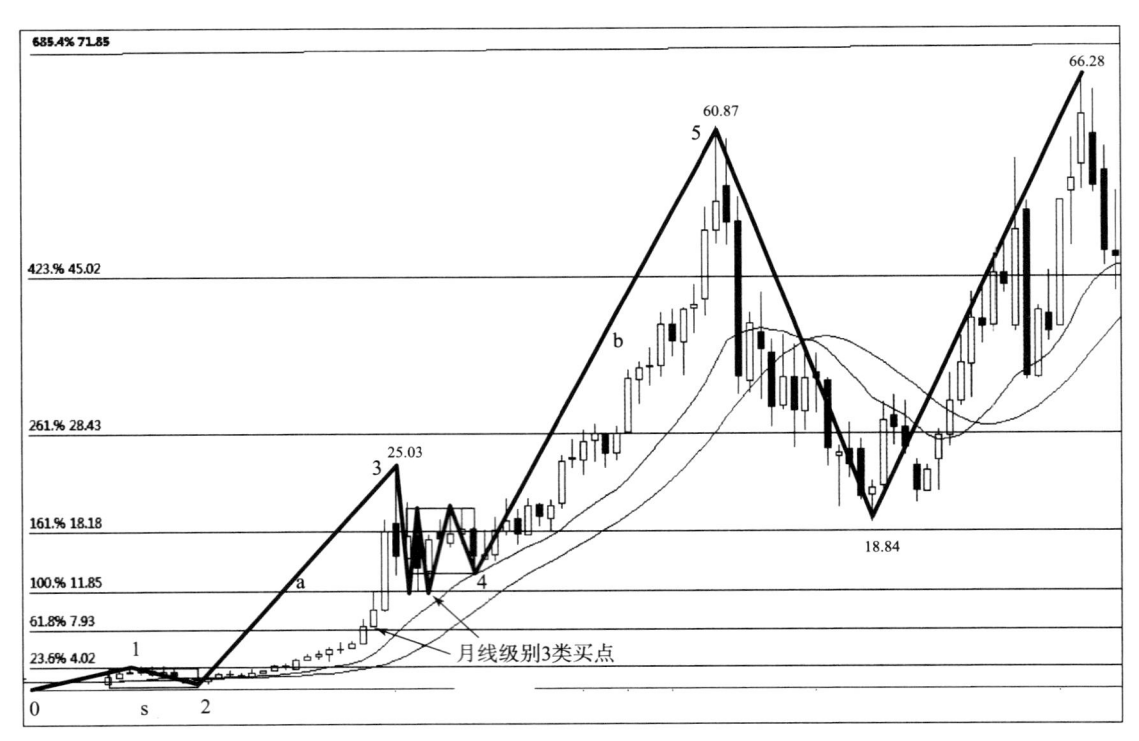

图5-9 月线级别价格成长过程

如图5-9所示，完成a段后，市场同样要对这个价值成长进行确认，调整幅度最大为55%，低点区域属于月线级别3类买点，也恰好是月线级别初始波100%黄金位。从调整幅度上看市场对这个价值成长是认可的,由此,待调整后生成一个大级别的中枢,将产生季线级别的成长,成长目标应该是 a 段的 1.618 倍左右。

a 段 = 25.03 - 1.6 = 23.43(元)

b 段的起始点以中枢下轨——上轨(11.66~20.66)为起点,可计算出上涨目标。

b = 23.43 × 1.618 = 37.91(元)

最小目标点位是 11.66 + 37.91 = 49.57(元)

最大目标点位是 20.66 + 37.91 = 58.57(元),实际值为 60.87 元。

从这个例子可以看出,由大级别中枢的调整幅度判断公司未来价值及上升空间,是一个简单有效的方法。这种例子很多,读者可以找些市场公认有价值的公司,分析一下。

本章小结

应用初始波理论对价格进行的区域划分是定量化的。区域划分在实际交易中有重要的意义，尤其是混沌区域概念，初始波 61.8% 位置是价格运动的分水岭，价格突破混沌区域 61.8% 上轨就将进入快速成长阶段，这是我们寻找混沌区域 3 类买点，寻找强势股的依据。在学习中一定要理解混沌区域的性质，理解混沌理论交易思想有三个原则，这非常重要。

通过对价格区域性质的学习和理解，能够重新认识价格成长目标三大公式的理论依据，能够理解价格走势的空间逻辑结构，理解将初始波幅作为斐波那契数列的初始值的意义。定量化交易就是从此开始的。有了"初始斐波那契数列"就可明确计算出价格在空间上的逻辑结构价位。当价格运动到 61.8%、161.8%、261.8% 等重要的位置时，如果正好与趋势或时间等因素发生共振，就可以确认价格趋势将发生逆转。

第六章
多空循环结构定律

3-3结构是构成多空循环的最小单位,3-3结构是自然界平衡规律的体现,就像自然界中冷热空气对流在正常状态下是平衡的一样。因此,3-3结构是市场价格经过冲击后,进入混沌平衡状态的结构,是常态结构。在这种结构中,价格总会沿着最小阻力方向运动,体现在价格结构形态上就是,小级别趋势运动,构成大级别箱体运动。如果没有外力,价格就会在这个箱体内运动下去,这个外力可能是基本面的改善或恶化,也可能是资金的力量。

第一节 二波结构是价格运动的最基本结构

价格运动过程的本质就是多空博弈的过程，而二波结构是多空博弈的最基本结构，二波结构反映的是一个完整的多空博弈过程。研究二波结构的特性，对认识价格运动的本质有着特殊的意义。实践证明，应用二波结构特性分析价格走势是简单，有效的。

一、二波结构中间区域概念

我们可以将二波结构当作一根 K 线，应用 K 线理论去分析它。二波结构转换成一根 K 线，最高价与最低价二波结构与 K 线结构无差别，关键是实体部分。解决方法是，用二波结构起点 0，最高点 1，终点 2 的平均价格，计算出二波结构中间区域，做大 K 线的实体部分。

如图 6-1 所示，具体计算方法如下：

平均价格 =（起点 + 最高点 + 终点）÷3

中间均价 =（高点 + 低点）÷2

中间区域上轨 a = 平均价格 + 中间均价

中间区域下轨 b = 平均价格 – 中间均价（上轨用 a 表示，下轨用 b 表示）

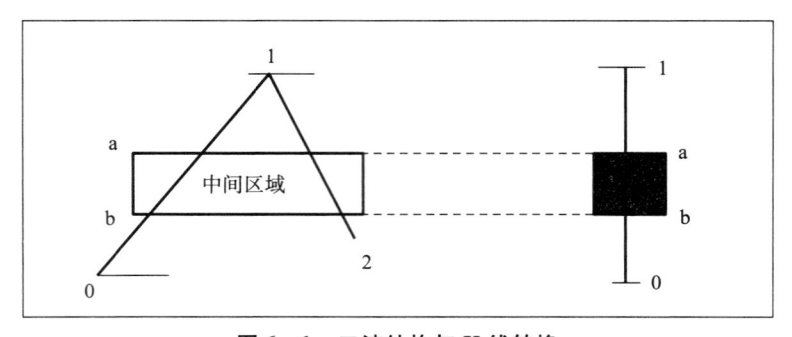

图 6-1 二波结构与 K 线转换

第六章
多空循环结构定律

转换完成后，我们就可以应用 K 线理论分析二波结构走势。二波结构中间区域作为价值中枢，可看作 K 线实体部分，这样我们就可以应用 K 线理论判断价格走势。当价格突破前一个二波结构的中间区域上轨 a，继续看涨。当价格跌破前边的二波结构的中间区域下轨 b，价格趋势就可能发生变化。

如图 6-2 所示，连续 7 个二波结构走势，1~5 个二波结构最高点和最低点都在逐渐降低，可以看成连续 5 根下跌的 K 线。第 6 个二波结构反弹创新高，可看成一根大阳线。第 7 个是对第 6 个的调整趋势。

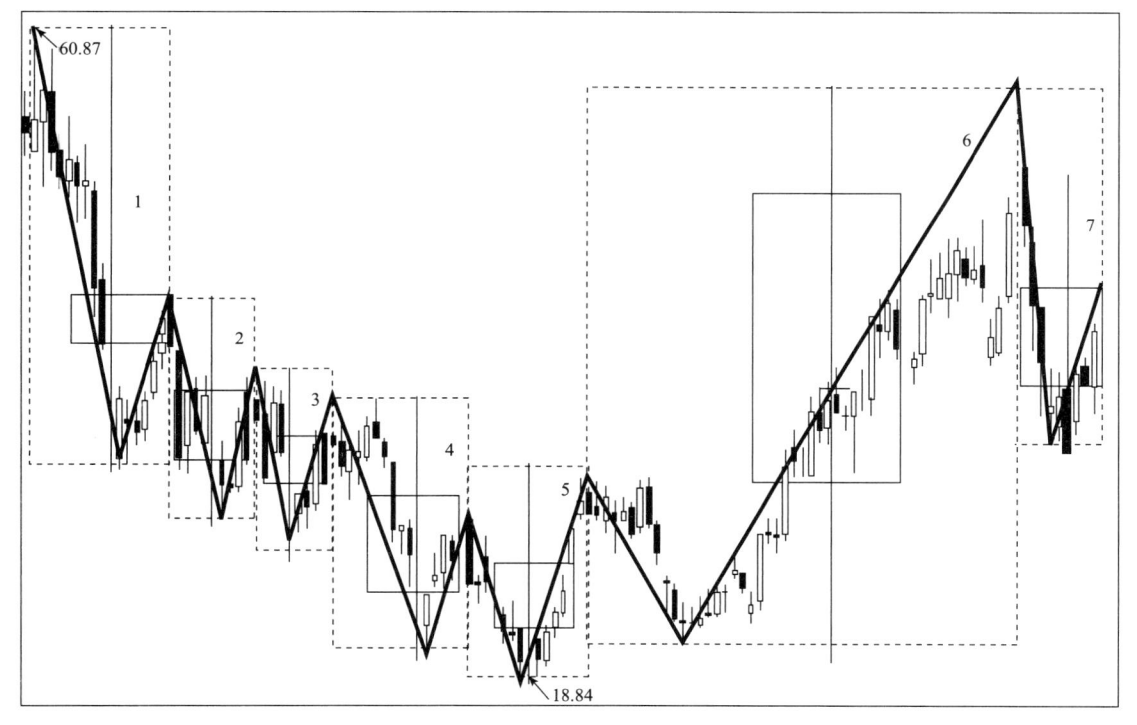

图 6-2 应用二波结构分析价格走势

应用 K 线理论分析二波结构，从逻辑推理上，是完全可行的，结果也是可靠的。但是，反过来 K 线不能代替二波结构，二者有本质上的区别，二波结构是一个完整的多空博弈过程，任何周期的单根 K 线都无法表达多空博弈的完整过程。

二、二波结构的最小周期

二波结构适用于任何周期，因电脑软件分析系统周期限制，一般我们分析的最小周期为 5 分钟周期。除了应用二波结构中间区域概念分析价格走势外，我们还应用二波结构的次级别结构分析价格走势，这就是为什么 5 分钟周期为二波结构的最小周期。

三、二波结构中间区域是可以判断价格趋势的

应用二波结构中间区域判断价格趋势以及买卖点，也是非常实用的，这是我早年应用的一个办法，我是在 5 分钟级别上，应用二波结构做短线交易的。后来，我就习惯应用初始中枢和混沌区域第 2、3 类买卖点进行交易。但是，对周线、月线大周期上的二波结构中间区域，我还是计算的，因为，大周期二波结构中间区域是相当重要的，与大周期混沌区域的应用价值差不多，当价格未突破这两个区域时，大级别区域对低级别价格运动都有混沌现象存在，当价格突破这两个区域时，价格将沿着突破方向快速成长。混沌区域与中间区域相互之间，具有互补性。本书中，不准备讲这个二波结构中间区域的应用，初学者容易搞混。只讲一下基本概念，供读者自行研究。它是一个很简单的办法。动手算一算，比较比较就明白了。

本节记住一句话就可以，那就是"二波结构是多空博弈的最基本结构，二波结构反映的是一个完整的多空博弈过程，是价格分析的最小单位"，二波结构适用于任何周期。这是二波结构的基本逻辑，是应用二波结构分析股票的基础。

第二节 多空循环结构定律

多空循环结构分析方法就是将价格结构形态按照多空循环最小单位框架，划分成多个连续的多空循环结构组件，对比组件之间力量与方向，从而发现、判断价格未来走势的分析方法。

多空循环结构是我研究初始波理论时发现的。多空循环结构与艾略特波浪理论在使用上是有互补性的。多空循环结构有完整的逻辑性和理论依据，应用上是可靠的，是站在不同角度看待、分析同一个问题，提供更广阔的思路。其实，理论根基是相通的。

一、多空循环结构定律的基本概念

1. 什么是多空循环结构定律

如图 6-3 所示，本级别（细线）上、下（下、上）二波走势，次级别（粗线）是一个完整的 3-3 或 5-3 多空循环结构，我们称这个次级别 3-3 或 5-3 结构为多空循环结构。也是初始波基本形态。这个结构第二章已经讲了，简单重复一下。

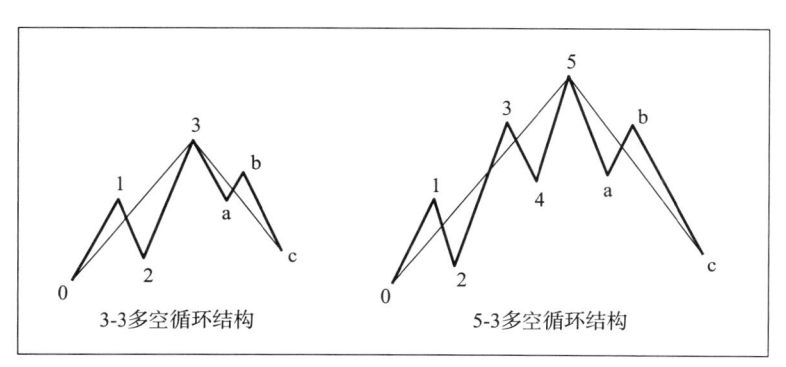

图 6-3 3-3 或 5-3 结构为多空循环结构

多空循环结构定律起源于初始波的研究，生长于对艾略特波浪理论中5-3形态结构的认知。多空循环定律是对艾略特5-3形态结构的子浪，做了一次生长逻辑的解释，尤其是对艾略特5-3形态结构的5浪及其延长浪的解释，使得艾略特波浪理论有了生长逻辑，波浪理论与多空循环结构定律在理论基础上同根、同源，后者肯定、发展了艾略特波浪理论。

2. 多空循环结构级别

如图6-4所示，多空循环结构的升级过程：

（1）本级别二波结构，内部次级别则是由一个多空循环结构（ⅰ、ⅱ、ⅲ、ⅳ、ⅴ-a、b、c）构成。

（2）次级别多空循环Ⅰ+次级别多空循环Ⅱ+次级别多空循环Ⅲ的推动浪，升级为本级别的多空循环结构推动浪0-(1)，0-(1) 和 (1)-(2)升级为本级别的二波结构（Ⅰ），其内部（1、2、3、4、5-A、B、C）构成，次级别是一个5-3多空循环结构。

（3）多空循环结构是以3^n（n为自然数）形式升级的，多空循环结构次级别是3-3结构，也可以是5-3结构。

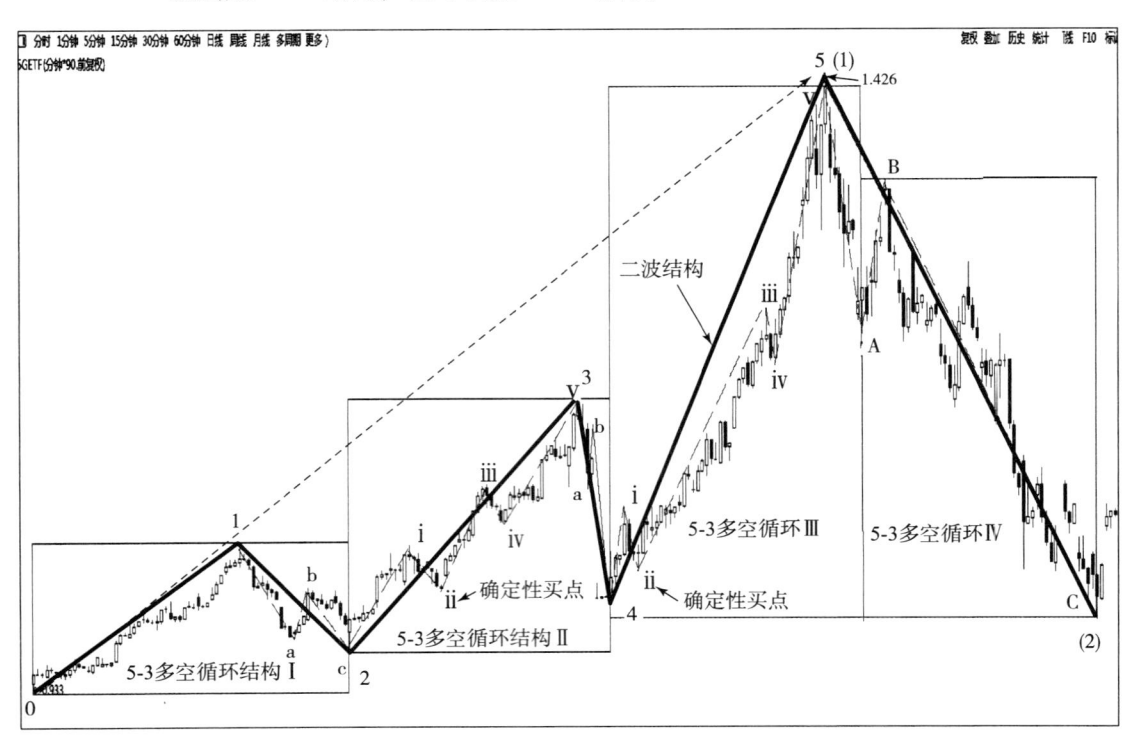

图6-4 多空循环结构的升级过程

如图6-4所示，5-3多空循环Ⅰ构形成后，必定会产生同方向的5-3多空循环Ⅱ，当5-3多空循环Ⅱ终结，如果终结点高于前低，上升趋势延续，则产生5-3多空循环Ⅲ的上升推动段，3个多空循环的3波上升推动段，升级为高一级别结构的上升推动段0-（1），当下，即将展开的调整也将升级为高一级别ABC。因此，需仔细观察，多空循环Ⅲ结构的abc调整段是否会引起由B-C构成的多空循环Ⅳ的调整。

多空循环Ⅳ推动段（B浪）力度，是对后市强弱判断的依据，如果反弹高点不触及多空循环Ⅲ高点，这表明上升趋势有变盘的迹象，应在价格跌破小级别上升趋势线时卖出。之后如果多空循环Ⅳ调整力度大，超出多空循环Ⅳ的起点，趋势将转为空头，那就表明上升趋势已经反转。

3. 确定性买卖点——定量化交易

如图6-4所示，在多空循环结构中，是可以找到确定性买卖点的，确定性是解决问题的关键所在。当次级别多空循环Ⅰ完成，多头胜利，多头形态确立，必定产生多空循环Ⅱ，如果多空循环Ⅱ的ii点未触及多空循环Ⅰ的C点，就成了确定性的买点。止损点设置在多空循环Ⅰ的C点。

建立盘面感知，是长期应用多空循环结构划分，跟随多级别价格走势而悟得的，多空循环结构定律就是笔者对金融价格的长期跟踪分析中发现的，个人感觉比波浪理论简单。多空循环结构是连续的，并具有确定性的分析结构，一个多空循环结构的完成，是可以确认下一个走势方向的。

4. 多空循环结构与成交量

在一轮上升行情中，如果后边这个多空循环结构中最高点附近成交量，大于前边多空循环结构中高点附近成交量，将形成第3个向上多空循环结构。只有成交量增加，下一轮多空循环结构才能出现新高，一路涨到成交量不再增加，价格所创的新高就很可能是这轮上升行情高点。

二、多空循环形态结构定律的理论依据

我认为，道氏理论是趋势理论的鼻祖，研究趋势，必须研究道氏理论。道氏在描述多头与空头市场趋势时，是这么讲的：多头市场由一系列不断上升的高峰与不断上升的谷底组成，价格调整只要不破前低，就不能轻易判断上升趋势结束；空头市场是由不断下降的高点和不断下降的谷底组成。

反弹只要不突破前期高点，下降趋势就不能判断结束。道氏理论对多头空头市场的描述，看似简单，却是跟踪趋势的最好理论依据。

三、多空循环结构的基本特征

如图 6-5 所示，当一个 3-3 或 5-3 多空循环结构完成后，如果终结点 c 高于起点 0，多头胜利，必然会产生一个向上的推动浪。这个推动浪的内部第二小浪 G 点就是确定性买点，是有保证的交易段。3-3 或 5-3 多空循环结构的高级别是一个二波结构。

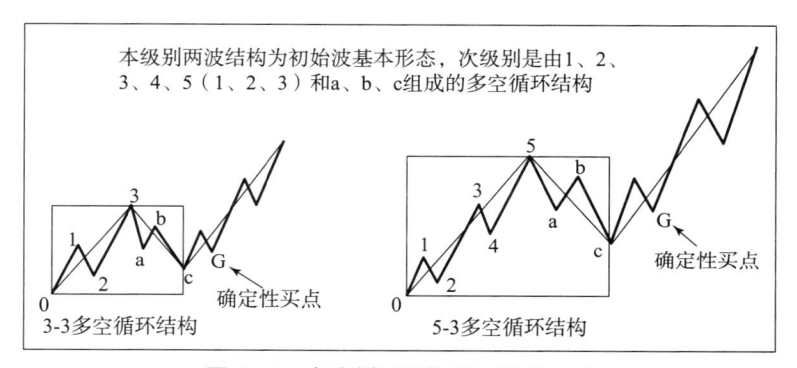

图 6-5 多空循环结构确定性买点 G

1. 最小多空循环单位（技术分析的基本结构）

二波结构的次级别是一个 3-3 多空循环结构，性质上属于整理结构；二波结构的次级别是一个五波推动浪和一个三波调整的 5-3 多空循环结构，性质上属于趋势结构。我们将这个次级别 3-3 或 5-3 两种结构统称之为最小多空循环结构单位。

两个最小多空循环结构单位完成后，就可对比它们之间多空力量的变化，并依据这个力量变化方向，推断出下一个循环走势方向。这是一个可重复延续下去的分析形态结构的逻辑方法。

2. 多空循环速率线

我们将多空循环结构的起点与终点连线称为多空循环速率线。多空循环速率线是判断趋势大小、方向的指标。斜率（上升或下降角度）越大，运动力度、速度越快。

3. 多空循环趋势方向判断

应用多空循环速率线判断价格走势方向：多空循环速率线在 ±23°区间，价格处于震荡态势；多空循环速率线大于23°，也就是回调幅度小于75%，趋势则延续。将产生第2个向上多空循环结构；多空循环速率线在0 至 −23°区间，趋势将出现反转（假定第1个多空循环是多头态势）。

4. 多空循环结构定律推论

如图6-6所示，依据多空循环结构理论，可得出三个结论：

（1）一个多空循环结构完成后，只要终点高于起点的23%，则形成多头趋势。终点低于起点的23%，则形成空头趋势。无论是多头趋势还是空头趋势，第3波的方向都是确定的。也就是说0-1和1-2确定后，2-3的方向是确定的，至于生长的力度大小要依据生长情况而定。

（2）依据道氏定律，无论哪个级别，只要多空循环终点在不断抬高，多头趋势就将保持。

（3）在多头循环中，当一个多空循环完成后，第2个循环的c点终结，没触及第1个多空循环的b点，则是一个确定性买点。

应用这一逻辑，在空头循环中，同样可以找到比较确定性的卖点。读者依据这个逻辑自己思考空头循环的卖点，和我在这里讲一遍，理解深度是不一样的。

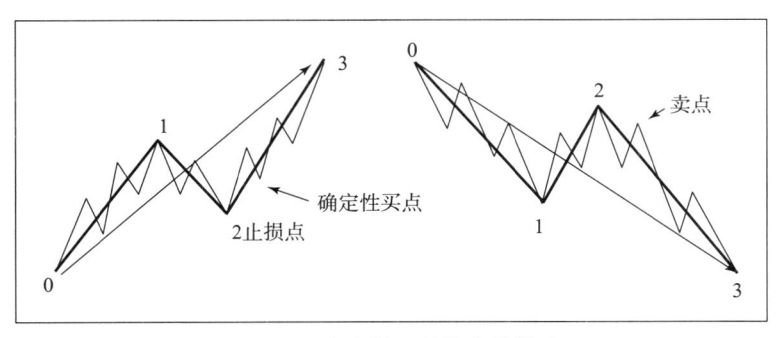

图6-6 多空循环结构定律推论

四、案例：上证30分钟上多空循环级别与确定性买点实际应用

如图6-7所示，在上证指数30分钟周期上，多空循环Ⅰ的次级别123三波上涨结束，必然对应一个abc调整，由123和abc就组成了一个最小级别的多空循环结构。我们继续跟踪行情的阶段性高低点画出多空循环Ⅱ以及多空循环Ⅲ、多空循环Ⅳ等。

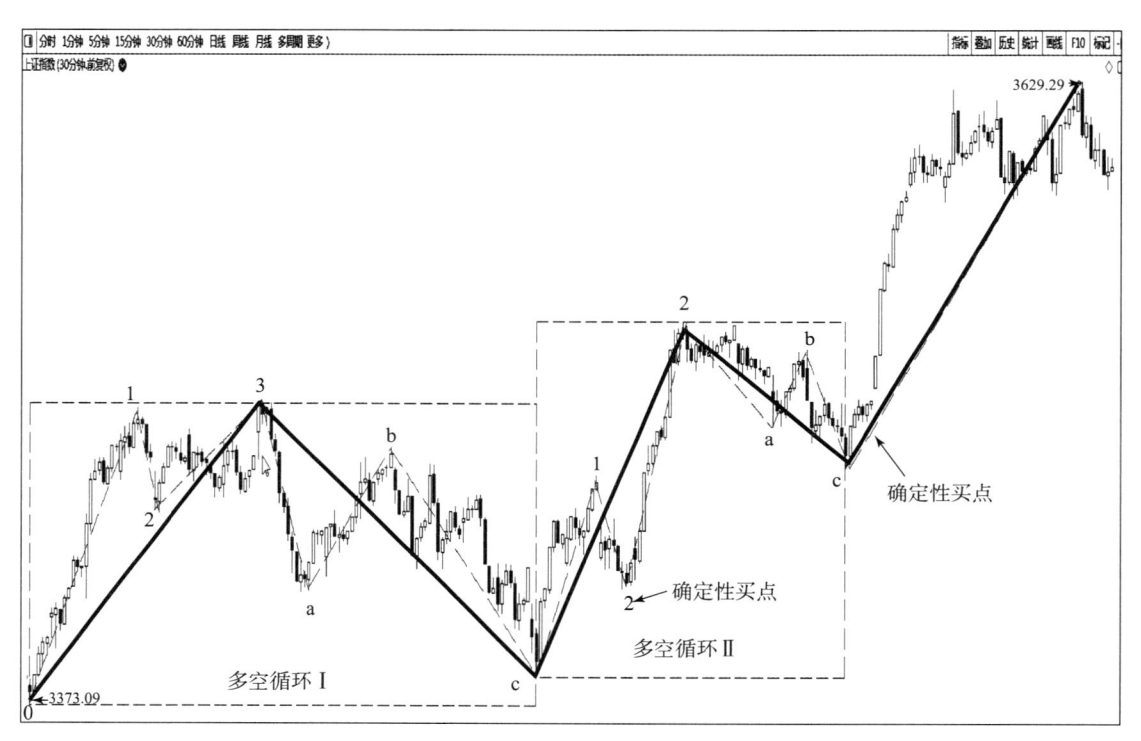

图6-7 30分钟级别多空循环结构升级过程

我们再将多空循环结构进行一下升级，多空循环Ⅰ、多空循环Ⅱ及多空循环Ⅲ三个多空循环结构将升级为高一级别的123和ABC，升级方法可复制延续下去。

第三节　多空循环结构与波浪理论 5-3 结构

1. 三波推动浪如何演变成五波推动浪（价格生长的逻辑关系）

如图 6-8 所示，推动段与调整段走势结构为 3-3 结构是自然界平衡规律的特征，是正常状态下，价格沿着最小阻力方向运动的体现。如果价格受更高级别趋势的影响，会产生同向共振，价格将向上演变成 5-3 结构。正常 123 和 abc 组成一个多空循环结构，当调整反弹段 b 突破高点 3 时，b 段将演变成上涨趋势中第五波结构，也就是走出了第 5 浪。

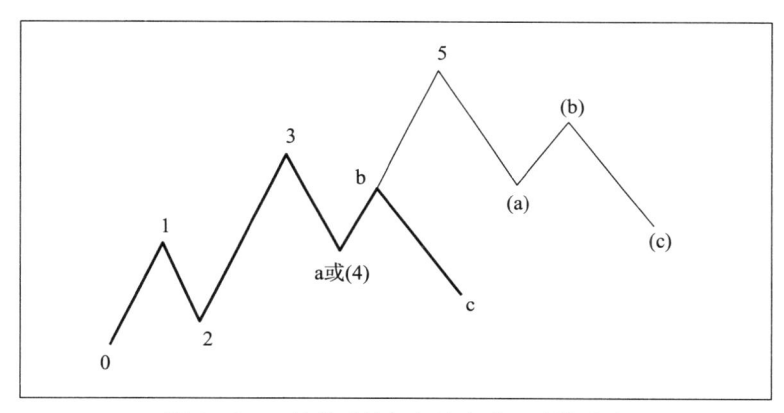

图 6-8　三波推动浪如何演变成五波推动浪

在 123 和 abc 组成 3-3 的多空循环结构内，能否演变形成艾略特 5-3 波上涨结构，主要看 a 的调整力度，以及 b 段行情反弹幅度，首先 a 不能与 1 高点重合。其次，如果 b 段反弹幅度超过前边 3 高点，空方投降，b 段将演变成第 5 浪，5 浪终结后，必然会有（a）、（b）、（c）三波调整浪出现，从而完成 5-3 波上涨结构。

在 5-3 的多空循环结构内，推动段 3 拉升幅度一般是推动段 1 的 1.618 倍。推动段 3 拉升幅度符合五浪标准，a 段调整低点与 1 段的顶点又不重叠，这就构成标准的 5-3 波上涨结构的前 4 浪，走出第 5 浪也就是自然的事。如果 3 段幅度与 1 段差不多，那么，出现 5 浪结构延伸走势的概率就大。

2. 多空循环结构速率线通道变轨（重要）

如图 6-9 所示，多空循环Ⅰ完成后，起点与终点连线称为速率线 1，经过多空循环Ⅰ高点 3 作速率线 1 的平行线，则构成多空循环Ⅰ上升通道线。通道线上轨是衡量多空循环Ⅱ的推动浪强弱的一把尺子，若是多空循环Ⅱ的推动浪正好在通道上轨附近完成三波上涨，表示价格处于平衡状态；若是价格突破通道上轨则表明强势，之后只要多空循环Ⅱ的调整低点与多空循环Ⅰ的高点又不重叠，将形成五波上涨结构。

当多空循环Ⅱ的高点 5 终结后，将多空循环Ⅱ的高点 5 与多空循环Ⅰ的高点 3 连线，画出变轨后的上升通道上轨，然后，再经多空循环Ⅱ起点，做通道上轨的平行线，形成新的上升通道下轨，可测量未来多空循环Ⅱ终点 C 的参考位置。同样，新的上升通道下轨也是判断多空循环Ⅱ调整浪强弱终的一把尺子，若是实际终结点离通道下轨的距离越大，表明调整力度，之后股价的上涨动力强；若是实际终结点跌破通道下轨，则表明价格走势弱，之后反弹应尽快离场。当然，如果调整是针对两个多空循环，调整到速率线 1 上，也属正常。

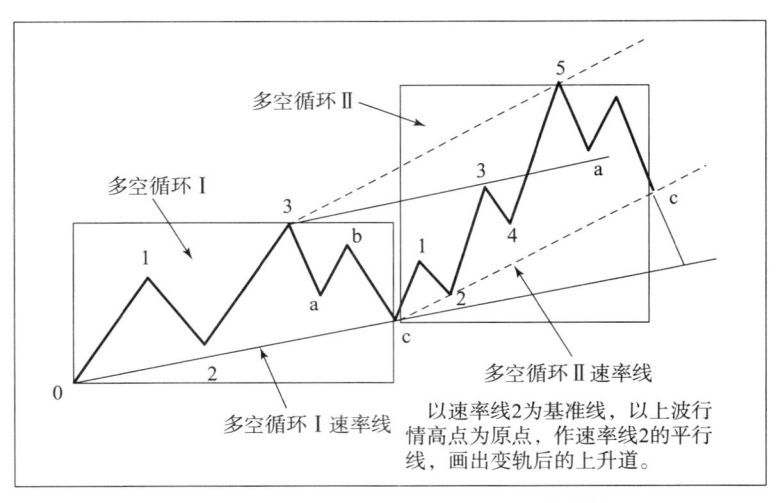

图 6-9 多空循环结构速率线与通道变轨

如果，多空循环Ⅱ调整低点未触及多空循环Ⅰ高点，属于强势，将产生多空循环Ⅲ。多空循环Ⅱ的终点，是判断能否出现下一个同方向的多空循环Ⅲ的关键，如果多空循环Ⅱ终点跌破起点，最好的走势是横盘震荡。

第六章
多空循环结构定律

　　3-3或5-3多空循环结构是价格最基本的活动形态,在同一级别分析中,3-3或5-3多空循环结构是艾略特5-3结构的次级别运动结构。而艾略特5-3结构是市场展开的5浪推动3浪调整的一波行情,是价格动能向势能的一次转换。

　　在价格形态划分上,我认为3-3和5-3多空循环结构是价格博弈的最小单位。与艾略特波浪理论5-3推动波结构相比,3-3和5-3多空循环结构是作为艾略特5-3的子浪结构形态出现的,对市场的划分更细腻。3-3和5-3多空循环结构对价格结构的划分是简洁、清晰、自然,且具有唯一性的。

　　划分可以在5分钟级别上,依据上边讲的道氏理论,找出市场价格趋势的高、低点,连成线段,这种划分是自然划分的。只要找准市场中价格的高点、低点,连接起来就可以了,谁划都一样。

　　多空循环Ⅰ结构是艾略特5-3结构的第1浪和第2浪,多空循环Ⅱ是第3浪和第4浪。多空循环Ⅲ是第5浪和A浪,多空循环Ⅳ是第B浪和C浪。对于艾略特中第5浪和ABC三波调整浪结构的划分,多空循环理论与艾略特波浪理论发生了分歧。在艾略特5-3结构分析中,ABC三波作为调整浪是一个整体,5浪是三波推动浪的最后一浪。而应用多空循环划分,A浪是多空循环Ⅲ的abc三波调整浪。也就是说,应用多空循环理论划分,艾略特调整浪中的A浪与B浪、C浪是不在同一个级别上的。要说明的是两种划分不存在谁对谁错,只是分析逻辑不一样而已。多空循环理论价值是它可以完全解释艾略特波浪理论5-3结构的逻辑性。由此,可以看出,多空循环结构虽然是以艾略特5-3结构的子浪形式出现,但是,多空循环结构的分析逻辑与艾略特5-3结构分析逻辑是有区别的。多空循环结构分析强调的是,以完整的最小多空循环结构为单位,进行比较分析。

　　过去我们应用艾略特5-3波结构分析价格结构形态时,注重的是形态,寻找、期盼5波结构的出现。由于划分困难,没有标准,投资者对波浪理论的理解、认知又不同,划分的自然也就不同。甚至,有人夸张地说是千人千浪。其实,主要原因还是在艾略特波浪理论中5-3形态结构并无令人满意的解释,艾略特本人认为该排列是自然规律,并未做进一步的探索,造成了应用上比较困难。

　　3-3和5-3多空循环结构对市场的划分是有级别的,而且升级是有标准的,多空循环结构是以3^n(n为自然数)形式升级的。如果将5分钟作为本级别,5分钟级别上3个连续的多空循环结构可升级为一个30分钟级别多空循环结构，9个连续的5分钟级别多空循环结构可升级为日线级别多空循环结构。升级后，价格会针对这个升级的趋势做反向 ABC 调整。这个升级过程是标准的、唯一的。标准的划分带来了标准化的交易，从而使交易者更加明确了交易级别的概念。

3-3 或 5-3 多空循环结构对市场的分析是独特的、客观的，是从多空博弈角度，以 3-3 或 5-3 多空循环结构为最小分析单位，在连续的多空循环结构之间，对比价格走势的生长力度与速度，来判断未来走势趋势及买卖点。由于在 5 分钟级别上，画出三个级别的多空循环结构，所以，无论是从宏观上，还是微观上都可以达到全面控制的可能。

3-3 和 5-3 多空循环结构、艾略特 5-3 波结构的主要交易段就是第 3 浪，但是，交易逻辑、思维逻辑是不一样的，3-3 和 5-3 多空循环结构是按多空循环最小周期进行分析、交易的。当多空循环 I 结构完成，假定形成多头趋势，多空循环 II 的三波上涨结构是确定的，我们要交易的就是这个确定性的三波上涨，至于以后能否形成五波上涨结构，走一步看一步，只要三波结构出现调整迹象就可以结束交易。观察下一个多空循环结构如何变化。思维逻辑上不期待 5 浪，做好当下。只有突破多空循环 I 高点，才能视为是第 3 浪，否则，可能仍是多空循环 I 的调整浪。做技术分析，做交易就是寻找确定性买点，而终结交易是根据价格走势变化而采取的应对决策点。

在应用中，我倾向于将调整状态下的次级别（30分钟级别）出现的 5-3 多空趋势结构视为一种行情反转信号。

艾略特认为，识别波浪的主要作用是研判当下所处的位置，以及可能的发展趋势。艾略特的波浪理论作为基础的证券分析理论，纵横证券期货市场几十年，对各类投资者影响之深，可说无人可比，已成为市场合力的一个重要部分。因此，学习运用技术分析，是离不开艾略特 5-3 结构的。

3. 应用多空循环结构分析艾略特 5-3 结构（重要逻辑关系）

上升或下降的推动浪都是奇数构成，原因很简单，保持趋势方向。在艾略特 5-3 结构中，三波属于整理浪，五波属于推动浪。在非理性状态下推动浪也可能是七波或是九波。下面我们用多空循环结构分析一下艾略特 5-3 结构。

（1）三波 N 型结构。

如图 6-10 所示，在常态下，一般价格会呈现三波 N 型整理结构。三波 N 型结构是由次级别推动浪 123 和 abc 组成多空循环 I + 多空循环 II 的推动浪 123 组成（推动浪也可以是 12345 结构）。本级别是三波 N 型 [（1）、（2）、（3）] 整理结构。

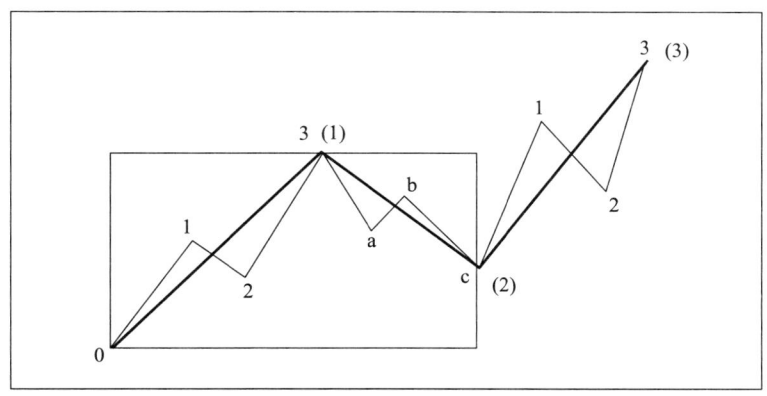

图 6-10　三波 N 型结构

（2）五波是最常见的趋势推动浪。

如图 6-11 所示，五波结构是由多空循环Ⅰ + 多空循环Ⅱ + 多空循环Ⅲ推动浪组成。

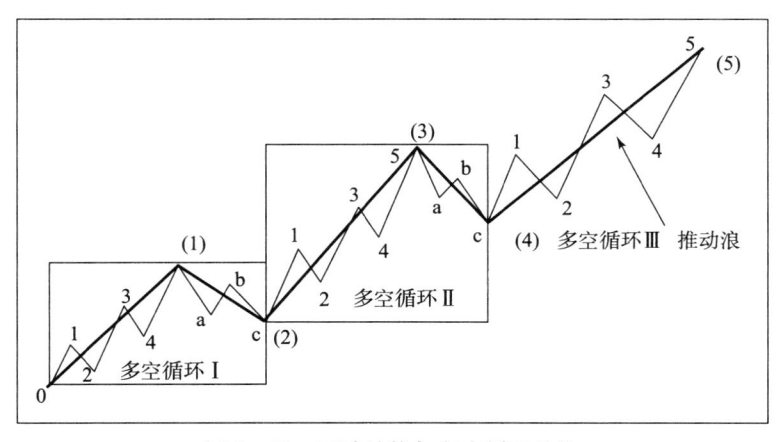

图 6-11　五波结构与多空循环结构

（3）延长推动浪 7 浪或 9 浪。

如图 6-12 所示，现在应用多空循环结构分析一下波浪理论中的扩展 7 浪或 9 浪。之所以产生 7 浪或 9 浪，原因是市场人气过旺，多空循环Ⅲ的 a（6 浪）调整浪力度太弱，多方趁机突袭，使得多空循环Ⅳ延续上涨趋势呈现多头态势。但是应注意！多空循环Ⅳ的推动浪 b（7 浪）一般情况下依然是三波整理上涨结构。如果多空循环Ⅳ终点高于起点，还将产生第二次向上攻击，创新高产生 B（9）浪。

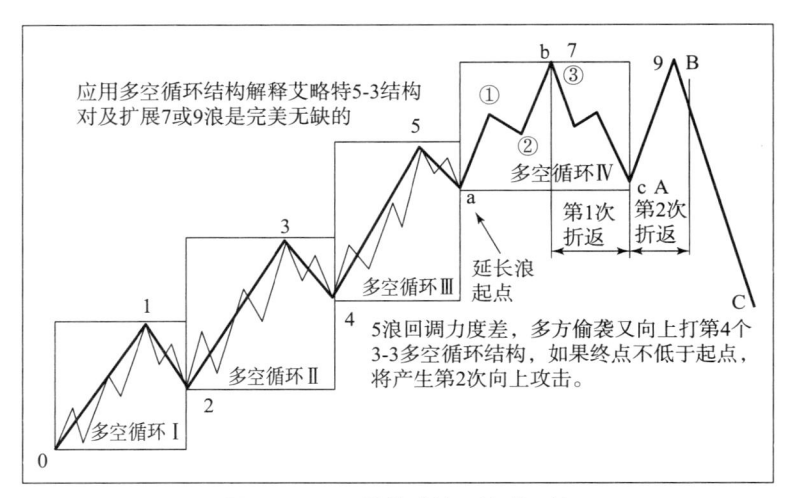

图 6-12 延长推动浪 7 浪或 9 浪

延长推动浪 7 浪或 9 浪的出现，主要原因是市场人气过旺，属于非理性上涨。一般情况下，多空循环Ⅳ和多空循环Ⅴ的形态结构都是 3-3 整理结构，与前边多空循环Ⅰ、多空循环Ⅱ和多空循环Ⅲ的 5-3 趋势上涨结构表达的意思是完全不同的。虽然 7 浪或 9 浪都创出新高，但依然只能视为强势调整结构。投资者一定要明确这一点，要到小级别去，仔细观察分析 7 浪，9 浪是否出现卖出信号。

应用多空循环结构分析解释艾略特 5-3 结构堪称完美，尤其是对扩展浪的解释，在理论上可以说是天衣无缝。应用多空循环结构分析，是对比多空循环结构中推动浪与调整浪的力度，不需过分研究调整浪内部的复杂结构，调整浪完全可以用中枢结构代替，化繁为简是大道。

5-3 结构中三波 ABC 调整是相对五波上升的调整。用二波结构分析艾略特 5-3 结构可以发现，5-3 结构中五波上升和三波调整将多空循环Ⅲ分割开，由于多空循环Ⅲ是由 5 浪和 A 浪组成，A 浪被划分到 ABC 调整浪中，A 浪的调整级别属性、逻辑关系发生混乱。

（4）应用"二波结构"划分艾略特 5-3 结构。

如图 6-13 所示，现在我们用二波结构分析解释艾略特 5-3 结构，按照"二波结构"理论将艾略特 5-3 结构划分成 4 组二波结构，二波结构Ⅰ、二波结构Ⅱ、二波结构Ⅲ的高点都在逐渐抬高，其推动浪的内部结构都是五波结构。正常情况下，3 组二波结构升级为大一级别二波结构的推动浪，二波结构Ⅳ一般不会突破二波结构Ⅲ的高点，当价格跌破二波结构Ⅳ的起点 a 时，就确立二波结构Ⅳ转为空头态势。如果价格在跌破前 3 组二波结构的上升趋势线,"双突"卖出条件就成立。

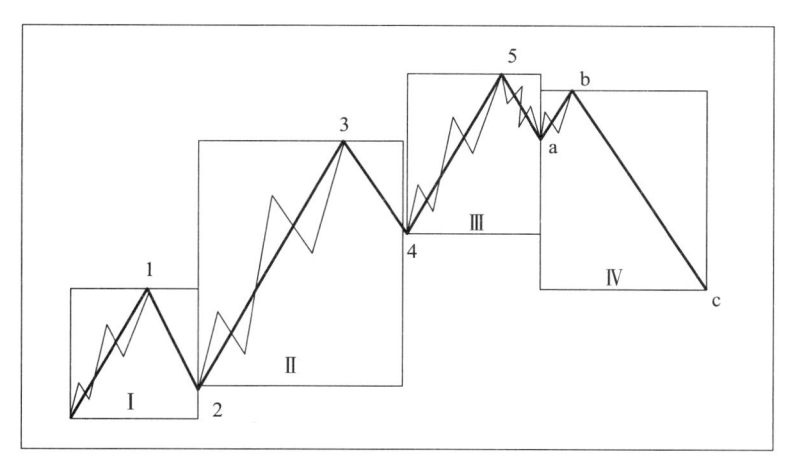

图 6-13 应用"二波结构"划分艾略特 5-3 结构

在二波理论中,二波结构升级是以 3^n(n 为自然数)形式升级的。3 组二波结构升级为大一级别二波结构的推动浪,从二波结构Ⅳ起进入大一级别的调整结构。

按照艾略特 5-3 结构,4 浪结束,第 5 浪可以说是收获的季节,怎样才能保证不过早或过晚收获这个成果,是所有投资者要探讨的问题。我处理问题的方法,讲究化繁为简,在这个问题上,我是将所有已经完成的多空循环结构中,调整幅度计算出来,当发现最后一个计算结果大于前边最大调整幅度时,进入观察之后的反弹段,如果出现卖出信号,要立即卖出 80% 仓位。

4. 艾略特 5-3 结构的分析方法

如图 6-14 所示,波浪理论是一种趋势理论,现在我们假定趋势为向上趋势,当 2 浪结束,K 线图上就形成了 0、1、2 三个波段高低点,连接 0 点和 2 点形成基准线 x,经 1 点作基准线 x 的上升平行通道线 y,作用是寻找未来 3 浪的位置。当然,3 浪是不会一定终结在通道线 y 边界线上的,终结在通道线内、外都有可能,终结点不同,对价格未来走势的含义也不同。

价格在通道内终结,若 3 点高于 1 点,可能经过小幅回调后继续上攻;若是 3 点低于 1 点,表明上攻趋势很弱,回撤则有击穿基准线 x 的可能,当下应小心,做好止损出局的准备。

价格若突破通道上轨,表明趋势很强,3 浪可能走出大于或等于 1 浪的 1.618 倍走势,因此,次级别回落通道上轨应加仓。

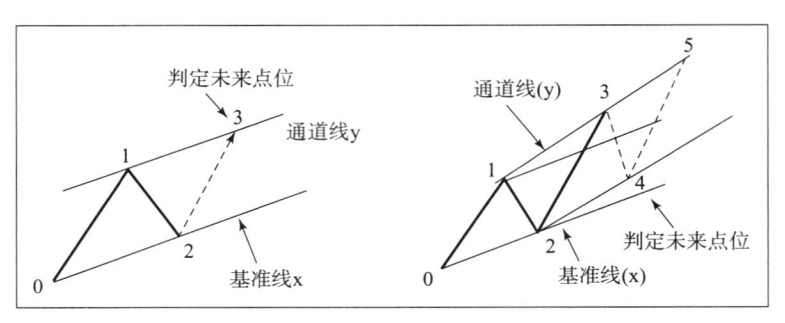

图 6-14 艾略特 5-3 结构的分析方法

当 3 浪终结后，需要根据 3 浪终结点重新校正上升通道，连接 1 点和 3 点形成基准线（y），经 2 点做基准线（y）平行线，形成新的上升通道线（x）。利用校正后的通道线（x）就可以判断 4 浪终结点的大致位置。接下来的 5 浪终结点与判断 3 浪差不多，就是以基准线为参考判断走势强弱的过程。

通道线可以比较准确地标出推动浪上下边界，是判断价格强弱的一把尺子，应尽早画出价格通道线，以便来帮助我们确定波浪的运动力量与目标，并为其未来的发展方向提供线索。

5. 4 浪走势特点

（1）4 浪和 1 浪不能重叠，4 浪最少回调至 3 浪中 iv 浪的终点。

（2）2 浪与 4 浪的调整结构会交替出现，2 浪结构简单，4 浪就复杂，反之亦然，2 浪是锯齿形，4 浪就是平台形或三角形（平台形和三角形都有扩展型）。

（3）4 浪调整幅度比 2 浪大，通常是 2 浪的 1~1.382 倍；4 浪调整时间比 2 浪长，通常是 2 浪的 2~2.618 倍。

艾略特 5-3 结构的 1 浪、2 浪构成多空循环 I，3 浪、4 浪构成多空循环 II，5-3 结构中 1 浪~4 浪的分析逻辑与多空循环分析逻辑是相同的，只是在第 5 浪上发生分歧，在多空循环分析逻辑下，第 5 浪属于多空循环 III 结构，必须等待多空循环 III 的调整浪 abc 出现终结，才能对比多空循环结构力量，才能判断未来趋势走向。实际上，多空循环 III 的调整浪 abc 大多数情况下是艾略特 5-3 结构中 A 浪的子浪。关键在于多空循环 III 的调整力度，以及多空循环 IV 向上生长力度与结构形态。

艾略特本人从未考虑过为什么市场的基本形态是五波上涨和三波调整，他只是注意到这就是所发生的事实，基本形态非得是五波和三波，在那个年代，收集数据是一件相当辛苦的工作，分钟线是不可能的，艾略特分析数据的最小级别是60分钟。在缺少数据的情况下，艾略特对5浪及扩展浪的解释基本上是靠逻辑推理，这一点从艾略特原著作对子浪、小浪、微浪的描述中就能体会到。

在波浪理论中，五波最大的意义在于它传递的信息"持续"，而三波意味着"终止"，在力道上没有明确的讨论，但是，相邻级别的5-3，通常会强调五波的幅度会大于三波，也就是说，可能会大那么一点点。

第四节　多空循环结构与初始波空间结构

一、多空循环结构与初始波黄金比例

1. 多空循环Ⅰ（1浪与2浪）

初始波产生于空头市场的末期，属于筑底部形态的一部分。空头气氛以及操作习惯还未改变，空头思维依然占据主导。因此，由初始波产生的多空循环Ⅰ的推动段通常是以5波驱动浪形式出现（1浪内部结构ⅳ浪与ⅰ浪重叠），1浪上涨目标一般是初始波混沌区域上轨61.8%位置。可由初始目标公式：$H = r + L \times 0.618$ 计算得出（也是1浪的目标）。

由于初始状态形成的多空循环Ⅰ是空头思维模式下，多空循环Ⅰ的调整段abc调整幅度是比较大的，正常情况下是多空循环Ⅰ驱动浪（1浪）的61.8%~80%。特点是成交量逐渐萎缩，波动幅度渐渐变窄，反映出抛盘压力逐渐衰竭，会出现传统图形中的反转形态，例如常见的头肩底、双底等。

结构形态上，市场会出现传统的锯齿形a-b-c三浪运行，细分为更小级别的5-3-5结构形式，当一个锯齿形态未能达到正常的目标时，市场会出现双重锯齿型或三重锯齿型。通常的5-3-5锯形调整c浪和a浪相等。

2. 多空循环Ⅱ（3浪与4浪）

多空循环Ⅱ的推动段是一个确定性的五波推动浪上涨结构，运行时间往往是最长的一波行情，在股票市场中上升的幅度经常最大，出现延长浪机会很大。成交量急剧放大，常伴随着跳空缺口形式向上突破，给人一种突破向上的强烈讯号。多空循环Ⅱ的推动浪（3浪）上涨目标范围一般是初始波100%~161.8%位置，可由价格成长目标公式：$H(n) = r + L \times 1.618^n$ 计算得出，$n = 0$ 是100%位置，$n = 1$ 是161.8%的位置，强势股能达到

261.8%目标位，也就是 n=3 的位置。这与波浪理论中对3浪目标叙述是一致的。即：正常情况下3浪是1浪的1.618倍，如果3浪走出延长则是1浪的2.618倍。

多空循环Ⅱ的 abc 调整浪是判断未来价格强弱的关键，调整时间长，不确定性大。一般情况下我们应用趋势线、多空分界法以及初始波目标位三个因素综合判断这波行情的结束点，一旦出现卖出信号，果断清仓离场。

多空循环Ⅱ的调整幅度分为两种情况，一是推动浪没走出延长行情，调整幅度应是推动浪的38%左右；二是推动浪走出延长，调整浪调整幅度会在50%左右。多空循环Ⅱ的调整结构经常以平台型3-3-5或三角调整形态运行。三角形（3-3-3-3-3型）子浪以3-3-3-3-3序列出现，有上升三角形、下降三角形、对称三角形和扩散三角形。

3. 多空循环Ⅲ（5浪与A浪）

多空循环Ⅲ的推动浪（5浪）上涨目标不确定性大，很难实现定量化。要根据前两个循环推动浪大小比例来判断。在这一点上，艾略特波浪理论有明确的论述，在1浪、3浪、5浪中只有一个浪会出现延长。1浪走出延长的概率很小，如果3浪延长，5浪涨幅在大多数情况下会与第1浪相等，在期货市场5浪走出延长的情况比较多。

5浪的特点是市场人气较为高涨，往往乐观情绪充斥整个市场。从其完成的形态和幅度来看，经常会以失败的形态而告终。在5浪的运行中，二、三线股会突发奇想，普遍上升，市场处于极其乐观状态下。

多空循环Ⅲ的调整浪（A浪），一般情况下A浪是一个五波推动浪结构，a1浪是A浪的第一个子浪，A浪的下跌速度、幅度以及形态结构与前面调整浪都不一样，调整幅度大于前边五波上升结构中的任何一波调整，下跌伴随成交量增大。A浪的下跌幅度可通过子浪a1、a2的幅度计算出大致范围。

4. 多空循环Ⅳ（B浪与C浪）

多空循环Ⅳ的推动浪（B浪）上涨结构与前三个多空循环的推动浪结构完全不同，是一个三波推动浪结构；多空循环Ⅲ的调整浪（C浪）的调整结构与前三个多空循环的调整浪结构也完全不同，是一个五波推动浪调整结构。多空循环Ⅲ的调整浪（C浪）的调整幅度可通过B浪的幅度计算出大致范围。

从二波结构的内部子浪分析。二波结构Ⅲ的调整浪（A浪）出现五波推动浪调整结构，二波结构Ⅳ的推动浪（B浪）是一个三波推动浪结构，五波推动的盘面语言是推动趋势延续，三波结构的盘面语言是调整。因此，从二波结构Ⅲ调整浪（A浪）和多空循环Ⅳ的推动浪（B浪）内部子浪都呈现出调整态势。

在实际走势中，哪个多空循环走出延伸浪，都要从其调整浪上分析，如果，多空循环Ⅰ调整是强势调整，调整幅度小于50%，那么，多空循环Ⅱ的推动浪走出延伸浪机会就大。如果多空循环Ⅱ调整浪调整幅度小于38.2%，调整时间又短，那么，多空循环Ⅲ的推动浪走出延伸浪机会就大增。不过有一点是确定的，在上升推动浪中，只能有一个走出延长了。

上升趋势中，三个多空循环结构完成升级为一个高级别多空循环的推动浪，相应也会生成一个高级别的调整浪（多空循环Ⅳ）。这也是为什么价格经过三个推动浪后，进行一次大的调整的真正原因。

二、案例

1. 东方财富日 K 线行情

如图 6-15 所示，在日线级别上，2017 年 7 月 18 日 4.83 元为起点，4 个连续的多空循环升级为一个周线级别 3-3 多空循环。由 0-（1）和（1）-（2）构成周线级别的二波结构（初始波基本形态）。0-（1）内部是三波上涨结构，而（1）-（2）内部是 A5-B3-C5 锯齿形调整结构。

由初始波生成的 01 段走势凌厉，进攻目标在 100% 初始波黄金位上方（一般在 61.8%）才结束。底部主力资金不顾暴露形迹，强力拉升显示主力做多的决心，坚决看好后市。

由于多空循环Ⅰ上涨过猛，多空循环Ⅱ没有出现推动浪，是对多空循环Ⅰ的确认走势，多空循环Ⅲ代替多空循环Ⅱ完成对 161.8% 目标位的进攻，理论位置与实际位置相差无几。

2. 东方财富周 K 线行情

如图 6-16 所示，在周 K 线上，由周 K 线初始波计算出的成长空间，多空循环Ⅰ是在 38.2% 以下孕育区内做吸筹整理，多空循环Ⅱ完成了周线级别 61.8% 初始目标，多空循环Ⅲ推动浪完成了周线级别 3 浪 161.8% 成长目标任务，4 浪调整后，能否走出 5 浪还需观察，周线级别 5 浪目标 261.8%（34.15 元）。同样，三个周线级别多空循环结构也会升级为更大一个级别，同样也会产生一个较大的调整。

图 6-15　东方财富日 K 线图

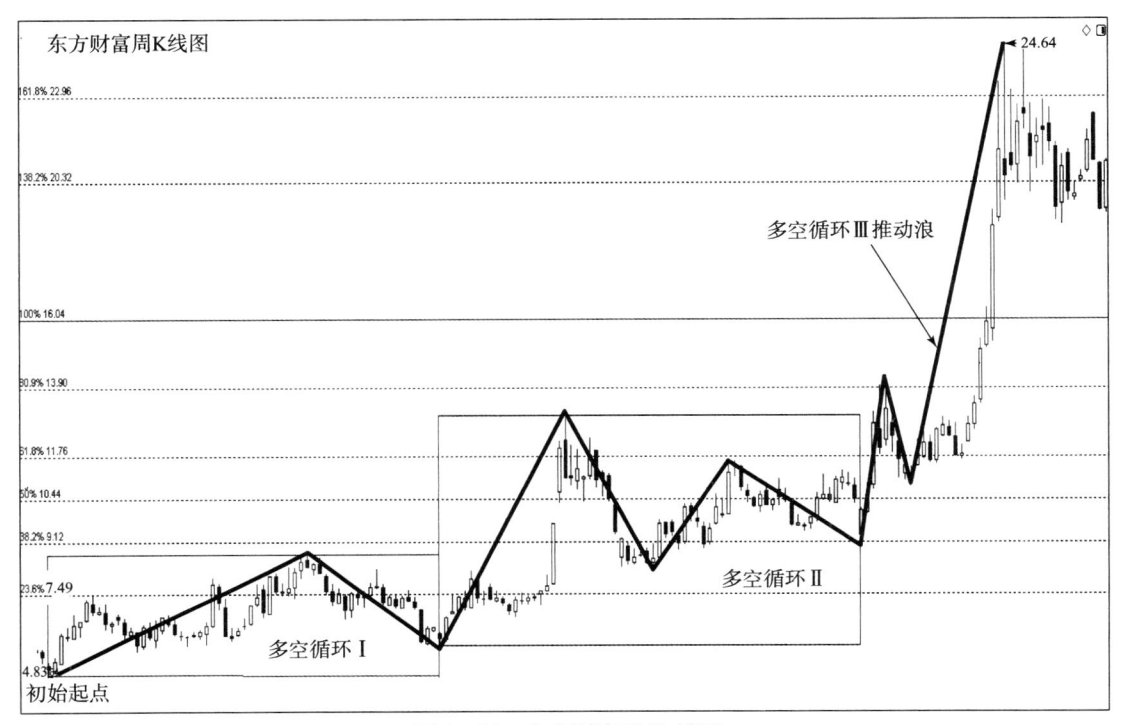

图 6-16　东方财富周 K 线图

第五节　多空循环结构定律的应用

案例1　300136 信维通信走势分析

如图6-17所示，信维通信从2017年11月20日起开始调整，经过周线级别多空循环Ⅰ后，多空循环Ⅱ的反弹浪已经突破下跌趋势多空分界线，形成初始波基本结构（WZ结构）形态。对比一下，两个多空循环结构的力度，多空循环Ⅱ的下跌推动浪明显小于多空循环Ⅰ的下跌推动浪，而多空循环Ⅱ反弹浪却大于多空循环Ⅰ的反弹浪。多空循环Ⅱ反弹高点w已经突破下降趋势线。同时也突破了前高（多空循环Ⅱ中2点），"双突"已构

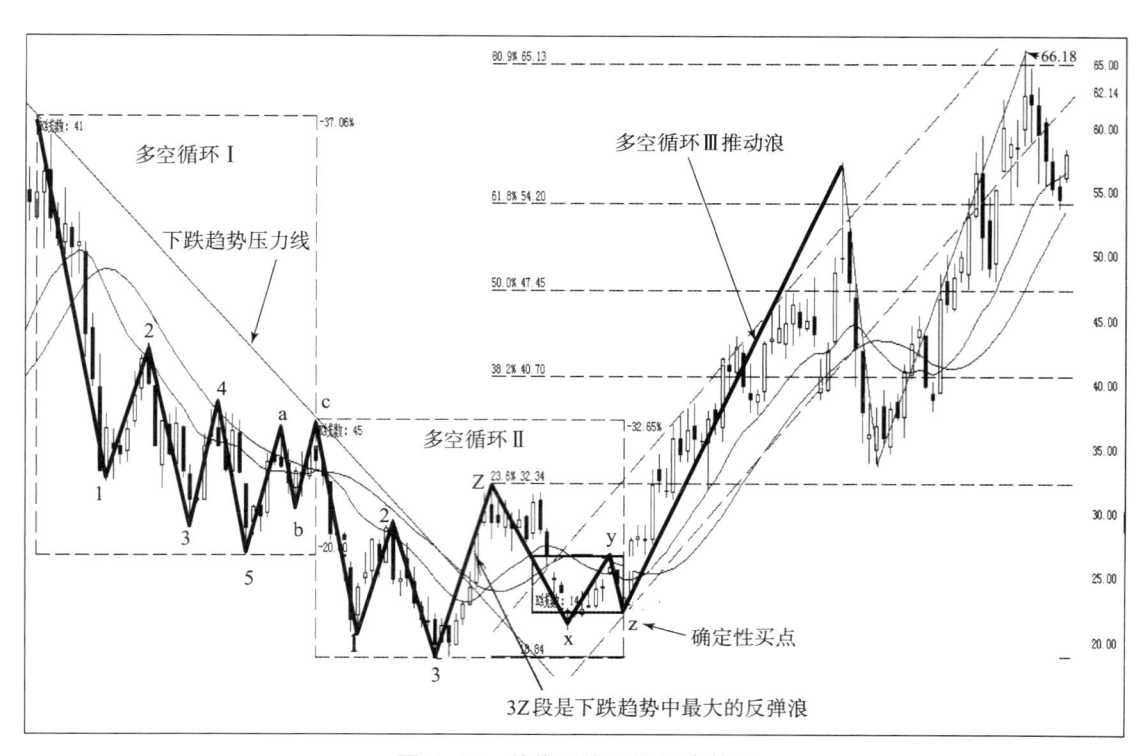

图6-17　信维通信周K线走势图

成趋势反转条件。当多空循环Ⅲ起始段在 z 点终结时，正好落在 3 和 x 点的连线上，当价格突破 y 点，确定性买点出现，多空循环Ⅲ的 z 起点是一个经过 x - y - z 确认的，一个向上趋势性起点，是确认性的买点。

我们这个例子是在周线上进行的，在实际应用中，我习惯在 5 分钟级别上，用这种方法感悟多空力量变化，监控买卖点。因为感悟这个东西，不是讲的，是要深入到小级别价格变化中，慢慢感悟，这里我只是讲了一种很实用，很简单的方法。

案例 2　5G ETF 走势分析

如图 6 - 18 所示，2019 年 11 月 27 日创出低点 0.933 元为初始波起点，11 月 28 日 0.954 元为初始波高点，由此计算混沌区域 61.8% 上轨是 0.988 元；161.8% 位置是 1.077 元；261.8% 位置是 1.166 元。

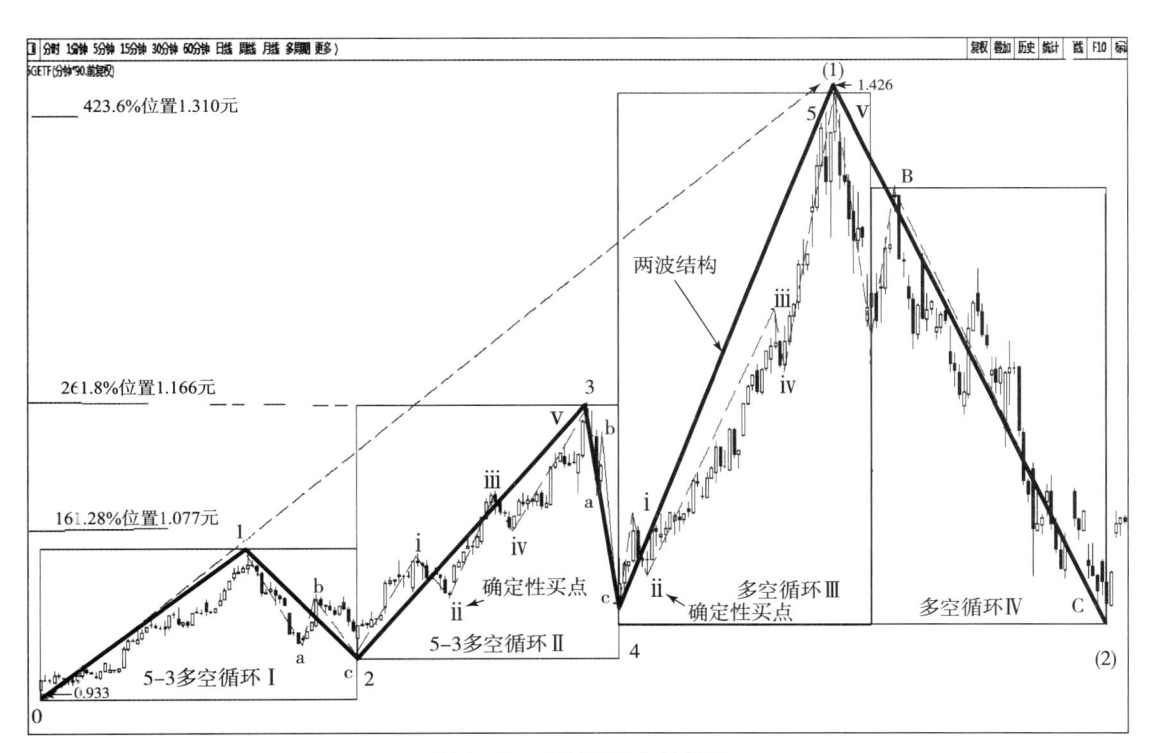

图 6 - 18　5G ETF 走势分析

多空循环Ⅰ的 c 点的终结后，2 类买点出现，我们在 0.948 元建立 30 分钟级别 4 成仓位。经过多空循环Ⅱ价格突破混沌区域 61.8% 上轨，并经两次回头确认，在多空循环Ⅱ中出现 30 分钟级别确定性买点 ⅱ 点，于是 2019 年 12 月 31 日以收盘价 0.994 元加仓 5 成，总仓位 9 成。2020 年 1 月

22 日价格最高到达 1.169 元，这与上面计算的 261.8% 成长目标位 1.166 元，仅差 3 厘钱，当下我们去 5 分钟 K 线监控价格走势。当价格跌破 5 分钟上升通道线时，则以 1.142 元卖出 7 成仓。这是应用初始波未来空间价格结构与多空循环确定性买点相结合一个完美的例子。

价格进入调整，调整目标同样可以依据初始波空间结构位置去寻找。当确定多空循环Ⅱ的 c 点终结，多空循环Ⅲ的确定性买点 ii 出现，我们就可以复制前面的交易，在多空循环Ⅲ的 ii 点处买入，同样，也可以依据初始波目标计算公式计算出 423.6% ~ 685.4% 位置的目标价位，作为 5 浪目标的参考依据。感兴趣的朋友可以自己动手算一下，并与实际价格走势相对照，我相信，你会从中感到这种方法的奥妙。

在实际分析交易中，我们必须遵守多角度分析的方法，综合确定买卖时机和买卖点。最少要从 4 个方面，即：趋势，时空，结构形态及成交量去分析确定，这一点，后续有明确详细的讲解。

案例 3　上证指数月线级别多空循环结构分析

如图 6－19 所示，上证指数月 K 线级多空循环结构，从 1991 年到 2007 年 11 月用 16 年走完了五波上涨结构，五波结构明显不符合艾略特 5－3 结构。应用多空循环结构分析，五波上涨与之后的 abc 调整构成月线级别 5－3 多空循环Ⅰ。月线级别 3－3 多空循环Ⅱ终结点 2019 年 1 月 2440.91 点恰好落在多空循环Ⅰ中 a 点、c 点连线上，上证指数完成月线级别多空循环Ⅱ。大周期的（1）浪、（2）浪完成，从 2019 年 1 月 2440.91 点起，为（3）浪起点。

上证指数自 1990 年 12 月起，最低点 95.79 点，季度线的五波上涨行情，初始波高点是 1993 年 4 月 1558.95 点。

L =（1558.95 － 95.79）÷ 0.236 = 6199.83（点）

38.2% 的位置 95.79 + 6199.83 × 0.382 = 2464.12（点）

50% 的位置 95.79 + 6199.83 × 0.5 = 3195.70（点）

61.8% 的位置 95.79 + 6199.83 × 0.618 = 3927.28（点）

80.9% 的位置 95.79 + 6199.83 × 0.809 = 5111.45（点）（2015 年实际高点为 5178.19 点）

100% 位置 95.79 + 6199.83 = 6295.62（点）（实际五波高点为 6124.05 点，差 171.57 点）

如果我们依据这个最原始的大周期初始波预测一下大（3）浪是 161.8% 位置，大（5）浪目标是 261.8% 目标位。

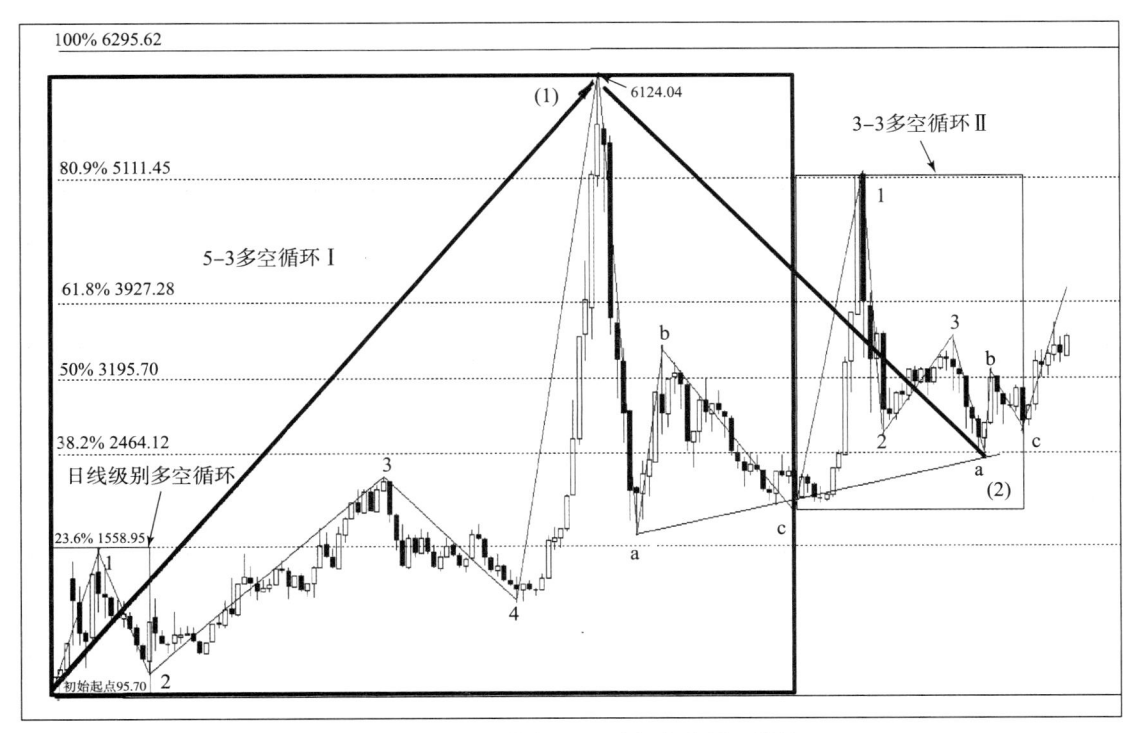

图 6-19 上证指数月 K 线级多空循环结构

（3）浪目标位 = 95.79 + 6199.83 × 1.618 = 10127.15（点）（约 3~5 年）

（5）浪目标位 = 95.79 + 6199.83 × 2.618 = 16326.94（点）（约 5~8 年）

分析上证指数大周期空间结构的意义在于，一是你不会在指数突破月线级别混沌区域上轨 4000 点时卖出空仓；二是明确指数未来上涨目标结构有利于踏准节奏，不至于半道下车追涨杀跌。

如图 6-20 所示，上证指数 2018 年 10 月 19 日 2449.20 点为起点的日线级别图，初始波高点 11 月 19 日 2710.91 点。多空循环Ⅰ完成 1 浪上涨和 2 浪调整，上证指数完成了日线级别多空循环Ⅰ，迎来了日线级别 3 浪中的 i 浪。并与月线级别（3）浪 1 发生同向共振，但是也别忘了月线级别的（3）浪 2 属性也是 2 浪，回调幅度也会很大。2021 年 12 月是上证指数 30 年周期，上证指数将进入调整，变盘可能性非常大。与用多空循环理论分析月线级别相吻合。

如果将多空循环Ⅰ的起点 2018 年 10 月 2449.20 点作为月线级别初始波结构的起点，将 2019 年 4 月 8 日 3288.45 点作为终点，我们现在计算一下上证指数未来空间结构。

初始波起点 2449.20 点，终点 2019 年 4 月 8 日 3288.45 点。

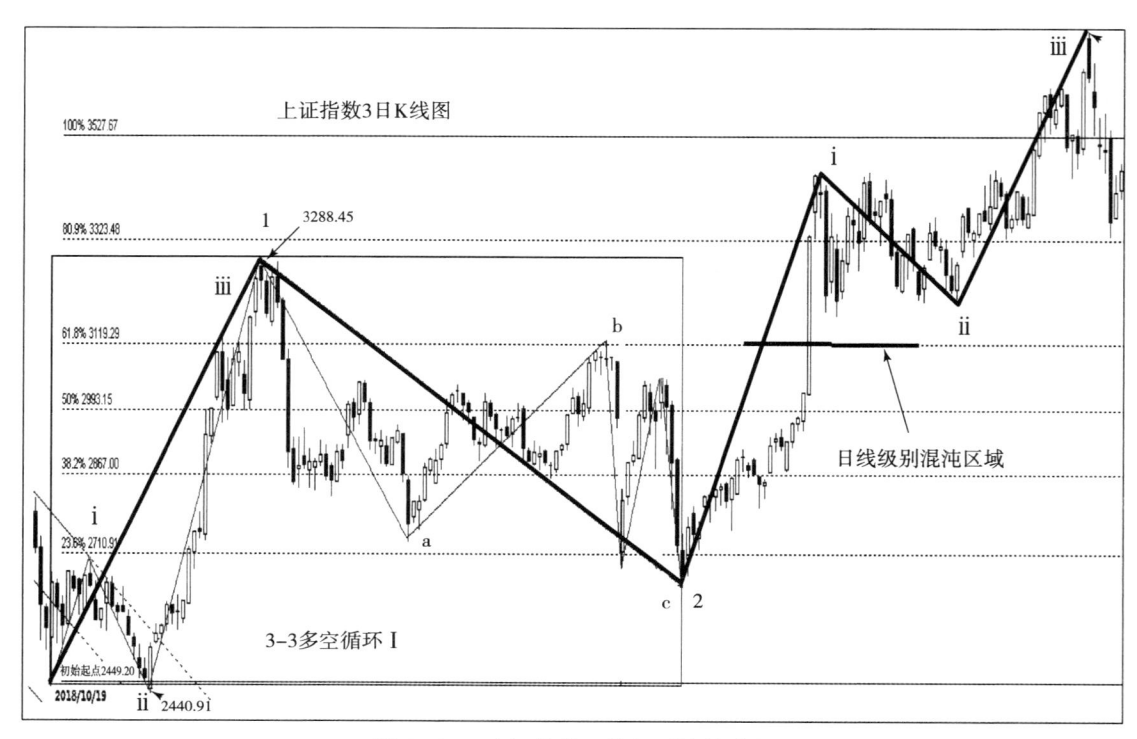

图 6-20　上证指数日线级别结构分析

L = (3288.45 - 2449.20) ÷ 0.236 = 3556.14 点

61.8% 混沌区域目标位：2449.20 + 3556.14 × 0.618 = 4646.89 点（2023 年）

100% 目标：2449.20 + 3556.14 = 6005.31 点

161.8% 目标：2449.20 + 3556.14 × 1.618 = 8203.03 点

261.8% 目标：2449.20 + 3556.14 × 2.618 = 11759.17 点

计算未来空间结构的目的，不是预测大盘一定能涨到哪个位置。只是划一个参考点界限，依据初始波区域结构规律，当指数到达 61.8%、100%、161.8% 和 261.8% 位置时，一定要多加注意。由季度线最原始的初始波计算得出 10127.15 点，与由第（3）浪次级别初始波计算出的目标位 11759.17 点还是比较接近的，我认为是有参考价值的。

第六章 多空循环结构定律

第六节　建立力量对比逻辑

一个 1 分钟级别线段的上涨力度，比一个 5 分钟级别或 30 分钟级别都大，价格就有可能发生逆转，趋势生长可能加速，可能反转，这也是蝴蝶效应。我们在对市场的分析中，力量的对比体现在各个方面，例如，一个 3 波上涨走势，第 3 波上涨力度明显小于第 1 波，那就说明上涨动力有衰竭迹象，这个 3 波上涨走势即将结束。还有，假如有一个 5 波或是 7 波上涨行情，当发生回调波幅大于前面任何一波回调波幅的时候，这个 5 波或 7 波的上涨行情就可能结束。感知市场力量的变化，是一个技术分析者能力的体现，而这种能力，是时时刻刻对市场力量的对比中感悟的，不是臆想！

案例 1　西藏药业 15 分钟走势

如图 6-21 所示，2020 年 9 月 15 日西藏药业 15 分钟 K 线图上，②-

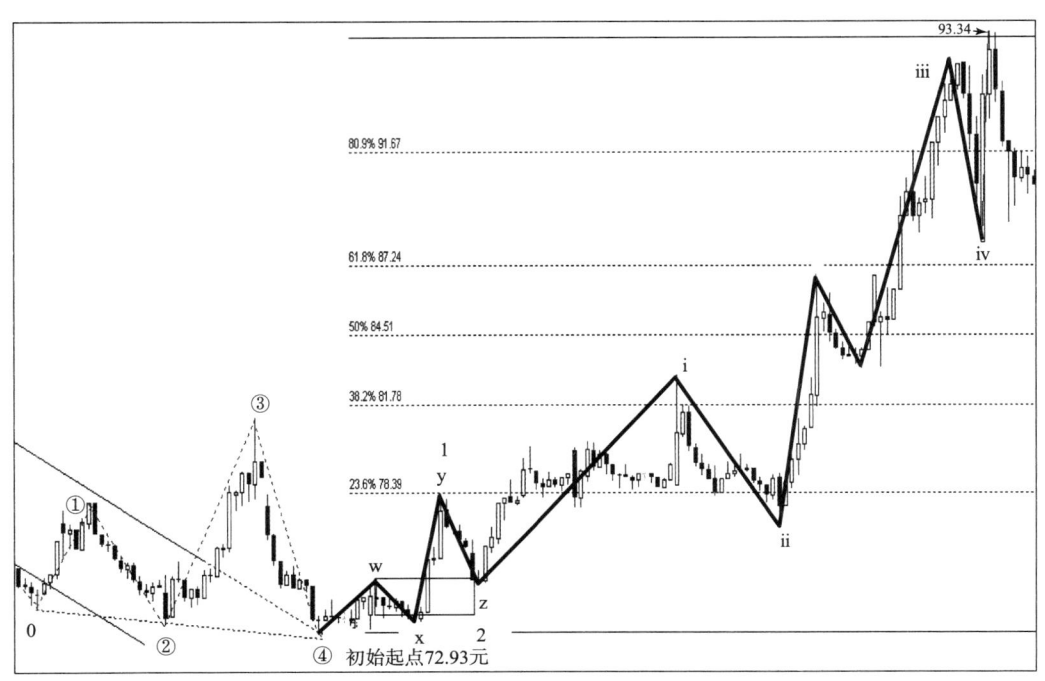

图 6-21　西藏药业 15 分钟走势图

③段这波反弹幅度已经大于前边任何一波反弹幅度，依据多空分界线法，就可以判定，下跌趋势已经终结。

案例2　晶科科技30分钟走势

如图6-22所示，晶科科技11-12段在30分钟级别上的调整幅度、调整角度都大于前边任何一波调整，价格迅速击穿多空分界线，趋势发生反转。

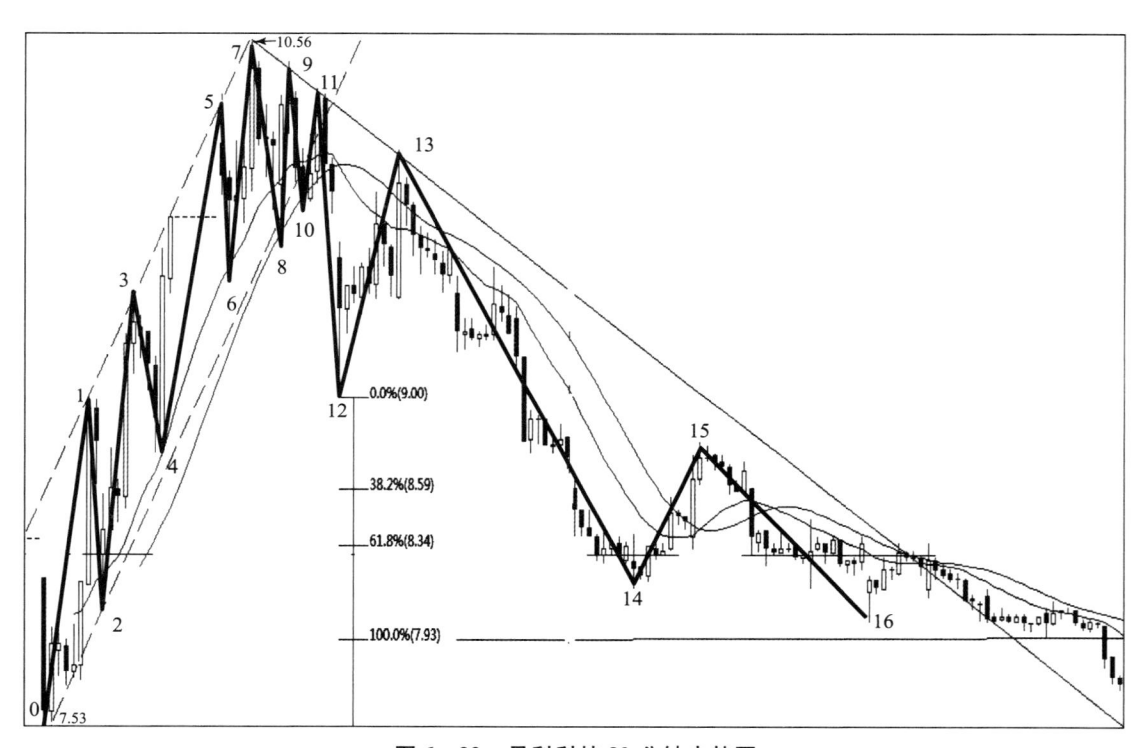

图6-22　晶科科技30分钟走势图

第七节 如何介入上涨途中的行情

一、利用多空循环结构寻找中途买点

案例 龙马环卫日线走势

如图6-23所示（数字表示点和线段），从龙马环卫日线级别上看，二波结构构成一个多空循环。从初始起点0开始，0-1段和1-2段；2-3段和3-4段；4-5段和5-6段；6-7段和7-8段等延续下去，都是日线级别最小多空循环结构。

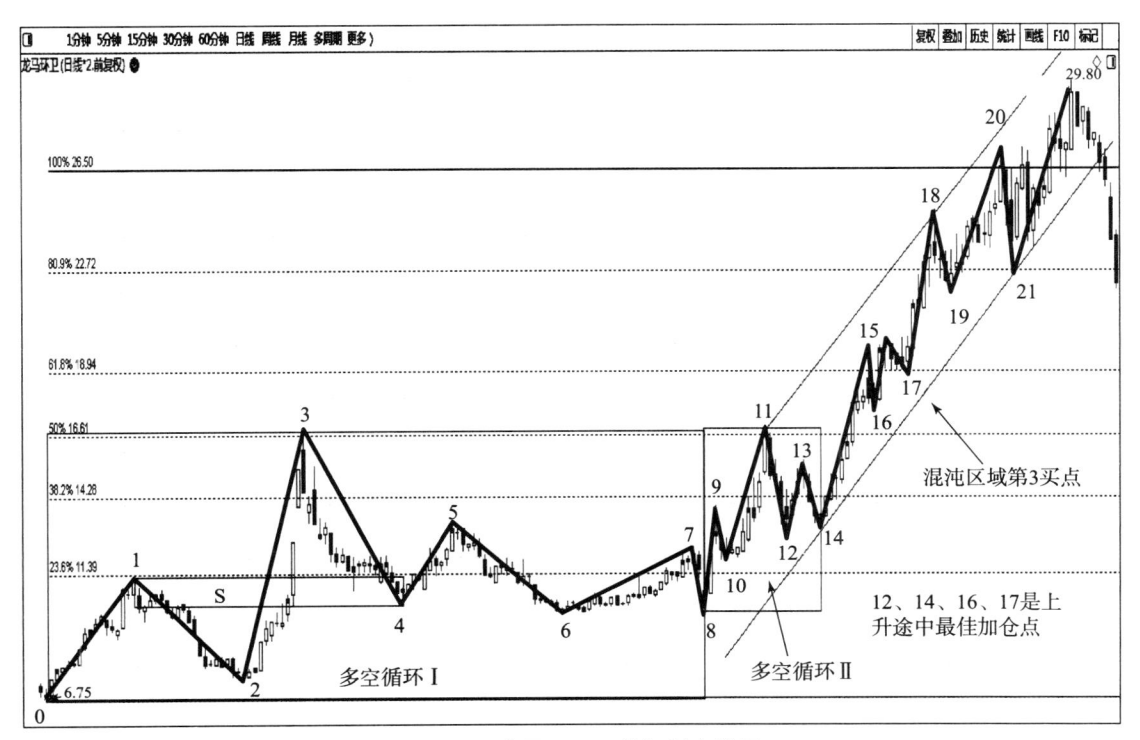

图6-23 龙马环卫日线级别走势图

0-1段和1-2段生成初始波，2-3段和3-4段是对上一个循环的确认，这个确认过程，正常情况下，2-3段不会涨太多，这里的2-3段时国家出台产业政策，有重大利好，在2点初始阶段没有形成趋势，买入也是试探性的，所以2-3段行情，在技术上不好寻找最佳买点，只能是说依据利好消息追进去，但是，这也很危险。在4-5段的次级别中可寻找到一个最佳买点，就是初始波3类买点。我就是在这里开始建仓的，2019年8月20日老规矩10.78元建3成仓。

要说明一下，有重大利好，价格急速拉升，市场肯定会对这个上涨过程，进行1波或2波的调整确认。4-5段和5-6段及6-7段和7-8段就是这个确认过程，在30分钟级别上，8点正好触及4点和6点连接的延长线上，8点是WZ结构的二次确认点，也是一个确定性买点，又在关键的技术支撑位上，头一天晚上我就分析好，第2天早晨在9.82元买入3成仓，结果最低9.60元，当天收盘10.71元，全仓盈利3.8%。

下一个确定性买点是价格突破4点至8点形成的整理通道，回头确认点是最佳买点，这里是10点，也恰好是初始中枢3类买点。8点确立后，由8-9段和9-10段构成的多空循环结构，10点是这个上升结构的确定点。讲到这里，你再捋一下，三个技术性买点全部集中到10点上，10点最低11.85元，未触及初始高点11.41元，我在12.01元满仓，平均成本11.98元。之后价格以12元为轴震荡10多天才向上突破。

中枢3类买点出现后，下一个技术性买点是，由8点至14点构成的日线级别3-3多空循环Ⅱ，确认点14是一个很好的中途加油点，再仔细分析一下，10点、12点、14点是在一条直线上，是非常完美的确认点。下一个技术性买点是混沌区域3类买点，也就是图上的17点。

二、中途买点止损点的设置

如图6-24所示，止损点设置要简单明了，不需要说明和研究。设置止损点的基本依据是，当下交易级别趋势被破坏。正常情况下，多空循环Ⅰ中abc调整浪的终结点c点是多空循环Ⅱ的止损点，多空循环Ⅱ中ⅱ点是确定性买点。例如，你在多空循环Ⅱ中ⅱ点买入，结果，价格上涨没有突破多空循环Ⅱ中ⅰ点，掉过头来跌破多空循环Ⅱ起点（也是多空循环Ⅰ的终结点c点），多空循环Ⅱ将转变形成空头趋势，所以，当价格跌破多空循环Ⅱ起始点时，必须止损。说明一下，图6-24中是5-3多空循环结构，实际中也可能是3-3多功能循环结构。

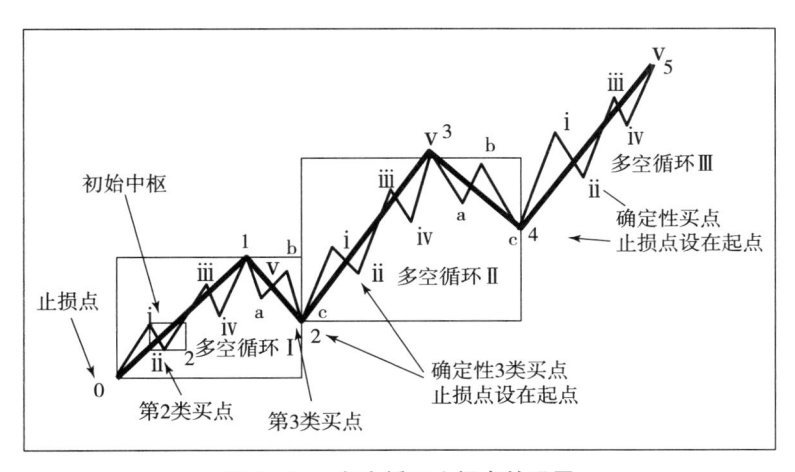

图6-24　多空循环止损点的设置

第八节　二波结构中最重要的概念
——同级别推调比

　　笔者在研究二波结构处于不同运动区域推动浪与调整浪的比例关系时，发现了同级别推调比概念。之后又将同级别推调比概念引入波浪理论。在实际应用中，无论是波浪理论还是二波理论同级别推调比都是一个非常重要的概念。对于同级别推调比概念，目前市场上各种版本的波浪理论书籍中，均没有明确的论述。有的即使讲了，讲得也不多，也不明确。事实上，同级别推调比是应用波浪理论进行技术分析的核心基础。只有明确了推动浪与调整浪的级别关系，才能正确地划分各个级别的波浪，达到正确数浪的目的。才能找出正确的起点，找出当下价格所处的级别位置。

　　二波理论是形态结构分析的简便方法，要想真正地掌握形态结构分析，还必须懂得波浪理论。波浪理论在资本市场中，是应用最广泛的分析技术方法之一，也是最早出现在国内资本市场技术分析方法之一，目前市场上版本众多。波浪理论总是让人感觉看起来非常简单，就那么几条基本原则，但是，应用起来往往是无从下手，大多数学习应用波浪理论的人都有此感触。在20多年的交易生涯中，我读过有关波浪理论的书籍不下10余种，感觉最好的还是小罗伯特写的《艾略特波浪理论——市场行为的关键》，我反复读了不知道多少遍。对波浪理论的认识是逐步的，开始我也认为波浪理论不确定性大，也没有唯一性。但是到了后来，随着学习和研究的深入，我认为波浪理论不仅简单而且非常实用，最大的应用价值是对当下价格所处的位置进行定位，明确了股票价格当下的位置，就可以对价格走势逐级地展开分析研究。应用波浪理论是从大周期开始划分的，月线、周线、日线逐级向下细化到30分钟或5分钟操作级别上，至此交易操作就变得容易多了。

　　为了引导读者能够正确地学习和研究波浪理论，本节将详细地讲一讲同级别推调比概念及应用，希望能够帮助大家更好地理解波浪理论。

　　研究同级别推调比主要有三方面：形态结构上的划分；同级别推动浪

第六章 多空循环结构定律

与调整浪的空间黄金比例关系；同级别推动浪与调整浪的时间关系。下面我们就从这三方面论述一下如何判定同级别推动浪与调整浪。

1. 5－3 结构中的同级别推动浪与调整浪（同级别推调比）

同级别推调比是指相同级别的推动浪与调整浪之间的比例关系，也就是说调整浪是对同级别推动浪的调整，这个概念相当重要。

如图 6－25 所示，在艾略特的 5－3 结构中，可以找到 4 组同级别推调比：2 浪对 1 浪的调整；4 浪对 3 浪的调整；b 浪对 a 浪的调整；（2）浪对（1）浪的调整。

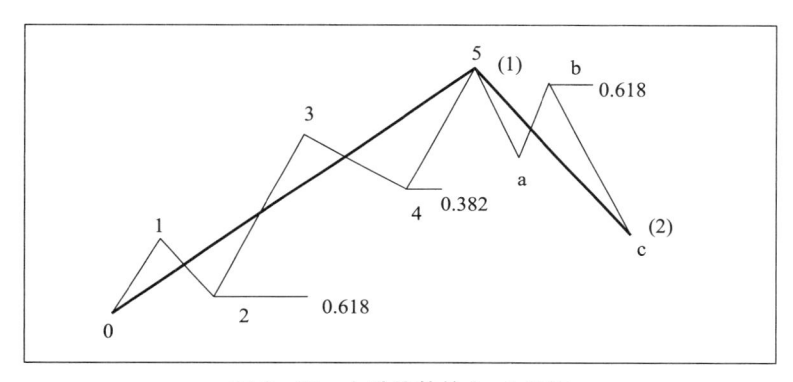

图 6－25　上升趋势的 5－3 结构

2. 5－3 结构中同级别推调比的回撤比例

如图 6－25 所示，在同级别中调整浪相对推动浪的回撤比例分别是：
（1）2 浪对 1 浪的回撤比例一般为 0.618～0.809。
（2）4 浪对 3 浪的回撤比例一般为 0.382～0.5。
（3）锯齿形（双锯齿形）的 b 浪对 a 浪的回撤比例一般为 0.618～0.7。

3. 5－3 结构中同级别推调比的时间比例关系

（1）时间 = 价格（江恩关于时间价格的论述）。

在艾略特波浪理论中，有关时间的论述，可以说是一笔带过。对于时间，笔者认为江恩对时间周期的论述是确切的。江恩认为在一切决定市场趋势的因素中，时间因素是最重要的一环。其原因有二：一是时间可以超越价位平衡——这是江恩理论的专有名词，所谓的"市场超越平衡"；二是当时间到达成交量将增加，而推动价格升跌。下面再进一步地解释一下。

如图 6-26 所示，T_1、T_2、T_3 表示调整时间，h_1、h_2、h_3 表示调整幅度。

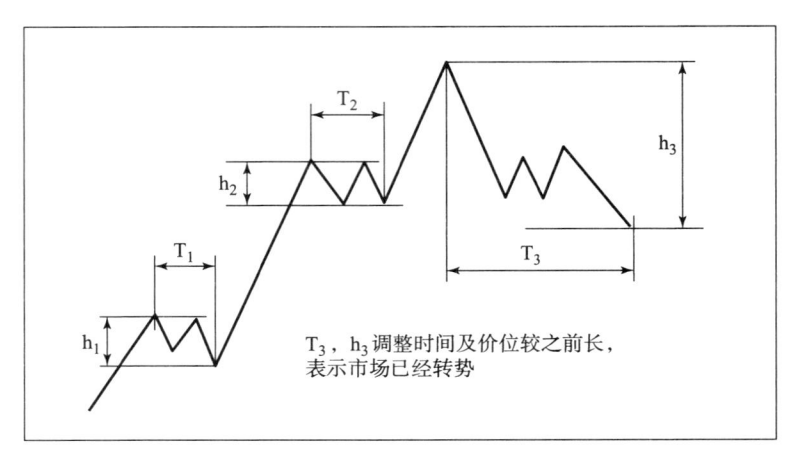

图 6-26 市场的时间及价位超越平衡，表示市场转势回落

上升趋势中市场出现"超越平衡"发生转势的条件：

（a）当调整时间 T_3 大于前 2 次调整的时间 T_1、T_2，表示当下市场进入调整阶段。

（b）当价格调整幅度大于前边同级别最大调整幅度时表示市场已经进入调整阶段。

当市场在下跌的趋势中，若市场反弹的时间第一次超过之前一次的反弹时间，表示市场已经转势。同样，若市场反弹幅度超越之前一次最大反弹幅度，表示价位或空间已超越平衡，转势已出现（图 6-27）。

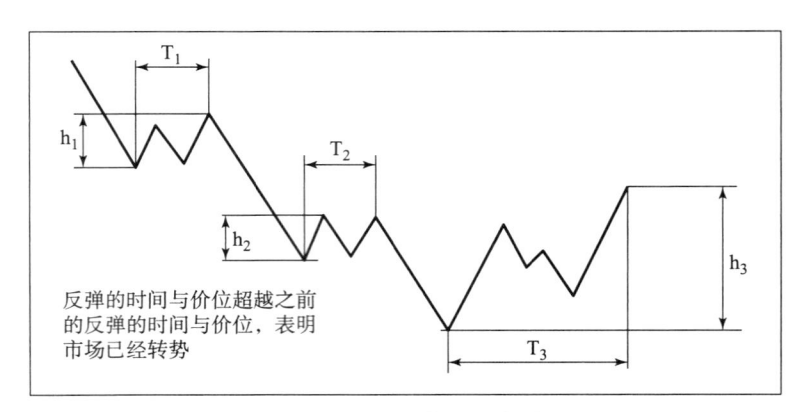

图 6-27 下跌趋势时间与价位

（2）同级别推调比各个调整浪之间的时间要求。

第六章 多空循环结构定律

价格形态是由价格与时间共同运行的轨迹，缺少时间的数浪注定是半成品，所以，研究同级别推调比也好，判断划分5-3结构数浪也罢，我们必须考虑调整浪的调整时间，笔者依据江恩关于价格趋势运行时间上的论述，经过多年的实践与总结，对调整浪的运行时间提出如下要求，供读者在判断划分5-3结构以及数浪时参考。

如图6-28所示，1、2浪的时间要求：2浪的时间最长不能超过1浪的2倍，如果，2浪运行时间超过1浪的2倍，那么就绝对不是2浪，而是原始下跌趋势中的反弹B浪。如果，发现2浪运行时间超过1浪的2倍，说明之前的数浪是错误的。

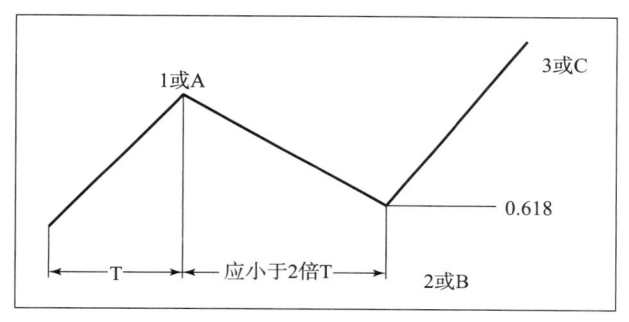

图6-28 2浪的时间要求

如图6-29所示，3浪中ii浪的运行时间要求：3浪中ii浪的运行时间绝对不能大于2浪的运行时间，如果发现3浪中（ii）浪的运行时间大于2浪的运行时间，那么3浪中（ii）浪就会演变成平台型的B浪走势。

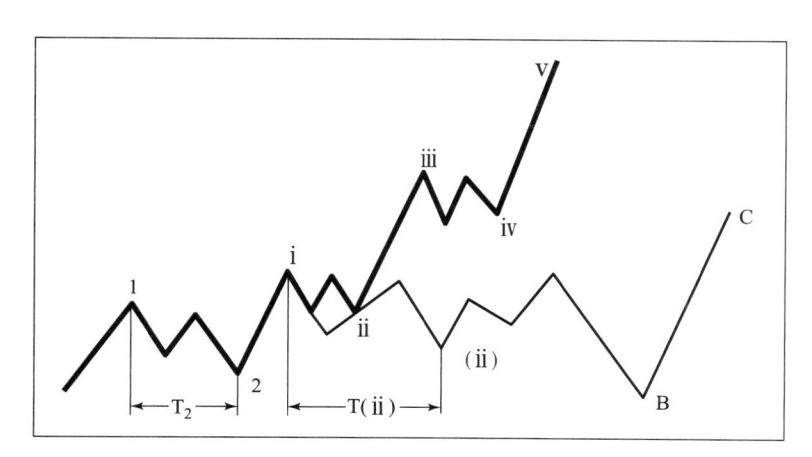

图6-29 3浪中的ii浪时间要求

4浪运行时间要求：4浪的运行时间只跟自身内部结构有关，由于3浪的快速拉升，4浪往往整理时间很长。

5浪中iv浪的运行时间要求：5浪中iv浪的运行时间绝对不能大于4浪的运行时间，如果发现5浪中iv浪的运行时间大于4浪的运行时间，那就说明前面的数浪是错误的，当下根本不是5浪，而是4浪的延续，是4浪还没有走完。

4. 同级别推调的应用

我们在本节开头时讲了，同级别推调是应用波浪理论分析价格走势的核心基础。同级别推调比是指相同级别的推动浪与调整浪之间的比例关系，也就是说调整浪是对同级别推动浪的调整，这个概念相当重要，一定要搞清楚。

（1）同级别推调比在5-3结构上的应用。

如图6-30所示，在周K线图上，周线级别的调整浪（2）、推动浪（1）是同级别，调整浪（2）相对推动浪（1）的回调比例是61.8%～80.9%。而日线级别（周线级别的子浪）的推动浪1和调整浪2是同一个级别，调整浪2相对于推动浪1的回调比例范围是61.8%～80.9%；调整浪4对同级别推动浪3的回调比例范围是38.2%～50%。

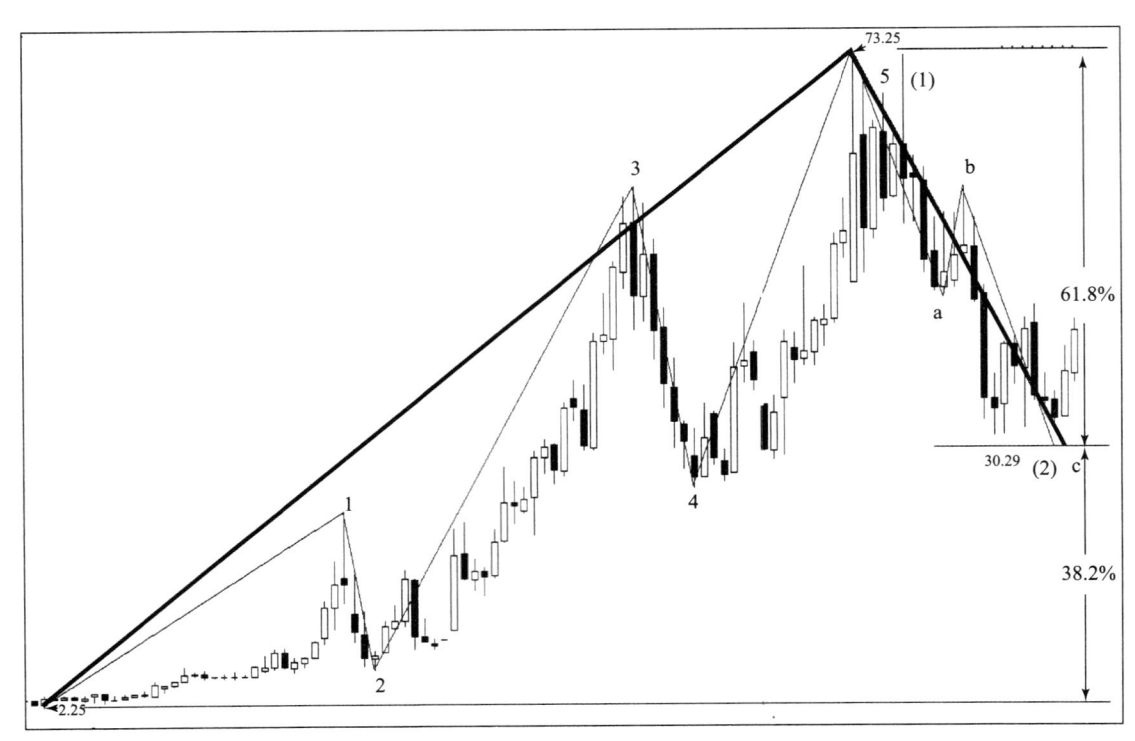

图6-30　同级别调整浪与推动浪的调整比例应用

如图 6-31 所示，北斗星通周线级别走势图，2018 年 10 月 12 日创出低点 19.18 元；2019 年 3 月 15 日完成 1 浪高点 29.65 元；11 月 15 日完成 2 浪调整终点 20.58 元；3 浪失败，之后走出了超级 5 浪，2020 年 8 月 14 日完成 5 波驱动浪，最高点 84.59 元；2021 年 5 月 14 日完成 A、B、C 浪调整低点 38.08 元。

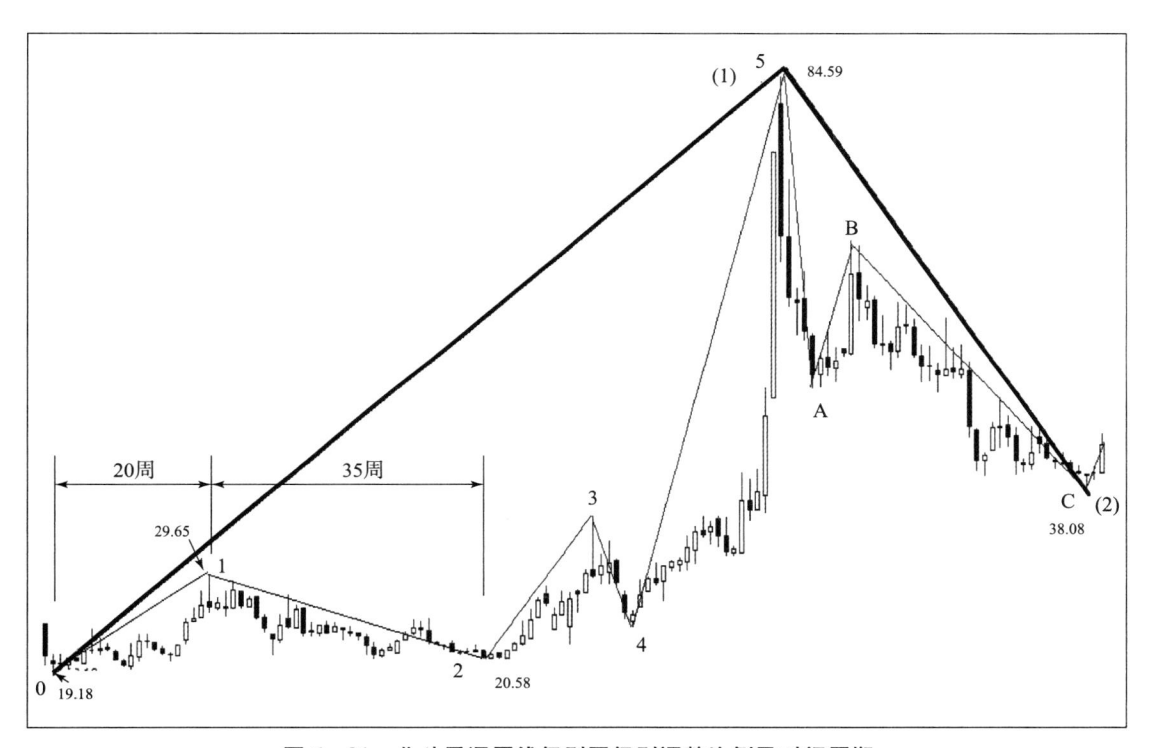

图 6-31 北斗星通周线级别同级别调整比例及时间周期

调整浪 2 对同级别调整浪 1 调整幅度为 (29.65 - 20.58) ÷ (29.65 - 19.18) = 86.6%，2 浪调整时间接近于 1 浪运行时间的两倍；调整浪（2）对同级别调整浪（1）调整幅度为 (84.59 - 38.08) ÷ (84.59 - 19.18) = 71.10%。同级别推调比是技术分析中应用最广的一种分析，可以说随时随地都能用，大到周线月线级别决策点的分析，小到分时线上涨趋势或下跌趋势力度大小的感悟，都需要对比同级别推动浪与调整浪之间的比例关系，从而判断后续行情的大小。

（2）同级别推调比在分时线上的应用。

如图 6-32 所示，光一科技分时走势图，开盘经过微弱的 i 和 ii 两个小浪后，走出了一个 3 波带量上涨波，重点观察的是之后的调整，如果用笔算一下不到 23%，价格紧贴分时均线运动，成交量萎缩至极，体现了这里的黎明静悄悄。紧接着放两次小量，价格突破分时线前高。再观察之后的调整，成交量急剧萎缩，价格微弱下跌，充分体现了价格上涨意愿。经短时间的调整再次放量价格脱离均线，进入快速上涨。观察调整浪的调整强弱是判断后续走势的关键，无论在哪个周期上，只要你找到真正的起点，找到同级别推动浪与调整浪，对比推动与调整浪之间的比例，就可以初步判断当下趋势的强弱，下跌趋势也是同样，只是推动浪是下跌浪，调整浪是反弹浪。

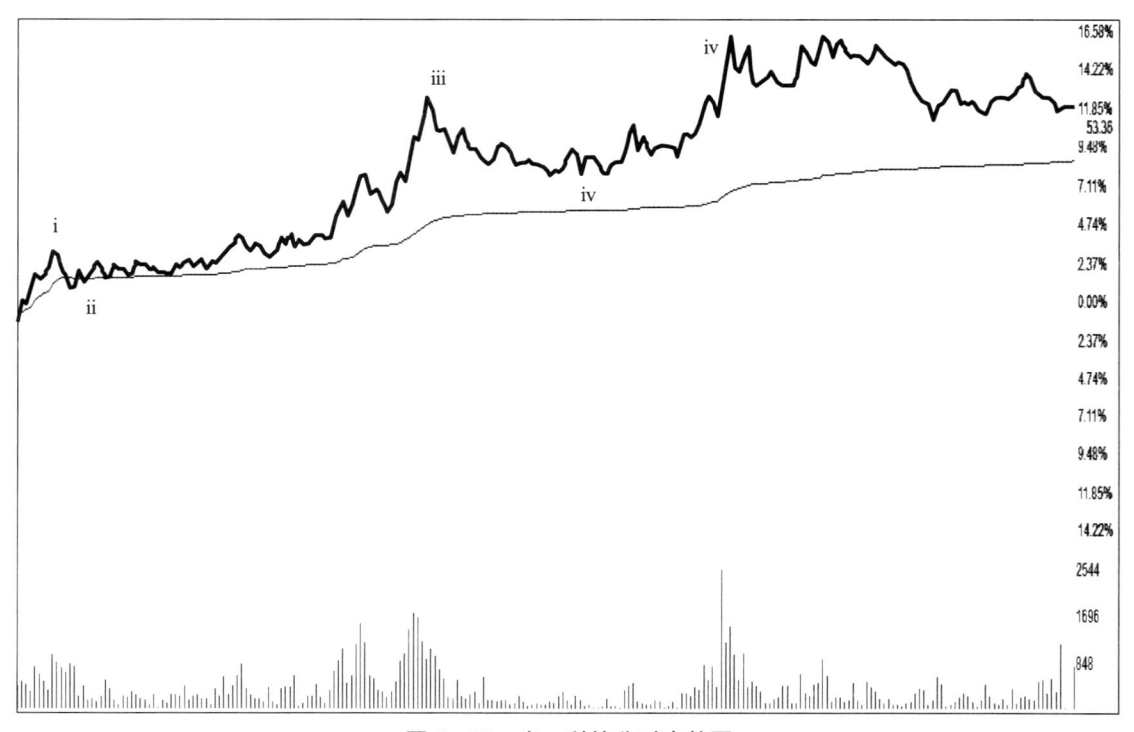

图6-32 光一科技分时走势图

如图6-33所示，价格跳空低开，小幅反弹未回补缺口。注意这里是关键，跳空低开后如果迅速回补缺口，后市将走出一波低开高走的态势。如果跳空低开后，反弹力度很弱，未回补缺口，就基本确认当日走势为调整走势。价格小幅反弹后。又走出了一个带量的5波推动下跌趋势，是一个下跌信号。观察一下反弹，价格未突破前面高点，反弹至分时均线后成交量萎缩，之后紧接着又是一个5波下跌走势。这个走势是一个典型的分时线5-3-5锯齿形调整走势，我们在后两章将讲到这个典型的走势。

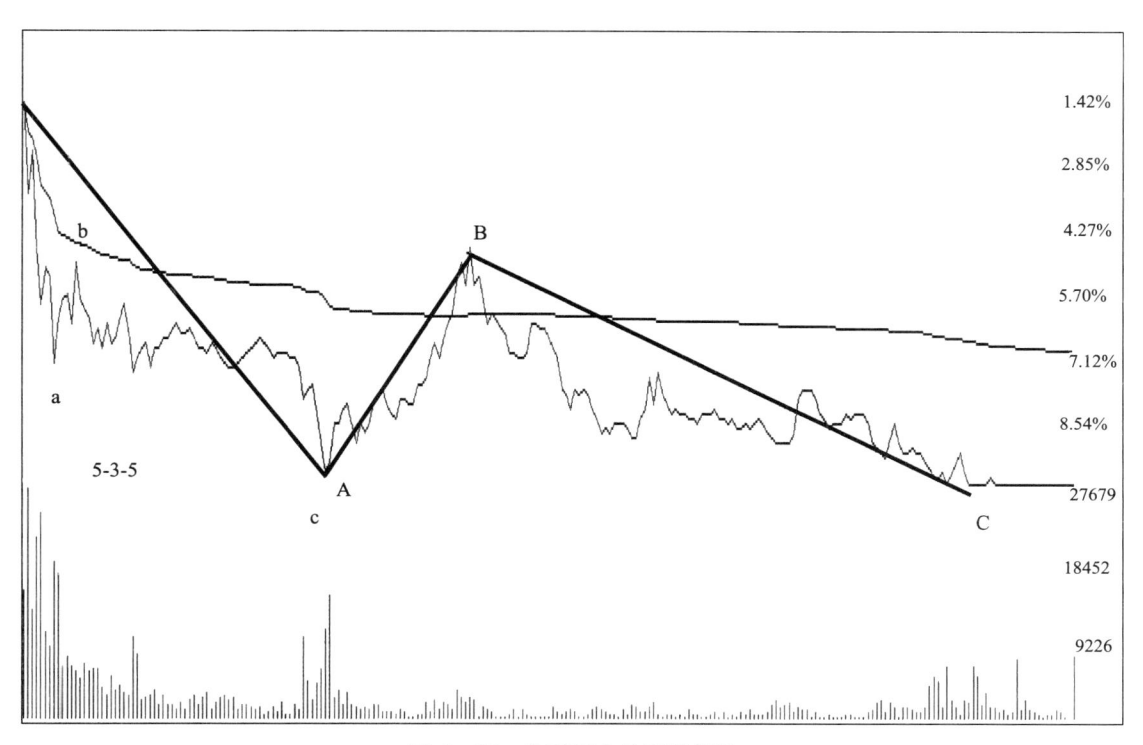

图 6-33 分时图上的下跌趋势

本章小结

多空循环结构分析方法是将价格结构按多空循环形态结构划分成多个连续的多空循环结构,分析就是对比多空循环结构之间力量与方向,从而发现、判断价格未来走势的分析方法。应用多空循环结构分析应注意4个方面:

(1) 多空循环结构速率线的上升或下降角度,当上升或下降角度减缓或走平时趋势即将发生变化。

(2) 在分析连续两个以上多空循环结构趋势时,应注意最后一个推动浪与前边推动浪的初始波黄金关系是否失衡。

(3) 连续的三个推动浪将升级为大一级别的推动浪,接下来将产生大一级别的调整浪。

(4) 多空循环是有级别的,是以 3^n 形式升级为大一级别的多空循环结构。

应用多空循环结构分析操作,只考虑在同一个多空循环结构内的确定性买卖点进行操作,原则上重点寻找多空循环 II 的推动浪进行交易,这也是波浪理论中的第 3 主升浪,是价格突破初始波混沌区域后的主升浪。在持仓中,当这个主升浪发出终结卖出信号,无须考虑即刻出场,至于下一个多空循环如何走,当下是不用考虑的,也是考虑不明白的。即使特别相中这只股票,也得等多空循环调整结构形态完成,下一个多空循环结构出现确定性买点才动手。

实际应用中,无论是波浪理论还是二波理论同级别推调比都是一个非常重要的概念。是应用波浪理论进行技术分析的核心基础。只有明确了推动浪与调整浪的级别关系,才能正确地划分各个级别的波浪,达到正确数浪的目的;才能找出正确的起点,找出当下价格所处的级别位置。

第七章
"四象"分析法

所谓的"四象"分析法就是将价格走势的四个表象因素趋势、时空、形态和成交量作为技术分析的四个基本变量,在分析中,当价格在某一个狭小区域内四个或三个变量的分析结论达到一致性时,则会产生和谐共振,从而判断价格趋势变化的分析方法。

第一节　要重视价格分析中的逻辑性

笔者在多年的学习、实践中认识到，若想对价格运动趋势有一个全方位的分析，就必须从以下两方面入手。

一是必须从价格运动的趋势、时空、形态及成交量这4个表象入手，对价格运动趋势做一个全方位的分析，获得一致性结果，分析才是可靠的。

二是投资者在分析价格运动趋势时，还必须有明确的技术分析逻辑和价格走势逻辑，这一点也很重要。

一、"四象"分析法的分析逻辑

技术分析逻辑是建立在辩证法基础之上的一种思维逻辑，也是中国传统的思维逻辑，中国人生活中的老话、谚语都能体现这一点。究其根本是一种辩证的，从局部推演分析到最后综合总结的过程，抓大放小、趋利避害，得出一个综合处理事务的方法。在"四象"分析法中趋势是重要的，分析、交易中必须将趋势放在首位，以趋势为主，通过时间、形态及成交量的变化来判断价格趋势的延续与反转。例如，当价格到达初始波成长目标位时，形态结构也完成5浪上涨模式。此时，如果价格出现区域震荡，且调整幅度及调整时间都大于之前的调整幅度及调整时间，这样从时空、形态和成交量三方面就可判断达到一致性，趋势即将反转。而当价格跌破操作级别趋势线，反弹无成交量配合。此刻趋势、时空、形态和成交量都在一个较小的区域内达到一致性，发出卖出信号，则可以确认价格趋势已经发生反转。

顶部区域价格不会马上下跌，还可能时不时地创个新高，但总体上趋势已是横盘震荡趋势，横盘时间也大于前面的一波横盘调整时间，成交量在逐渐缩小。"四象"中只有价格还没有走坏，此时，我们必须遵从辩证统一的观点抓大放小，尊重趋势这个主要因素，放弃可能进一步的上涨空间，防范规避较大的下跌风险，逢高减仓离场为上策。

二、价格走势逻辑的构成

在价格分析中第 2 个重要逻辑是价格生长逻辑。投资者在明确了技术分析逻辑之后，还要对价格走势逻辑有一个深刻认识。

价格走势逻辑由两部分构成：

一是价格空间结构逻辑，前面讲的初始波理论就是这个逻辑，价格空间结构遵循初始波斐波那契数列规律。

二是形态结构的生长逻辑。也就是形态结构分析，这方面传统分析方法是艾略特的波浪理论，比较复杂，波浪划分难，是技术分析中的一个难点，但是，如果想成为技术分析高手，形态结构也是必须掌握的分析理论。

三、价格形态结构逻辑

如图 7-1 所示，在形态结构上，传统的分析是波浪理论，我在研究初始波理论时，发现用二波结构解释价格形态结构要比五波结构简单，合理。例如，波浪理论中论述 4 浪时，有 4 浪回调不能与 1 浪重合这个特性，但没有解释为什么，用二波结构就可以解释这一现象。

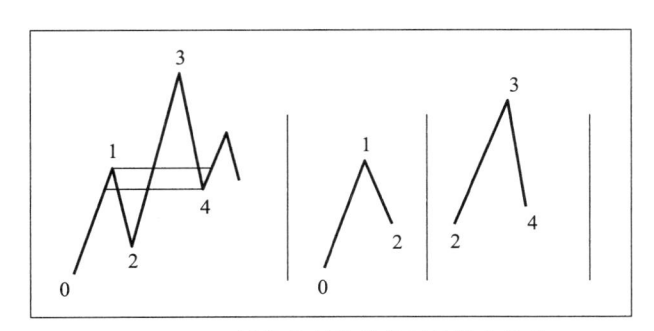

图 7-1 二波结构是价格分析的最小单位

将 0 到 4 走势分成 01 段、12 段和 23 段、34 段组成的两个二波结构走势，因为 3 到 4 段与 01 段有重叠，0 到 4 就构成了初始中枢结构，由 23 段、34 段组成的二波结构不能独立，只是对 01 段、12 段组成的二波结构的一个确认走势，而这种确认，在之后的走势中，还将继续出现第 3 个或者第 4 个，直到价格脱离中枢产生第 3 类买卖点，才能确定趋势变化。

如果经过几个回合的多空博弈过程，价格跌破起始点 0，多方失败，趋势将反转。如果多头胜利，形成初始中枢 3 类买点，那么，03 段就成为新上涨趋势的第 1 浪。用二波结构解释波浪理论中为什么 4 浪不能与 1 浪重叠，逻辑上是清晰的。这与我们在第六章应用二波结构，解释波浪理论中 5 浪与扩展浪是一样的。我认为，二波结构是价格运动的最基本结构，是最小分析单位。

二波结构与艾略特 5 波结构相比，划分上简单，且具有唯一性。逻辑上二波结构就是一次多空博弈过程，多头胜就会形成多头趋势，空头胜就会形成空头趋势。

对比多个连续二波结构的空间、时间及速率，就会对这个连续趋势有一个综合判定，方法简单、易学。在应用二波结构对价格形态结构分析、交易时，为了有明确的买卖点，分析、交易都是在二波结构的次级别进行，并将次级别 3-3 或 5-3 结构定义为最小多空循环结构。

四、多空循环结构的起源

3-3 或 5-3 多空循环结构是我早年在研究波浪理论与初始波理论时发现的，是对比价格结构形态中多空力量强弱的过程中产生的。通过对艾略特波浪理论的深入研究、探讨，让我逐步明确、清楚了，多空循环结构与艾略特波浪理论之间的关系，以及相互之间的互补性。多空循环结构对价格形态结构的分析、跟踪是简洁、方便、有效的。

3-3 或 5-3 多空循环结构对市场的分析是独特的、客观的，是从多空博弈角度，以 3-3 或 5-3 多空循环结构为最小单位，在连续的多空循环结构之间，对比价格走势的生长力度与速度，来判断未来走势趋势及买卖点。

例如在 5 分钟级别上划分，按市场价格的高低点连线自然划分。只要找准市场中价格的高点、低点，连接起来就可以了。可以画出三个级别的多空循环结构，这样无论是从宏观上，还是微观上都可以达到通畅自然，总揽全局，控制细微的效果。

五、组成"四象"分析法的基本要素及理论依据

趋势:趋势的判断在第二章第一节中讲了两条,一是道氏理论对趋势判断的两个理论,二是江恩理论对趋势反转的判定,这三个理论是我们判定趋势依据。

空间:初始斐波那契数列规律以及第二章第六节讲的三个重要公式,就是我们判定价格空间逻辑结构的依据。

形态:形态分析比较复杂,我们应用相对简单的多空循环结构,作为分析方法。

成交量:完成上述三个因素的分析,还需要最后确认一下,我们使用成交量进行最后的确认,也就是利用成交量背离现象对底部与顶部形态的反转做一个判定。

第二节 可复制的交易模型

一、30分钟级别交易的重要性

30分钟级别处于承上启下的位置，上可跟随日线、周线级别的趋势，下可到5分钟级别、1分钟级别，把握1、2、3类买卖点的细节。30分钟级别中线底仓，是因为现有的技术分析系统1分钟周期是最小周期，而一分钟走势是30分钟走势的次次级别，30分钟以下级别观察不到次次级别（三级子浪）的终结，因此，实际操作中30分钟级别交易有着重要的意义。

应用初始中枢、混沌区域1、2、3类买卖点，在30分钟级别构建仓位时，30分钟级别交易做中线底仓，单只股票混沌区域3类买卖点交易仓位占50%。在1分钟、5分钟操作级别上，2、3类初始中枢买卖点占30%，备用金占20%，备用金的占比依据大盘情况而定。1分钟、5分钟级别仓位是风控仓位，30分钟级别仓位是盈利仓位。

应用初始波1、2、3类买卖点的交易级别，是根据初始中枢、混沌区域而确定的，有严格的定义标准，具有唯一性，交易级别划分得非常清晰，更便于投资者对交易级别、仓位的把握。

二、三个确定性交易模型

1. WZ结构交易模型

如图7-2所示，大周期下跌或上涨完成后，行情出现反转形成初始中枢S，初始波基本结构（WZ结构）形成，第三波上涨或下跌是确定的，也是确定性较强的可交易段。最少应走出一个与WZ段同级别的离开段zv段。

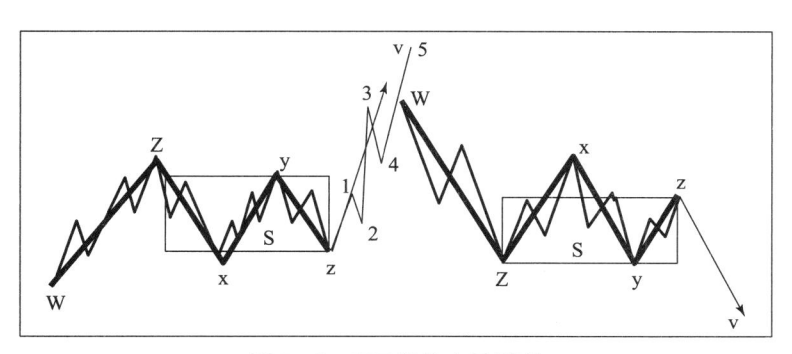

图 7-2 WZ 结构交易模型

2. WZ-1 反弹交易模型

笔者将本级别下跌趋势走势完成之后，形成的次级别 WZ 结构中 y 点突破前高——Z 点，z 点不破前低——x 点的走势类型命名为"WZ-1 反弹交易模型"，属于强势反弹类型。

本级别（日线、30 分级别）下跌趋势走势完成，肯定有一个次级别（30 分钟、5 分钟级别）的反向趋势走势出现，这是有理论保证的确定性交易，是我们交易的依据。一个日线下跌趋势走势 1 到 Z 段的完成，肯定有一个 Z 到 v 段 30 分钟级别反弹生成，见图 7-3。

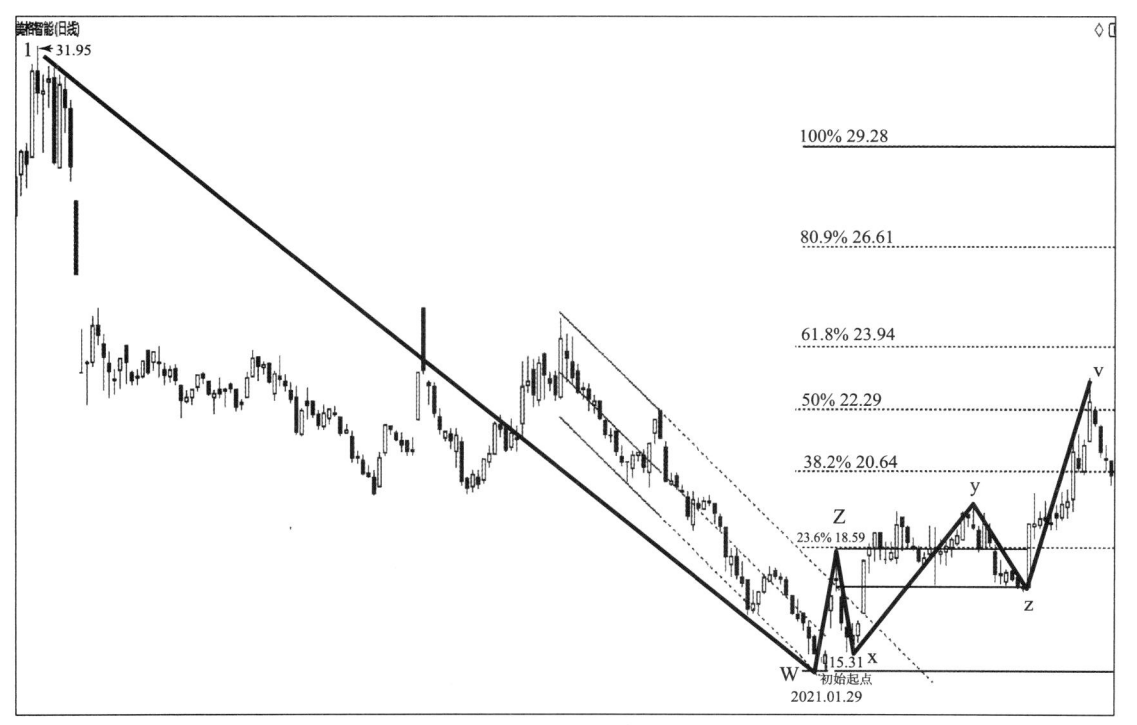

图 7-3 WZ-1 反弹交易结构

3. WZ-2 反弹交易模型

笔者将形成 WZ 结构后又出现第 2 个、第 3 个二波确认结构的走势类型命名为"WZ-2 反弹交易模型"。

如图 7-4 所示，大周期（月、周、日）走出 WZ 结构，zm 段的上涨是有保证的。WZ 结构的条件是 yz 段回调不能低于初始点 W。低于初始点，初始上涨形态被破坏，上升趋势就不存在。

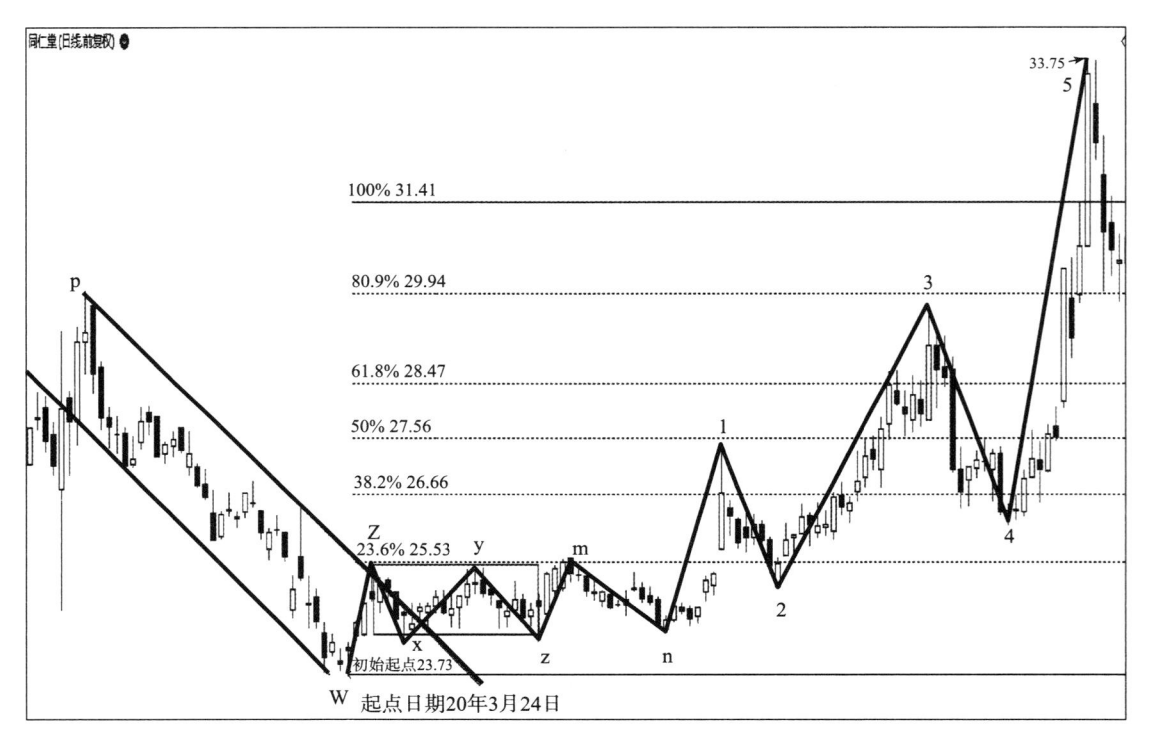

图 7-4 WZ-2 反弹交易模型

yz 段是判断后续行情的关键，如果 z 点高于 x 点，后边的 zm 段上涨空间可能要大些。如果 zm 段反弹幅度小，没有突破前面高点（Z 点或 y 点），那么，由 zm 段和 mn 段构成的二波结构就是对 WZ 结构的一个确认过程，同样，也可能产生第 2 个或第 3 个二波确认结构，只要确认点逐步抬高如 n 点、2 点，WZ 结构趋势就不会被破坏，产生一波向上走势是早晚的事。

学习、研究技术分析的最终目的，就是找到一种简洁的，可复制的分析与交易策略。简洁能使我们快速决策，可复制性是我们可以利用同一种策略，同一个方法在市场中不断获利，重复使用的过程，是保证可持续成长的过程，这一点是至关重要的。

"初始波"理论与"多空循环结构",是"四象"分析法中,两个最重要、最关键问题。初始波理论与多空循环结构对空间及形态的描述是定量化、简洁的,定量化这个概念在证券价格走势理论研究上是具有突破性的意义的。有了明确的理论、定义,只要我们认真学习,理解、掌握它的要点,就能在市场交易中达到盈利的目的。

第三节　WZ 结构模型应用案例——长缆科技

一、技术分析

如图 7-5 所示，2019 年 1 月 28 日长缆科技周线级别 WZ 结构完成。也就是周线级别确定性 WZ-1 交易模型出现，我们准备交易 zv 段。上涨目标是周线级别初始波 61.8% 混沌区域上轨 18.50 元左右。

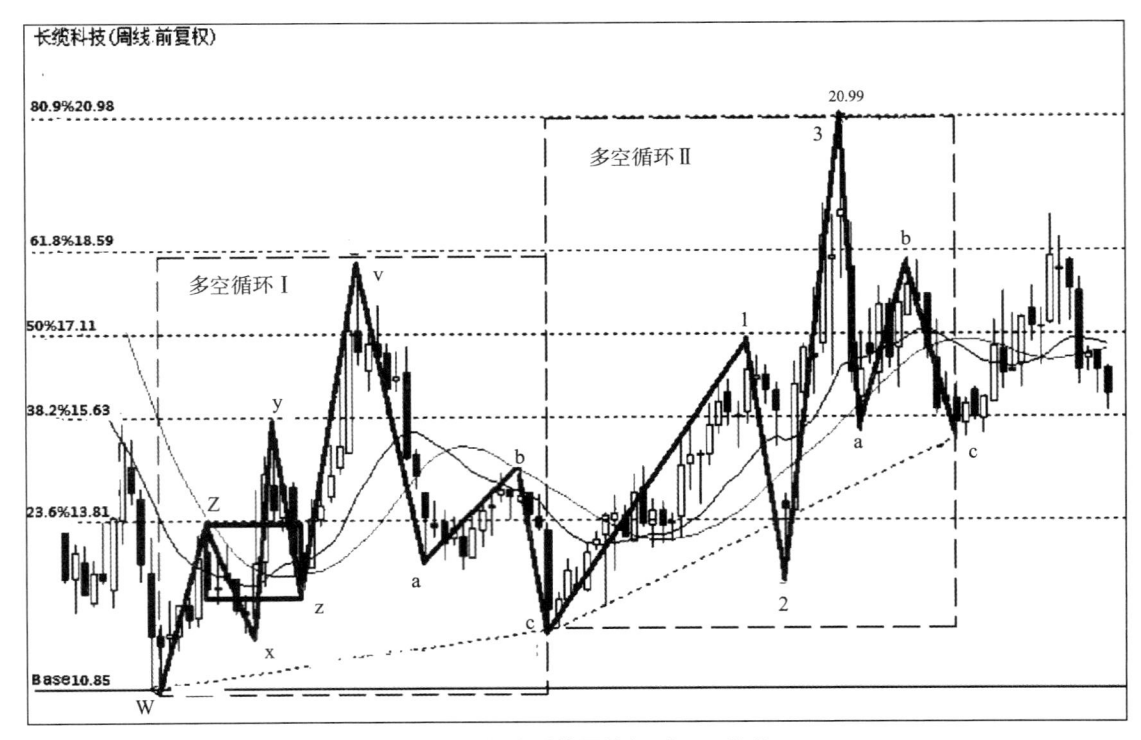

图 7-5　长缆科技周线级别 WZ 结构

初始波起点 2018 年 10 月 12 日 10.8 元，终点 11 月 20 日 13.77 元。

初始上涨目标位 = (13.77 - 10.85) ÷ 0.236 × 0.618 + 10.85 = 18.50（元）

二、建立仓位

如图 7-6 所示，zv 段交易我们在日线上完成，以初始波 W、Z、x 三点做平行通道线，可得出 z 点位置。z 点位置大约在 12.30 元附近。2019 年 1 月 29 日股价最低 12.56 元，30 日股价最低 12.59 元收盘未创新低，我们以收盘价 12.60 元买入半仓，止损点设在 x 点 11.77 元。

当价格突破上升区通道中轨，我们在 13.90 元又加了 3 成仓，3 月 8 日价格突破上轨回探，收盘价正好触及上轨，我们以收盘价 15.13 元，又加了 3 成仓。总仓位达到 110%，持仓成本 13.66 元。

三、持仓卖出

如图 7-6 所示，当价格超过 18 元后，在 30 分钟图上出现量价背离现象，3 月 19 日跳空低开我们果断以开盘价 18.07 元卖出 8 成仓（周线级别理论初始目标 18.50 元）。余下 3 成仓成本 1.93 元。卖出部分盈利 32%。之后反弹，在 b 点 17.35 元全部卖出。平均盈利 31.2%。

b 点确认后，周线级别 5-3 多空循环 I 进入三波调整阶段。5-3 多空循环 I 可视为月线级别的初始波结构。依据日线级别第 1 波下跌幅度（v-a 段）计算一下调整大概位置。

v 最高点 18.29 元，a 调整最低点 16.10 元。

理论技术下跌目标：18.29 - (18.29 - 16.10) × 2.618 = 12.55（元）

四、第 2 次建仓

如图 7-7 所示，周线级别 5-3 多空循环 I 完成后，多头态势保持，将产生多头向上的多空循环 II，我们到日线或 30 分钟级别，去寻找第 2 次介入最佳点。

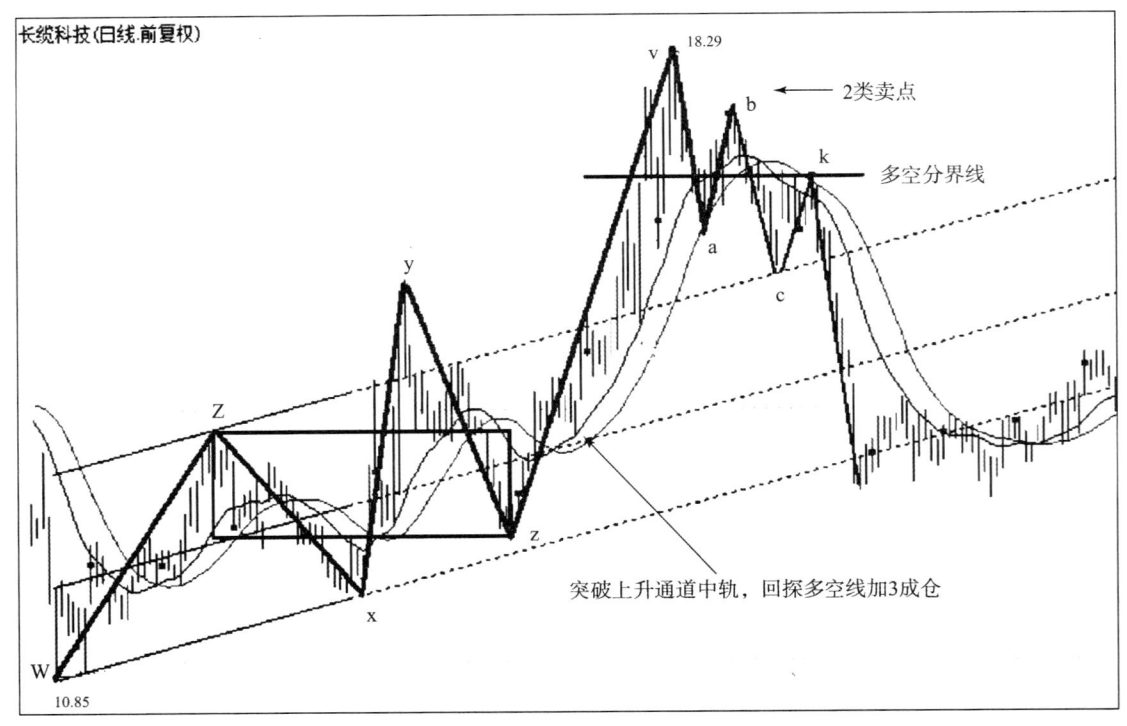

图 7-6　长缆科技日线级别交易图

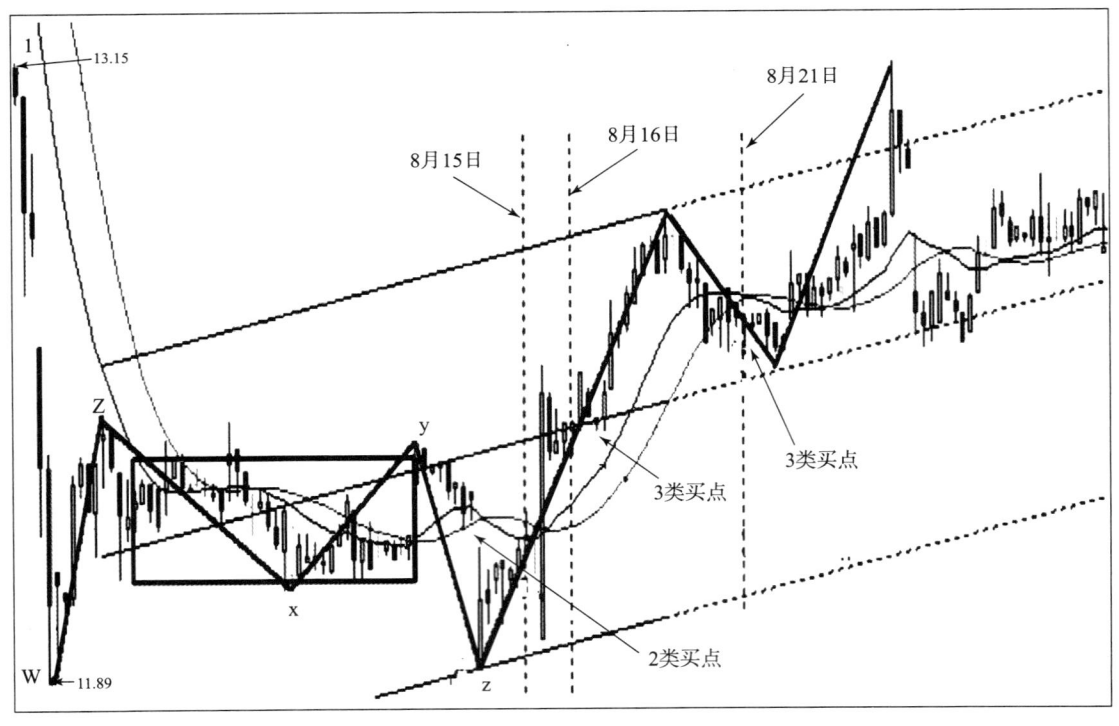

图 7-7　长缆科技 30 分钟级别交易图

下跌完成后，行情出现反转形成初始中枢 S，初始波基本结构（WZ 结构）形成。2019 年 8 月 5 日最低 12.67 元，理论下跌目标是 12.55 元。第 2 天跳空低开，最低 11.89 元，接下来将观察周期切换到 30 分钟图上，价格在 12 元左右震荡一周多，8 月 15 日股价跳空低开，没有跌破初始起点，我在中午快收盘时，以 12.10 元买入 5 成仓，开启第 2 波交易。8 月 16 日低开高走，拉出长阳，价格站在 30 分钟多空线上方，形成 30 分钟级别中枢 3 类买点，回探震荡时，以 12.38 元加到 10 成仓，持仓均价 12.24 元，止损点应设在初始起点 11.89 元。当下价格依然在周线级别混沌区域内运动，第一目标位还是周线混沌区域上轨 18.50 元，第二目标位 23.23 元。

2020 年春节后，开盘跌停，仔细分析一下，支撑点是多空循环 I 起点与终点连线的延长线，2 月 4 日位置（多空循环 II 的 2 点）正好是第 2 天跌停价 12.71 元，2 月 4 日 12.70 元跌停板开盘，我启用备用金又加了 5 成仓位，总仓位达到 15 成仓，持仓成本 12.39 元，止损点不变。2 月 12 日价格反弹到上升通道下轨，我在 15.41 元卖出应急仓位，每股盈利 2.71 元，剩下的 10 成仓位，成本降到 10.89 元，正好是止损点位置，当天收盘价 15.49 元，持仓盈利 42% 多。这就是备用金的好处，突发事件不会改变股票的长期价值，春节后这个利空，我用备用金一共加了两只股票，另一只是全通股份，都得到了非常好的收益。

如图 7-8 所示，我们的卖出目标是 61.8% 混沌区域上轨 ~100% 初始黄金位 23.32 元。结合实际，2020 年 3 月 3 日价格在初始基础上升通道上轨与初始波 80.9% 位置 20.85 元相遇，发生震荡，震荡三天，3 月 6 日价格没能走出新高，我在 19.08 元左右卖出 5 成仓，后来又在 3 月 16 日价格触及上轨时，19.70 元卖出 2 成仓。17 日放量涨停、18 日冲高回落，放出巨量换手率达 28.45%，19 日跳空低开跌破 30 分钟上升通道，20 日价格反弹回补跳空缺口，也恰好触及 60 分钟多空线，因此我 19.56 元清仓。价格第 1 次突破 61.8% 混沌区域回头确认是必需的，如果确认成功价格将进入加速上扬阶段；如果确认突破失败 20.99 元将成为多空循环 II 的高点，之后将有一个三波调整浪产生，我们需要等待这个过程完成，等待多空循环 II 终结（为保证清晰度图中 1 根 K 线代表 2 日数据）。

价格突破混沌区域上轨 18.50 元最高到 20.99 元开始震荡调整。19 日、23 日连续 2 次跳空低开，之后连跌 5 天又回到了混沌区域内。回头看一下，最高点 20.99 元与到初始波 80.9% 位置 20.85 元差 0.14 元，第 1 次突破混沌区域失败，多空循环 II 进入 abc 调整段，我们需要等待这个过程完成。

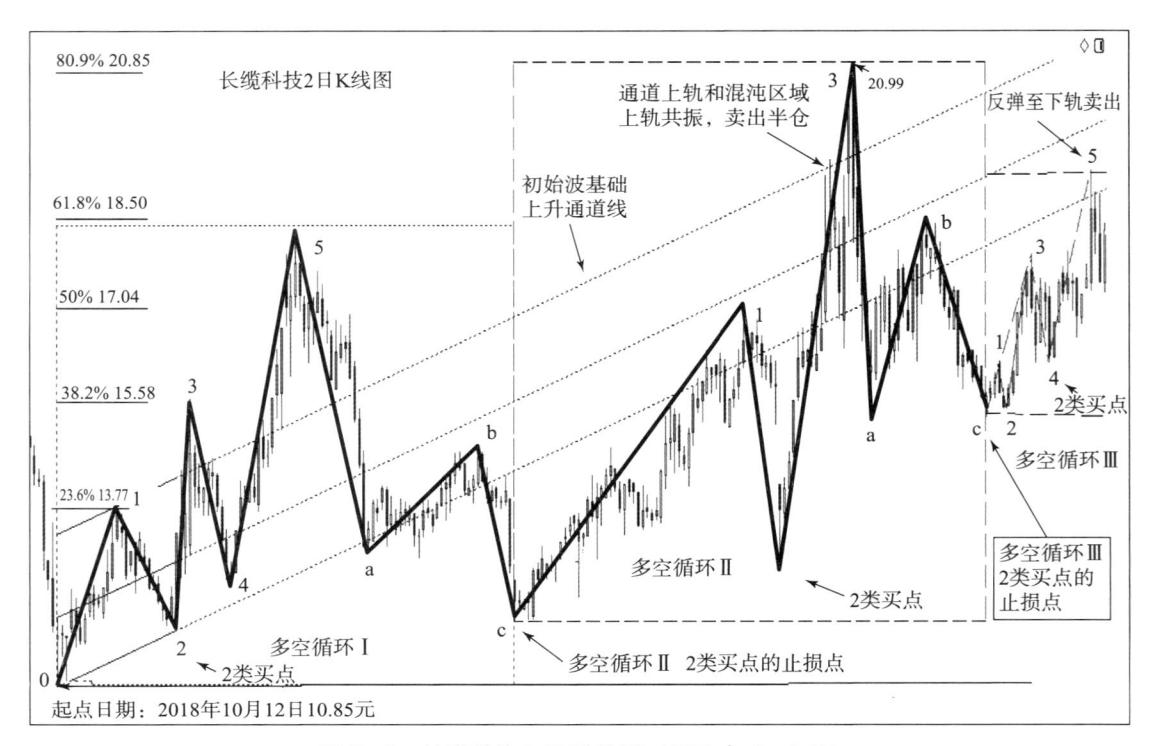

图 7-8 长缆科技 2 日 K 线图（2020 年 3—8 月）

从基本面上讲，长揽科技 2020 年半年报，每股收益 0.44 元，流通股本才 1.3 亿股，我认为是一个比较好的投资标的。技术上价格突破大级别混沌区域上轨是最佳的中长线投资机会，必须认真把握。因此，当多空循环Ⅱ终结，多空循环Ⅲ的 2 点就是确定性买点，是再次试探性介入的最好时机。价格在混沌区域内属于震荡整理阶段，操作上，可以保持五成仓在混沌区域内逢高卖出逢低吸纳，耐心等待价格突破混沌区域形成的 3 类买点出现，把握好行情节奏。

五、本节案例总结

（1）这是个典型的周线级别 WZ 结构标准模型交易。基本面良好，小盘绩优股。周线级别 WZ 结构的完成，再经过一两次回头确认，价格形成周线级别的混沌区域。这非常适合从价值投资理念，逢低买入，逢高卖出，小仓位波段操作，为下一步价格突破混沌区域时加大仓位打出止损空间，这是确保投资安全的最佳策略。

（2）在操作上，这是一个应用多空循环结构与 WZ 结构的 2、3 类买点相配合，建立仓位，寻找最佳买卖点的例子，非常典型，在这个交易模型中多空循环中的 2 点和 c 点是交易中的确定性买点和止损点，详见图 7-8 中标注。

第四节 WZ-1交易模型应用案例——德赛西威

德赛西威是我中签股，上市第 5 个板开板。作为智能汽车电子行业龙头企业，我认为该股是有投资价值的，只是上市的时机不好，正好赶上大盘调整，该股开盘后一路下滑。下跌过程与上证指数同步。

1. 日线级别下跌趋势的终结

如图 7-9 所示，现在我们分析一下大概的下跌目标位，2018 年 3 月 6 日多空循环 A 完成，2018 年 2 月 2 日调整最低点 31.30 元，6 日反弹高点 40.49 元，反弹幅度 (40.49-31.30)/(48.75-31.30)=55%，反弹力度弱。

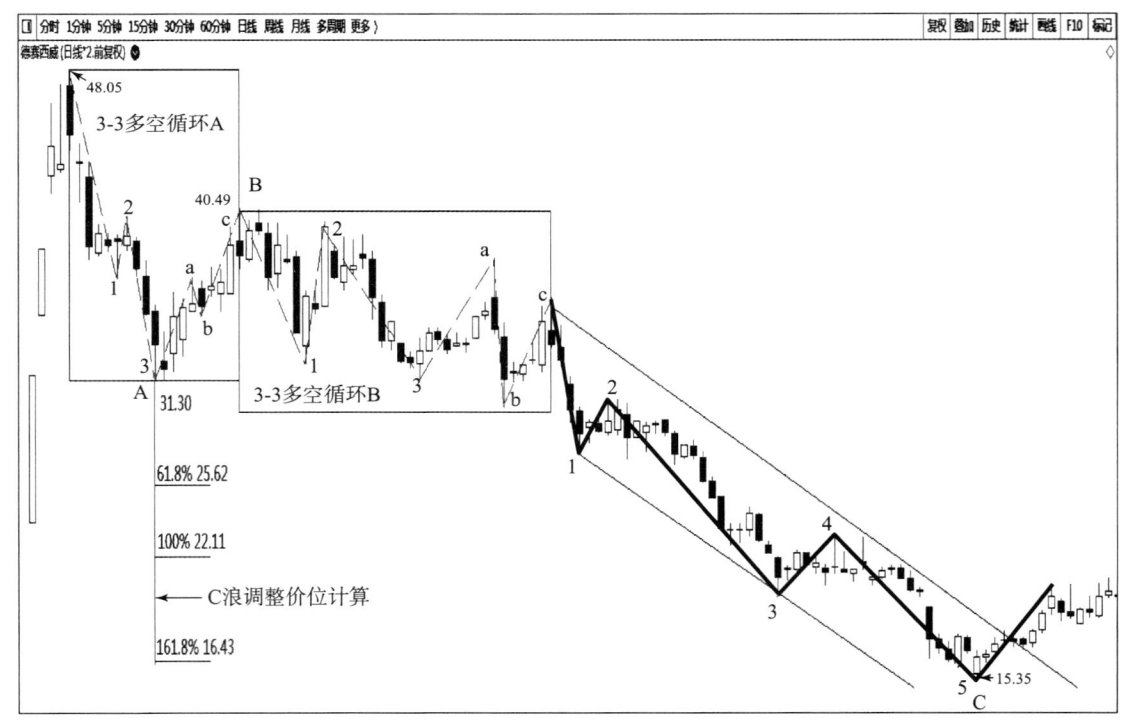

图 7-9 01 反弹结构应用——德赛西威

多空循环 B 无论是低点还是高点均在多空循环 A 反弹幅度内，终点低于起点，空方胜，在第二波多空博弈中，空方胜利得到确认，下跌趋势成立，随后，多空循环 C 的推动浪将生成，其实，这也是个标准模式，在第六章第二节中，我们用二波结构解释艾略特 5－3 结构时，讲过 2 个多空循环加一个推动浪模式，只是，讲的是上升趋势，读者不妨回头看一下。接下来将迎来大 C 浪调整。

多空循环 C 的推动浪的调整目标，可以通过 B（低点 31.30 元，高点 40.49 元）计算出。31.30－（40.49－31.30）×1.618＝16.43（元）

11 月 14 日，当价格突破 C 浪下降通道时，我们可以从趋势上，初步判定下跌趋势基本完成，等待价格回头确认，就可以寻机介入。

10 月 25 日创下最低点 15.65 元，与理论计算值 16.43 元，相差 0.78 元，可以确定下跌空间到位。

结构形态上完成 ABC 大三浪调整，且结构比例完美。趋势、空间、形态都已基本确定调整过程终结，我们将分析周期切换到 30 分钟级别，在 30 分钟级别中，应用成交量，最后确认一下底部形态成立。

2. 30 分钟反弹行情——WZ－1 反弹结构

如图 7－10 所示，一个日线级别下跌趋势的终结，肯定会有一个 30 分钟反弹行情出现，这是我们上节讲的，确定性交易模型——WZ－1 反弹结构。因此，我们就要在 30 分钟级别上，寻找这个 WZ－1 反弹结构。以确定买入点、止损点及买入仓位。

（1）初始建仓。

如图 7－10 所示，30 分钟 K 线图 2018 年 10 月 25 日股价以 15.65 元，跳空低开 6.54% 最低点——W 点正好触及前边两个低点 k、u 的连线上。到此，价格从空间及形态结构上都基本到位。我们以开盘价 15.75 元买进 3 成仓。并依据 k、u 两个低点连线，画出平行通道。

W 点成交量明显放大，由 W－Z－x 组成的第 1 个二波结构形成，随后得到由 x－y－z 组成的第 2 个二波结构的确认，成交量迅速衰竭，尤其是 z－v 第 2 次放量拉升突破初始中枢，形成中枢 3 类买点——点 p。仔细看一下，第 1 个二波结构形成后，调整段以及确认段，最大回调幅度都小于 50%，属于强势回调，而且初始中枢完成的时间非常短。技术上 WZ 结构完美，力度大，后市成长空间可期。我们决定在 p 点附近 30 分钟多空线上方加仓，2018 年 10 月 30 日我以 17.18 元加 5 成仓，总共 8 成仓，持仓成本 16.81 元。

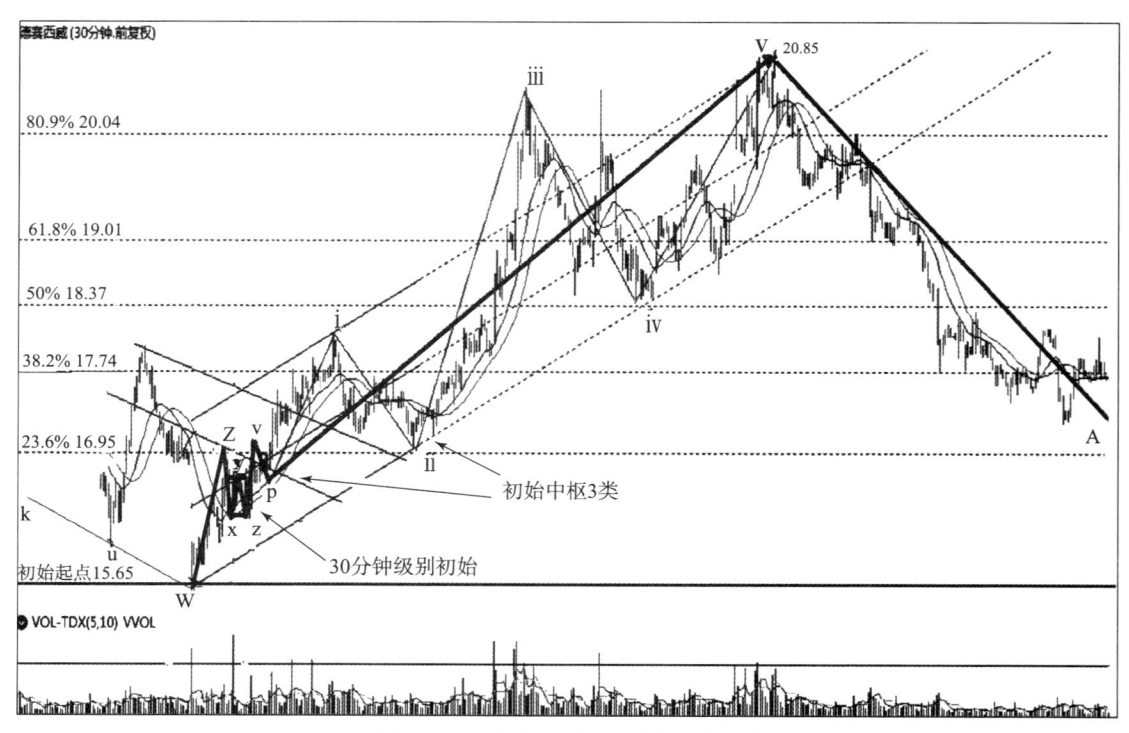

图 7-10　德赛西威 30 分钟反弹行情

（2）持仓监控、卖出。

监控股票运行，首先监控的是趋势。连接起点 W 和 ii 浪回调终点形成上升通道支撑线，经过 i 浪高点做上升支撑线的平行线。从而形成价格上升趋势通道，可用来监控价格运行趋势。其次，是监控上涨空间。我们用初始波计算一下，未来价格上涨空间结构。

初始波起点 15.65 元、终点 17.00 元，r = 17.00 - 15.65 = 1.35（元），L = 5.72 元。

初始上涨目标：61.8% 位置 = 15.65 + 5.72 × 0.618 = 19.18（元）

80.09% 位置 = 15.65 + 5.72 × 0.809 = 20.28（元）

100% 位置 = 15.65 + 5.72 × 1.000 = 21.37（元）

如图 7-11 所示，我们以 0、1、2 三个点作上升通道线，价格沿 30 分钟 DKX 多空线上升，11 月 16 日价格突破 61.8% 混沌区域上轨，最高冲到 20.50 元，刚好是 80.9% 初始黄金位，价格开始调整，直接调整到上升通道中轨，计算一下跌幅已明显大于之前调整波段，之后反弹最高点 20.48 元，此时，30 分钟级别多空结构 I 就差最后一个 c 段，我们在 20.01 元全部卖出，全仓盈利 20% 多点。

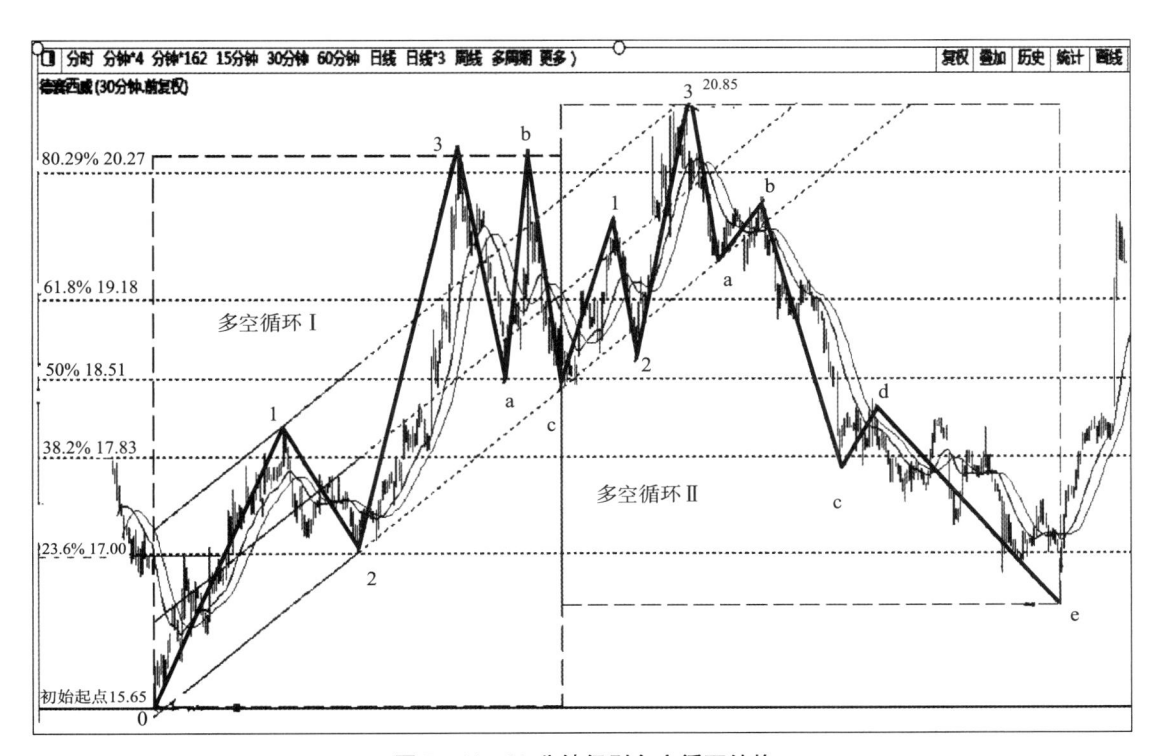

图 7-11 30 分钟级别多空循环结构

30 分钟级别多空循环 I 在 c 点终结，c 点也是上升通道线，多空循环 I 结构完成。随后将走出多空循环 II 的上升段，这也是一段确定性行情，我们寻机在 18.80 元买入 3 成仓，价格很快就到达了上升通道上轨，最高 20.85 元，第 2 天价格跳空低开，我们以开盘价 20.24 元全部卖出。

本次交易的初衷是日线下跌趋势结束，交易的是一个确定性 30 分钟反弹行情，反弹初始目标已经到位，就不用考虑趋势，落袋为安为上策。至于后市，这个 30 分钟反弹行情能否成长为日线级别行情，还需看回调幅度，也就是接下来，第 2 个或第 3 个多空循环调整确认情况。

3. 日线级别初始波 WZ 结构生成

（1）建立日线级别仓位。

30 分钟级别多空循环 II 的高点构成了日线级别初始波的推动浪，多空循环 II 的调整段构成了日线级别初始波的调整浪。当下我们要做的就是等待日线级别 WZ 结构生成，寻找日线级别 2 类、3 类买点出现。

2018 年 12 月 27 日收盘价 17.33 元，之后连续三个交易日都在 16.80 ~ 17.40 元之间窄幅震动，连续三天低点逐渐抬高，第 4 天快收盘时，我们以

17.00元建立5成仓。

（2）关键点位，必须果敢。

大家还记得不，16.43元是下跌趋势中，理论计算的161.8%下跌目标位。价格进入17.00元左右，已经进入价值投资范围。当下，只要做好价格出现挖黄金坑的应对策略，就可以超常规建仓。什么应对策略？就是当出现挖坑现象时，留下的5成资金（备用金），能建立15成以上仓位。操作上，将这部分资金分成5份，每次下跌3%以上就买入一份，当触底反弹之时，反弹幅度最小都在10%，我们只要及时收回备用金就完美了。

注意，这种超常规建立仓位，是以良好的基本面为前提操作的。也是以我们前期操作盈利空间为代价的。做投资在关键点位，必须果敢！这是投资人的素质。

如图7-12所示，当日线级别WZ结构完成后，2019年1月30日我们在z点以20.53元满仓，平均持仓成本18.98元。上涨目标依然是日线级别混沌区域61.8%位置（图7-12中画线自动生成价位稍有误差）。

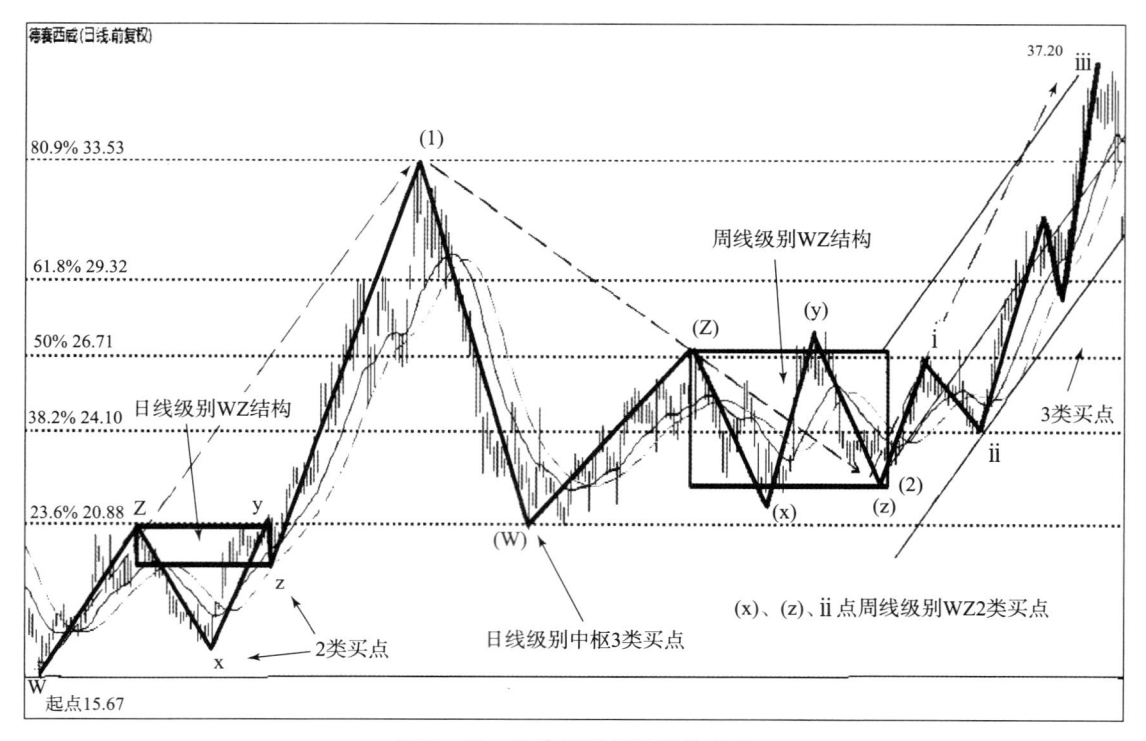

图7-12 日线级别WZ结构完成

我们计算一下61.8%理论价位，初始起点15.65元、高点20.87元、$r = 5.22$元。

61.8% 初始黄金位 = 15.65 + 5.22 ÷ 0.236 × 0.618 = 29.32（元）
80.09% 初始黄金位 = 15.65 + 5.22 ÷ 0.236 × 0.809 = 33.54（元）
161.8% 初始黄金位 = 15.65 + 5.22 ÷ 0.236 × 1.618 = 51.42（元）
261.8% 初始黄金位 = 15.65 + 5.22 ÷ 0.236 × 2.618 = 73.53（元）
423.6% 初始黄金位 = 15.65 + 5.22 ÷ 0.236 × 4.236 = 109.30（元）
684.6% 初始黄金位 = 15.65 + 5.22 ÷ 0.236 × 6.846 = 167.25（元）

（3）持仓监控、卖出。

如图 7-12 所示，当价格到达 61.8% 这一位置时，开始震荡下跌，最低 24.86 元，之后反弹到混沌区上轨，我以 29.28 元卖出 6 成仓。4 月 1 日价格突破混沌区域，4 月 3 日价格正好摸到 80.09% 初始黄金位，最高 33.78 元，这让我想起前边 30 分钟级别走势，价格也是摸到 30 分钟级别 80.09% 初始黄金位。想到这，看一下 30 分钟级别走势及成交量，已出现背离现象，这时股价已经到 32.46 元，我决定现价全部卖出，成交价 32.38 元。

4. 日线级别混沌区域生成——确认行情升级

（1）日线级别混沌区域 2 类买点建立仓位。

日线级别初始目标 W-（1）段的完成，标志着 30 分钟反弹行情已经升级为日线级别行情，接下来市场要对这次升级进行确认，确认过程，将形成日线级别混沌区域，确认成功，价格将走出日线级别主升浪行情，一般情况下，目标价位是初始波 161.8% 黄金位，极端情况下会达到 261.8%。

如图 7-12 所示，针对升级后的日线级别行情，我们对价格结构形态，再做一次重新划分，(W)-(2) 构成日线级别二波结构，而 (2)-ii 和 ii-v 两个二波结构是对 (W)-(2) 二波结构的确认与再确认过程。这与 WZ 结构的形成、确认过程是一样的，(x)、(z) 点和 ii 点都是日线级别的混沌区域确定性 2 类买点。因此，2019 年 10 月 21 日在 z 点，当价格触摸调整低点支撑线时，我们以 22.09 元买入 5 成仓，总仓位达到 10 成仓，持仓成本 19.58 元。

（2）价格突破日线混沌区域是短线加仓点。

依据混沌区域性质，价格突破混沌区域，回头确认成功，价格将进入快速拉升阶段，因此，这个点位我们经常动用备用金加仓做短线。

如图 7-13 所示，2019 年 12 月 17 日价格突破混沌区域上轨，23 日在 30 分钟级别二次回头确认时，确定点在形态结构上是（3）浪中的 3 浪 iv

终点，我用备用金以 29.78 元买入 5 成仓。总仓位达到 15 成仓，持仓成本 23.23 元。混沌区域上轨理论值 29.32 元，23 日第 2 次回头确认最低点 29.68 元。我特别喜欢这个主力，价格控制点位与我的操作理论相当贴近，这也是我看好该股的一个重要原因。

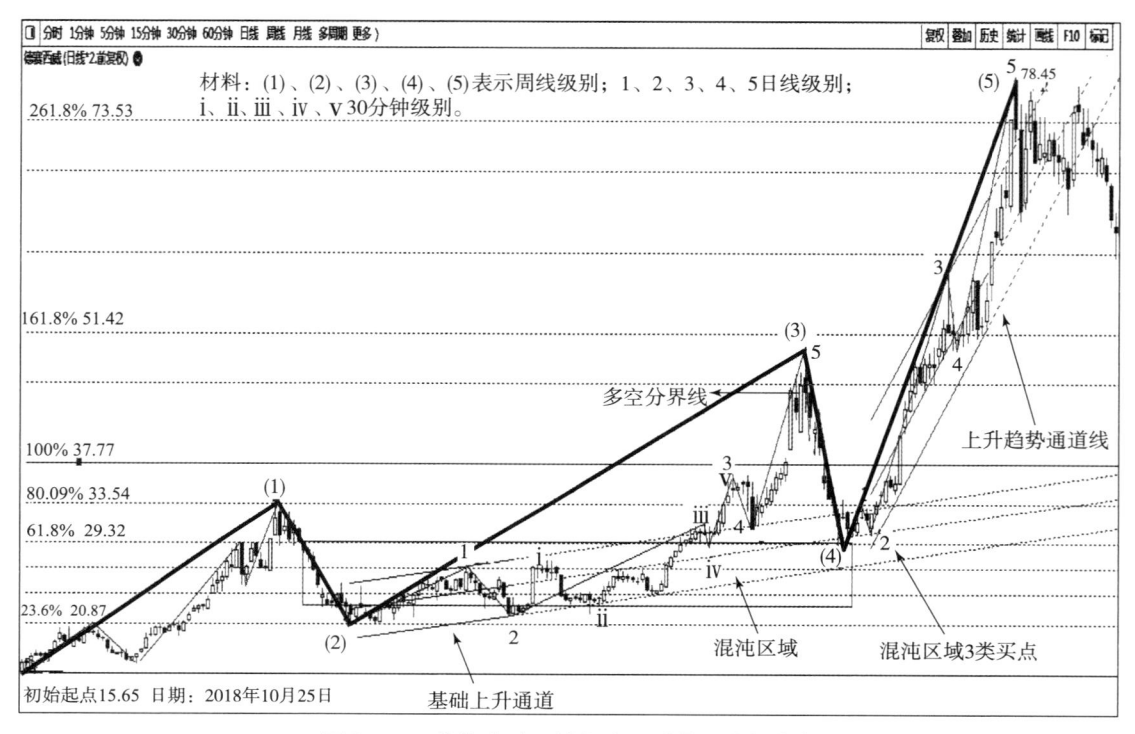

图 7-13 价格突破日线混沌区域是短线加仓点

（3）日线级别持仓监控、卖出。

如图 7-13 所示，在实际交易中，我习惯在 30 分钟 K 线上画出通道线监控股价高低点轨迹，价格走势中的实际高、低点与通道线上、下轨的远近也是判断股价走势强弱依据。现在我们就去 30 分钟 K 线上，将 2019 年 12 月 12 日与 12 月 17 日两个高点连线画出通道线上轨，再通过 12 月 30 日低点作上轨平行线，这样上升通道就画出来了。

价格突破混沌区域，第一目标大约是 100% 黄金位 37.77 元，上升目标位在 161.8% 初始黄金位 51.42 元。2020 年 1 月 9 日价格触摸上升通道上轨最高 36.00 元，形态结构上进入（3）浪中的 3 浪 v 末端，价格在此价位震荡三天，第 4 天冲高回落，在 35.62 元卖出用备用金加的 5 成仓位，按平均持仓成本每股挣 12.70 元，持仓成本降至 16.88 元。

春节后，股价跳空低开，最后以跌停板收盘。我是以开盘价 30.99 元加了3成仓，节后第2天跳空高开，我判断股价不会回到混沌区域内，因此，又以开盘价31.25元加了3成仓，总仓位达到16成仓，持仓成本22.23元。当天收盘价33.30元，接着股价沿前面画的30分钟图上升通道下轨小阳小阴逐步上行形成了一个标准的上升通道，2月24日跳空高开涨停，进入快速拉升，价格最高冲到50.30元，形态结构上到达（3）浪中的5浪v末端，可以判定30分钟级别v浪已经完成。

第2天大幅下跌，一度跌停，最高价50.30元与理论计算161.8%目标位51.82元相差无几，当下按跌停板价位计算，价格已经跌破多空分界线，此时，虽然价格还没有跌破上升趋势通道线，但是，上涨空间到达理论目标位，形态结构上可以判定（3）浪中的5浪v浪已经完成，再看一下成交量，从28日起连续三天量价背离，切换到30分钟级别，价格已跌破30分钟上升趋势线。综合空间、形态、成交量及30分钟趋势的分析，我决定在临收盘时以45.02元卖出8成仓，留下的8成仓，成本已经为-0.78元。

留下8成仓我是认为价格还会有一个b浪反弹，准备再次高点卖出，结果价格呈80度角直线下跌，直接触到混沌区上轨附近才止跌。将观察窗口切换到30分钟级别。

如图7-14所示，在30分钟级别上，经过z点、ii点两次确认，WZ结构成立，多空线金叉向上呈现多头态势。因此，我决定再次入场，4月2日以31.32元买入12成仓，总仓位达20成仓，持仓成本15.36元。"千金难买牛回头"，周线级别（4）浪回调完成后，价格再次触摸混沌区域上轨，30分钟级别已经构成标准的WZ-2交易模型。这就是我们将2只股票仓位合并使用的重要原因，记住WZ、WZ-1及WZ-2三个交易模型，关键点位，就敢下重手。

前面（1）浪初始目标在61.8%位，（3）浪价格成长目标大约在161.8%位，（5）浪目标就是261.8%位置。前2个目标已完成。

如图7-14所示，（4）浪完成后，（5）浪1形成V型反转，价格迅速站在161.8%上方，价格拒绝回调，在161.8黄金位上方窄幅横盘整理近一个月。6月30日强力拉至涨停，开启向261.8%目标位进军的号角。

理论计算261.8%初始黄金位价格是73.43元，实际价格最高达到78.45元。到达目标位后，价格依然强势，以72元为轴展开窄幅震荡。我决定只留2成纪念仓位，从7月22日开始减仓，经过5次减仓，完成了这笔交易，总盈利达到380%。

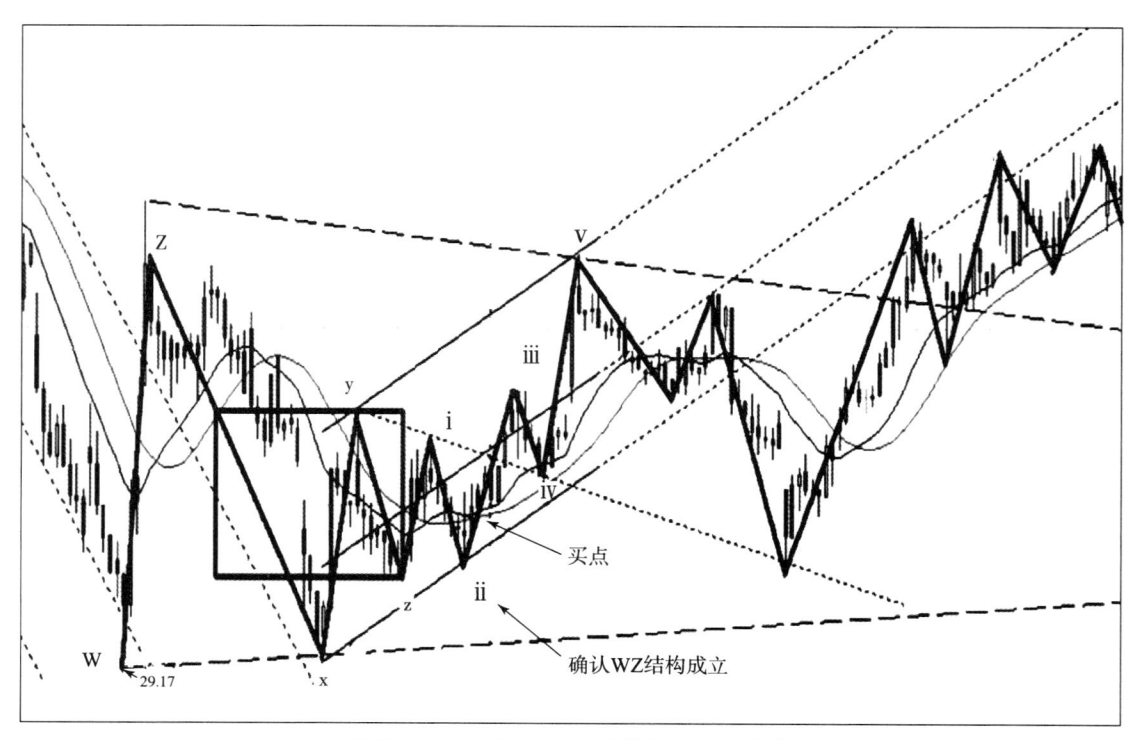

图 7-14　3月24日30分钟级别 WZ 结构

第五节　德赛西威交易要点分析

1. 价格生长过程——30分钟→日线→周线

这是一个典型的从30分钟级别开始到周线级别（5）浪完成的价格生长过程。价格生长从30分钟级别开始到日线级别，最后完成周线级别的（5）浪，逐级成长过程。

（1）应用WZ-1反弹结构建立30分钟交易，完成30分钟级别61.8%初始上涨目标。

（2）在30分钟级别上，经过2个多空循环结构完成的上涨段与调整段，构成了日线级别的初始波形态。日线级别WZ结构生成，出现日线级别2类、3类买点，从建立日线级别仓位，到完成日线级别61.8%初始上涨目标，价格才真正完成日线级别的WZ结构。

（3）日线级别WZ结构完成后，价格继续生长形成日线级别混沌区域，日线级别初始上涨结构被确认。随后，将产生周线级别主升浪进入快速拉升阶段，最后，完成261.8%成长目标。

2. 趋势比空间重要，空间比形态结构重要

价格到达或临近初始波目标价位，出现滞涨，也就是说，在同一个价位连续整理3天，第4天不能向上突破。或是急速下跌，跌破多空分界点，必须及时减掉半仓或全部卖出。

当价格到达理论上涨目标位，预示理论上达到上涨目的，空间变为第一重要。一定要转换到小级别观察，只要小级别趋势被破坏，就卖出一半或更多仓位。这样后边的操作，就可形成对赌形式。价格到达理论目标位，调整是肯定的，卖出一半后，可以根据调整力度，决定是否全部卖出，对二次进场交易，保护心态和利润上都相当重要。

如果价格上涨没有达到上涨目标，就跌破上涨趋势，出现头部结构形态，此时，应遵循卖出、止盈条件及时卖出。这时你不能还傻等，价格到达上涨目标。上涨趋势与结构形态已经被破坏，价格走势已经说明上涨动力不足，需要回头确认。

3. 标准交易模型的重要性

记住标准交易模型是实现交易简单化的最有效办法，在这个实际例子中，三种交易模型都出现过，最常用的还是 WZ 结构，是我们在各交易级别操作的标准模式，必须熟练掌握。

4. 最小 5 分钟级别走势对后市日线级别的意义

如图 7-15 所示，5 分钟级别成长过程，对 30 分钟级别以及日线级别成长过程在空间比例和各个目标位上都有示范性作用。

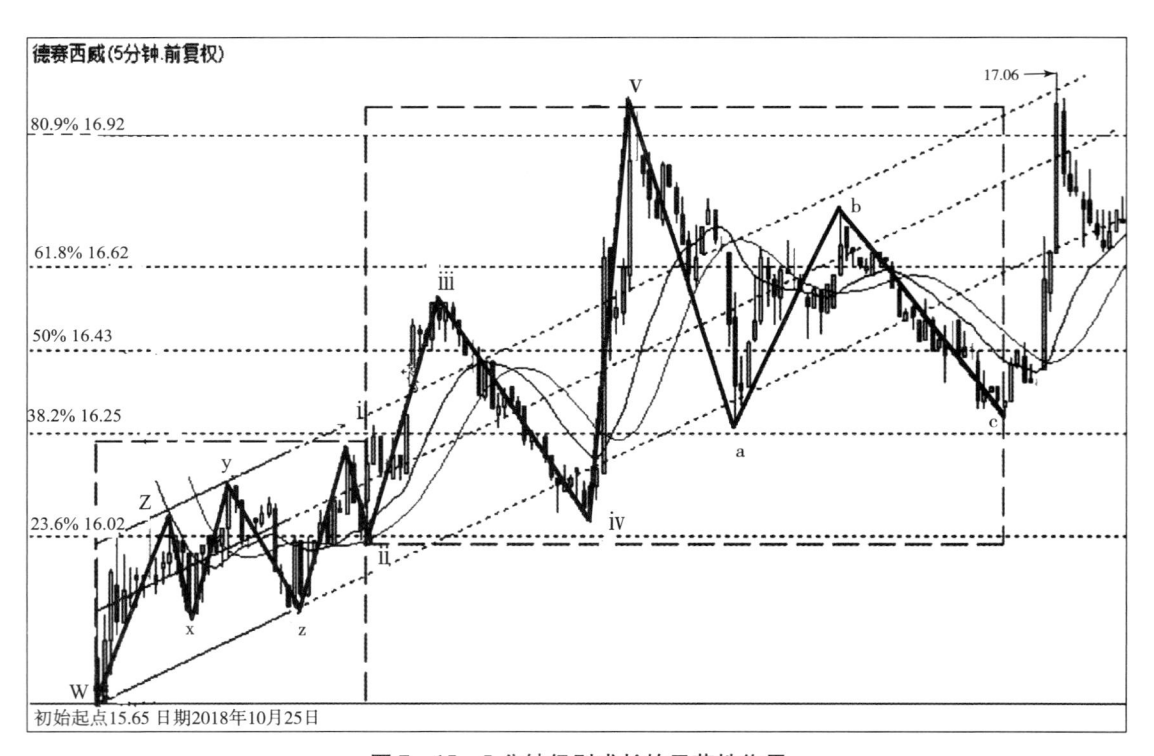

图 7-15　5 分钟级别成长的示范性作用

现在计算一下，五分钟级别初始波空间结构，起始点 2018 年 10 月 25 日 10：35 分 15.65 元，初始波高点 16.02 元，L =（16.02 - 15.65）÷ 0.236 = 1.57（元）

100% 位置 = 15.65 + 1.57 × 1.000 = 17.22（元）

161.8% 位置 = 15.65 + 1.57 × 1.618 = 18.19（元）

261.8% 位置 = 15.65 + 1.57 × 2.618 = 19.76（元）

423.6% 位置 = 15.65 + 1.57 × 4.236 = 22.30（元）

685.4% 位置 = 15.65 + 1.57 × 6.854 = 26.41（元）

1109% 位置 = 15.65 + 1.57 × 11.09 = 33.06（元）

5 分钟级别初始上涨高点是 17.00 元，与 5 分钟级别 80.09% 位于 16.92 元，仅差 0.08 元而后市 30 分钟、日线级别的初始上涨最高点，也是同样在 80.09% 位置。

5 分钟级别成长目标实际最高是 18.10 元，与理论计算初始黄金 161.8% 位置 18.19 元，仅差 9 分，5 分钟最终成长目标最高是 20.50 元，与理论计算初始黄金 261.8% 位置 19.76 元相差 0.74 元。再看一下后市日线级别第 1 个成长目标最高 50.50 元也没有到达正常的 161.8% 位置，在最高点附近仅停留不到一个小时，而在日线级别初始黄金 138.2% 位置 46.49 元上下停留了 5 天。日线级别的第 2 个成长目标，实际值与 5 分钟级别相同，也达到了 261.8% 位置。

5 分钟级别调整，最终是调整到 161.8% 位置，当下日线级别正在调整中，依据初始调整反向波幅计算，理论下跌的 161.8% 位置是 54.40 元，与日线级别上涨初始 161.8% 位置 51.30 元相差不多，有待于后市验证。

5. 股票价格成长的唯一动力是基本面

德赛发布的 2020 年上半年年报，业绩高于预期，净利润率明显改善。公司 2020 年上半年实现营业收入 25.69 亿元，同比增长 14.32%。净利润 2.30 亿元，同比增长 124.55%。公司 2020 年二季度收入 14.51 亿元，同比增长 14.51%，环比增长 26.7%；归母净利润 1.74 亿元，同比增长 196%，环比增长 216%。整体看，公司 2020 年上半年的营收远高于汽车行业的销量增速。业绩表明公司新产品、新客户正逐步上量。在报告期内，公司的驾驶显示信息系统业务收入 2.94 亿元，同比增长 166%，毛利率略微下滑 0.79%；车载信息系统收入基本持平，毛利率上涨 1.14%。公司主营全液晶仪表、显示模组及系统产品、智能座舱产品在核心客户的车型中开始配套放量。自动驾驶域控制器、全自动泊车系统以及车联网产品，也正逐步由推广转向定点甚至配套供货。公司业务目前正全面转向智能驾驶领域，这将是保证公司未来持续成长的最根本因素，随着下一代智能电动汽车即将进入逐步更新换代，我是长期看好这家公司的。

日线级别 261.8% 成长目标位是公司的初步成长目标位，相信在未来 1～2 年内，价格未完成日线级别 423.6% 终极成长目标位。也就是 = 16.05 +

5.22÷0.236×4.236=109.70 元，因此，我们等待价格调整至 55 元以下，准备第 3 次进场交易。

注意！55 元是理论计算下跌目标 161.8% 位置，当价格到达这一位置时，反弹整理后，必须是最低能够在 30 分钟级别上形成 WZ 上涨结构，30 分钟级别出现 1、2、3 买点，方可介入。并一定要设好止损，因为，向下还有第 2 个 261.8% 下跌目标，必须小心。

第六节　短线交易的目的

　　这个题目听起来很奇怪，长线也好短线也罢，交易的目的无非是挣钱。之所以这么说，就是要提醒短线交易者，一定要想一想这个问题。短线的操作很精彩，短线操作很无奈，当你觉得短线操作很精彩，笔者会在这里衷心地祝福你；当你觉得短线操作很无奈，笔者会在这里耐心地告诉你，短线是实战操作中最难的操作方法。

　　有很多投资者都把短线操作的方法当作短期获取暴利的方法。有很多投资者美其名曰短线炒手，可在我看来这些人连为什么做短线都解释不清。很多人连基本的操作技巧与操作理念都没有，却偏要进行难度很大的短线操作。在这里笔者送大家一句话：短线操作的目的只有一个，短线操作是回避风险的最佳操作方法，而不是获取暴利的捷径。下面讲一下几种常用的短线交易方法。

1. 混沌区域短线交易

　　混沌区域短线交易是指，价格是处于大一级别混沌区域，本级别为趋势行情走势，可作为操作级别进行短线交易，交易的目的有两个：①作为大一级别试探性建仓；②以3~4成仓在大一级别混沌区域内逢高卖出，逢低买入博取利差，为日后价格突破混沌区域加大仓位，打出止损空间。

　　如图7-16所示，科大智能2020年2月4日创出6.81元低点后，走出了一波反弹行情，当日线级别x点即将终结，我们准备在60分钟级别上交易x-y段反弹行情。首先，要去60分钟K线图寻找一个确定性买点。

　　如图7-17所示，在60分钟级别走势图上，日线级别x-y段走势。科大智能 i 点突破x-y段调整趋势线，回调产生 ii 点，接着又一个二波结构产生 iv 点。前边我们讲过 iv 点是确定性2类买点，iv 出现后价格经小幅震荡拉出一根大阳线突破60分钟多空线，之后回调在60分钟第2根K线，价格出现窄幅整理强势特征明显，我们在8.14元买入3成仓。

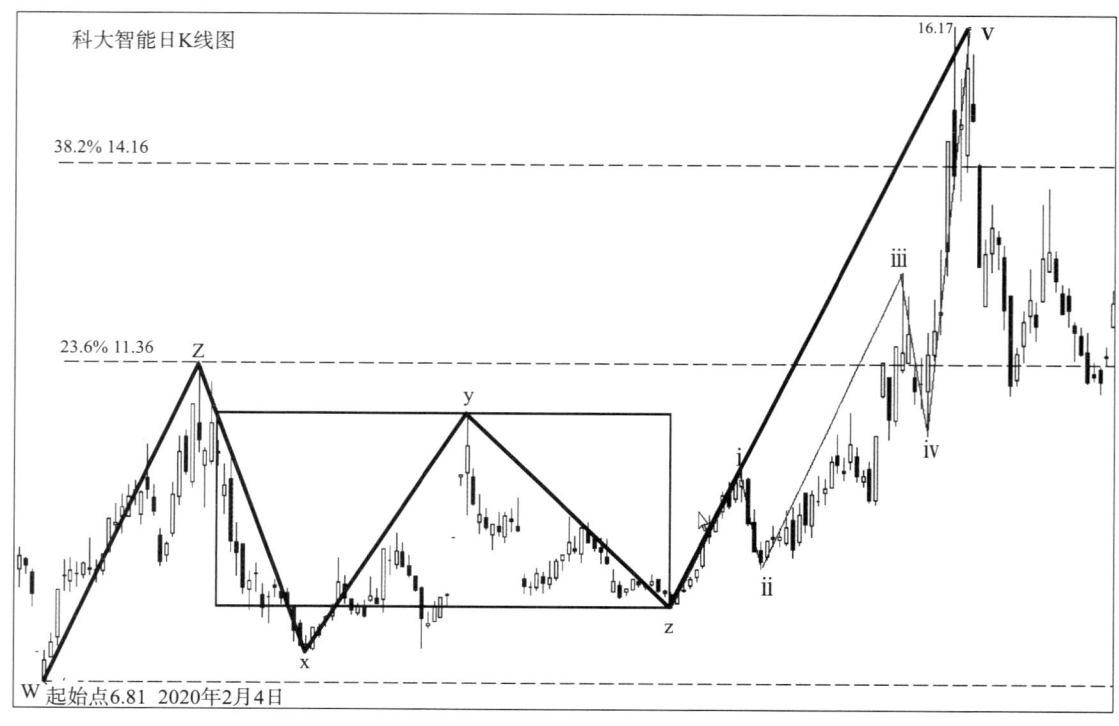

图 7-16 科大智能日线走势图

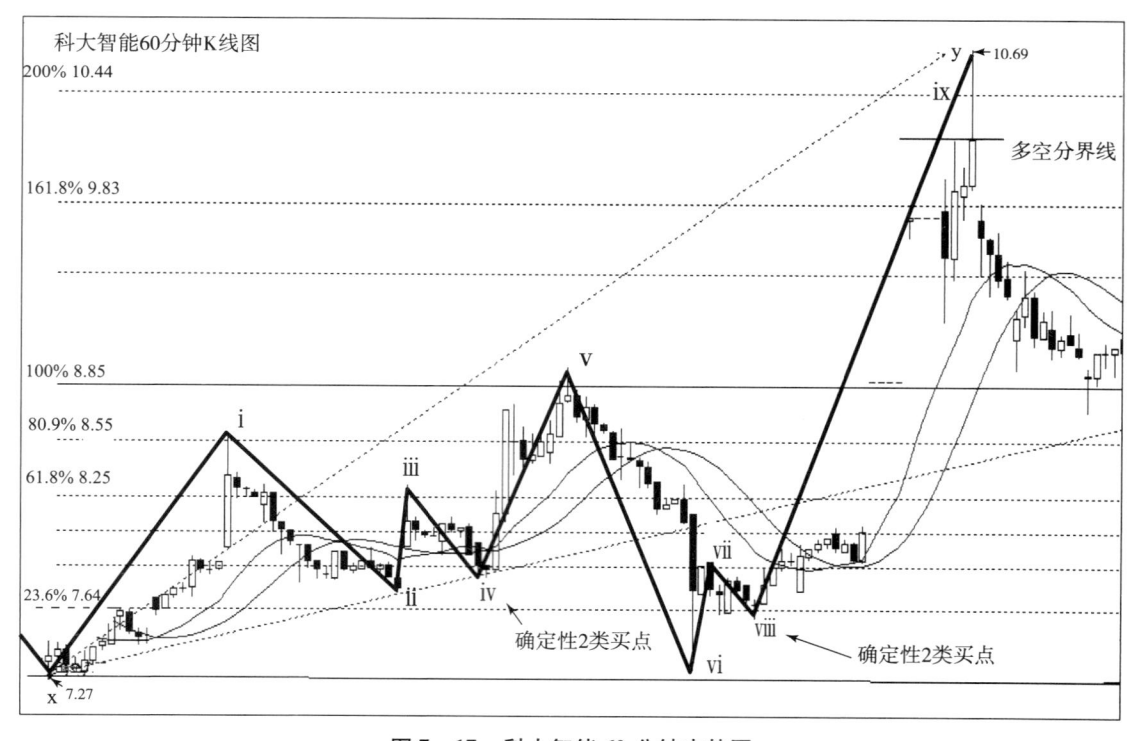

图 7-17 科大智能 60 分钟走势图

当价格到达 v 点后出现调整并跌破 15 分钟通道线下轨，反弹无力卖出 2 成，看下 v 点也是 60 分钟级别初始波 100% 位置。这波调整最低 vi 点 7.30 元，未破前边低点 x，反弹并回头确认ⅷ点成立，ⅷ点成为确定性 2 类买点，价格再次突破并站在 60 分钟多空线之上，5 月 7 日 60 分钟多空线金叉向上，我们在多空线上方 7.92 元再次买入 3 成仓，止损点设在ⅷ点。这就是短线交易的目的，当价格跌破上升趋势线不用多想，回避风险为第一要务。之后的操作我就不讲了。

2. 突破混沌区域出现 3 类买点的短线交易

价格突破 61.8% 混沌区域上轨，上涨的基本目标是 100%～161.8% 位置。突破混沌区域上轨，并回头确认突破成立，其低点就是混沌区域 3 类买点，是短线最佳加仓点，这也是初始波定量化交易中一个确定性很强的加仓点。一般除满仓操作，我们还要动用一部分备用金多加 2～3 成仓，这是因为价格突破混沌区域回头确认突破成立，将进入快速拉升阶段，是短线获利的极佳时机。

如图 7-18 所示，从 2020 年 2 月份起东方财富周线 K 线上共出现过 3 次混沌区域 3 类买点，此时需将观察、操作级别切换到 30 分钟或是 60 分钟 K 线上，去寻找最佳介入点和止损点，在混沌区域 3 类买点加仓必须设止损点，止损点应在 30 分钟或 60 分钟 K 线上，以趋势通道线和多空线作为止损点。

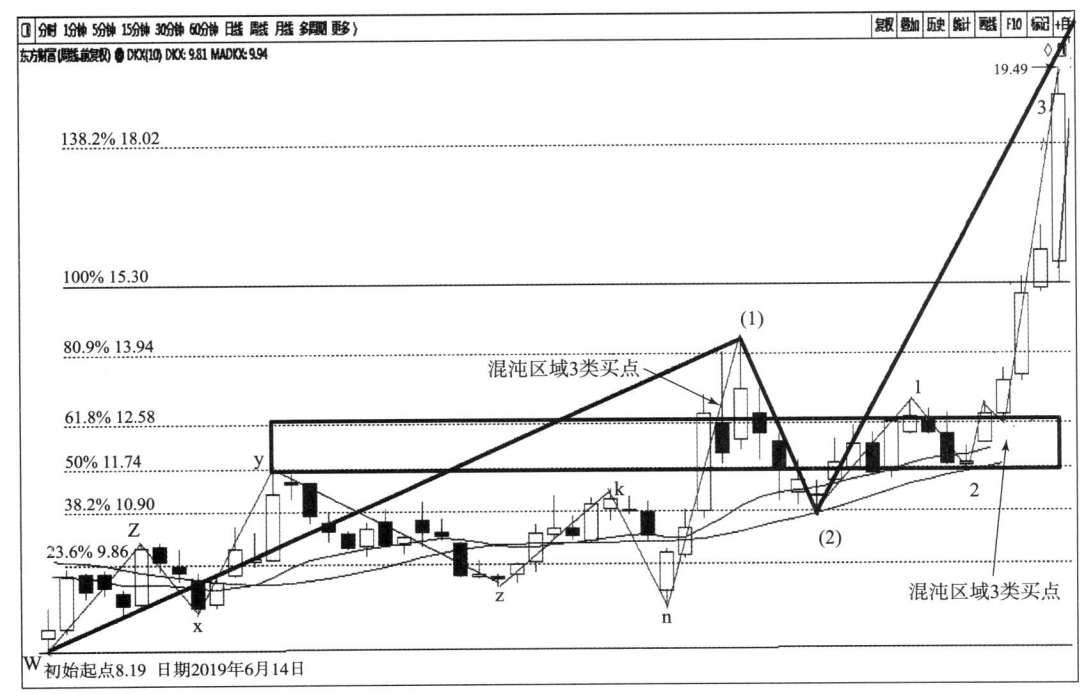

图 7-18 东方财富周线级别混沌区域 3 类买点

如果是周 K 线上的混沌区域 3 类买点，加仓成功后上涨目标基本是初始波周线级别的 100%～161.8% 位置。操作上应结合 30 分钟、日线及周 K 线综合分析，当价格到达 100%～161.8% 目标区域后，如出现卖出信号应及时获利了结。具体操作这里就不讲了。

3. 短线必涨——横盘突破

横盘是指价格突破后的短暂窄幅横盘，横盘时间不能超过 5 天，横盘振幅较小的短线强势上涨过程中出现的短暂停顿走势。横盘时间越短，说明主力控盘越具有冲动性，未来的上涨也会相对迅猛。突破是指某日收盘价（或实盘中分时线）通过横盘期内的最高价（或最高收盘价），横盘突破技术特征如下：

（1）日线级别多空线多头向上发散（5 日、10 日均线呈现多头排列）。

（2）价格出现横盘，多空线上升或未出现死叉（5 日、10 日均线依然多头排列，未死叉）。

（3）横盘调整时成交量萎缩，突破时成交量温和放大，注意不能出现怪异巨量。

（4）横盘期间价格振幅要小。

（5）突破时的阳线要有力度且上涨速度要快，要求当日涨幅超过 3%。

（6）股价所处的位置为上涨中部或底部。

（7）大盘趋势要好。

如图 7-19 所示，2019 年 6 月 6 日创出 10.65 元低点，之后形成 WZ 结构。这里重点讲的是 6 月 19 日跳空高开形成的大阳线和之后几天的调整走势，这是一个典型的跳空突破前期高点，之后又走出强势调整的结构形态。首先开盘价 11.51 元是前 22 个交易日的均价，整个阳线实体贯穿 20 日与 30 日均线。主力收集前 30 个交易日浮动筹码的意图清晰可见，在之后的 5 天调整中，调整区域基本是在这根大阳线范围内。27 日再次跳空高开，走势与 19 日同出一辙。还有 7 月 1 日跳空涨停和之后的窄幅横盘调整走势都是主力强行收购筹码的表现。简单地说，就是价格跳空高开突破前期高点，之后在缺口上方横盘整理，经短暂横盘整理价格突破横盘区域最高点，短线介入的最佳时机出现。

笔者在这里强调一下，笔者不提倡单纯的短线交易，短线交易虽然见效快，但风险也大。笔者讲的短线交易主要是依据初始波区域性质操作，具体特点如下：

（1）混沌区域内试探性建仓，操作上在混沌区域内采取逢低买入，逢

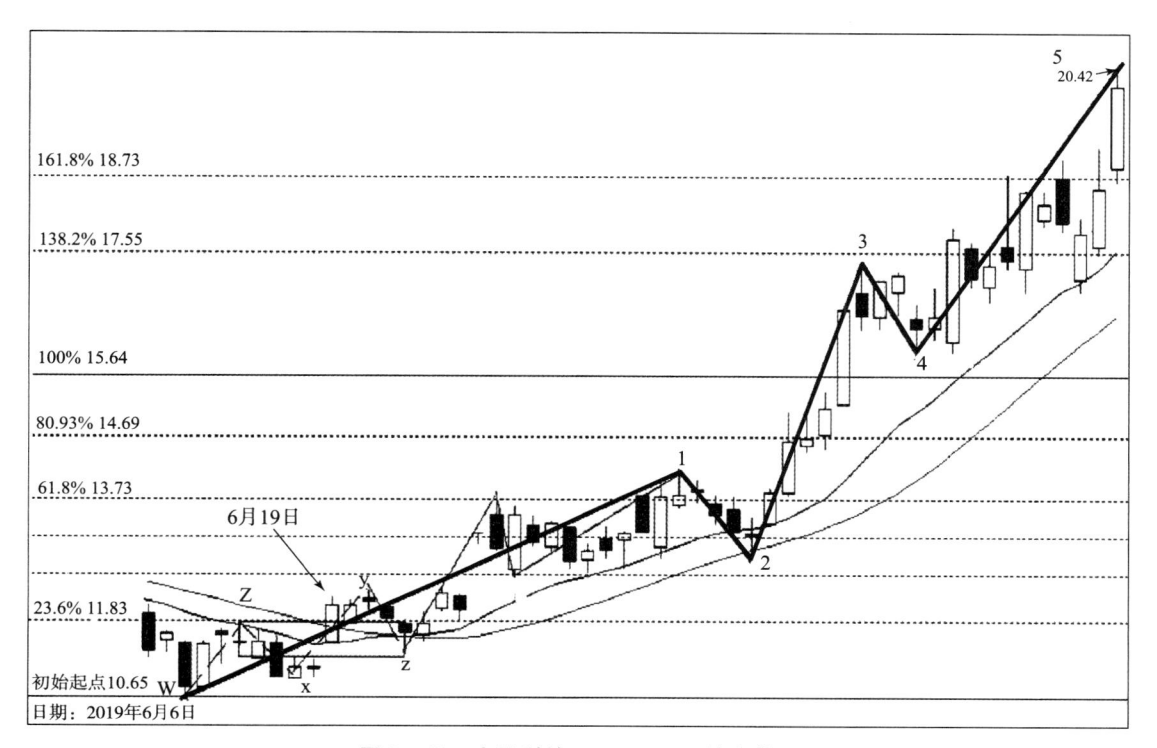

图 7-19 光弘科技 300735 日 K 线走势图

高卖出的操作策略，具体交易都是在次级别上的短线趋势波段上操作。

（2）价格到达初始波理论目标位，短线逢高卖出，主要目的是回避短期风险。

（3）混沌区域 3 类买点是短线加仓点，是博取快速拉升阶段的最佳买入点，是最好的短线交易机会。

总的说，短线交易是交易中最复杂最难的一种交易，交易时一定要注意交易级别，要有明确的交易目的，有明确的止损点和目标位。

第八章
初始波理论基础

"初始波理论"是笔者20多年的学习与实践总结后提出的价格空间分析理论,是对价格在运动生长过程中时间与空间的逻辑描述,是价格生长运动的一种客观规律。影响价格波动的因素共有八个方面,分别是趋势、时空、形态、成交量、情绪、筹码、估值、策略,在其中与价格走势表象相关的是前四个,即趋势、时空、形态和成交量,初始波概念描述的是时空。

第一节 初始波幅与初始周期的数学基础

一、初始波的数学基础

首先，我们先确认一下价格走势的属性。价格交易属于大众行为，交易价格表面上看是混杂、混沌和随机的，实际上混沌是更高境界的一种有序，这与自然万物的生长是一样的。波动是最根本的，万物生长都是如此，是自然本身的法则，波动的规律是普遍存在的，适用于地球上每一种现象。

根据波动法则，市场中每个品种都在其自身的活动范围内运动。至于强度、成交量、运动方向，所有演化的本质特征，都在于其自身的波动法则——波动率。

江恩认为，能感知的自然在不同领域的多样性，都有其数学关系的紧密联系，价格走势也自然有其数学基础。人类在观察自然界时发现，凡是根据黄金比率及斐波那契数列所设定的方式来建构的体系，成长壮大都最为简单。这种概念理当正确，自然界万物生长均符合这一规律，这一规律也符合人类的审美观念。斐波那契数列是自然界动态系统成长与衰败的DNA。大众行为同样也是自然界中的一个动态系统。因此，可以推论，市场价格走势遵循斐波那契数列规律。

数学家早就确认对数螺旋上所有的点，相互间都有数学上的关联，市场价格走势遵循斐波那契数列（对数螺旋数列）规律。因此，可以推论，市场中的价格走势也应该显示出相同的数学关系。

当市场价格的螺旋被转换到二维空间时，其结果是"不稳定"的循环。该循环的每一个摆动与其前者的关系为对数比率，遵循黄金螺旋及1.618相关比例关系。斐波那契数列就是我们对价格走势预测的数学基础。

如图2-10所示，在理论上，黄金矩形的切割过程是可以持续到无穷的。结果出现一系列逐渐变小的正方形，任何一个正方形的面积与前一正方形面积成等比关系，比率为1.618。这一系列的正方形实际上呈螺旋状直到无穷。绘制一条连续线，衔接相邻正方形共同边上的点，则该螺旋效果可以更清晰地显示出来。其结果便是"黄金螺旋"。

如图2-19所示，黄金螺旋与1.618息息相关，黄金螺旋有两个特性值：一是由螺旋的理论中心点所引出的每一个半径，与其先前呈90度（即逆时钟方向）之半径，两者的长度之比为1.618；二是螺旋的每一个直径较先前呈90度的直径之比为1.618。

黄金螺旋比例是由斐波那契数列推导出来的，斐波那契数列有三个性质：数列的每一项都是前两项之和；数列的每一项除以前一项的比率都是1.618，数列的每一项除以后一项的比率都是0.618；间隔项之间的比率是2.618和0.382，最后，间隔两项之任何两项的比率为4.236和0.236。

黄金矩形图中各边的比率皆符合黄金螺旋比率，其中AB/BC=AC/AB=1.618；AB/AC=BC/AB=0.618，这两个是最重要的黄金比率，1.618的倒数是0.618。

二、初始波与斐波那契数列

1. 价格成长定律

黄金螺旋矩形图中许多小矩形被用来建构黄金螺旋，每个矩形的长度皆可用来衡量该螺旋的"宽度"。我们假定最小的黄金矩形的长度为0.236，将该螺旋转换到价格与时间的二维空间，依据黄金螺旋规律，将0.236作为斐波那契数列的起始值，则可得出初始波价格生长黄金数列0.236、0.382、0.5、0.618、0.809、1、1.236、1.382、1.618、2.618、4.236、6.853等。去掉数列中不符合斐波那契数列的各项。

初始斐波那契数列：0.236、0.382、0.618、1、1.618、2.618、4.236、6.853……

价格成长定律：股票未来价格将按照"初始斐波那契数列"逐级成长。价格的成长与植物的成长过程一样，都遵循黄金螺旋规律，价格成长是按逐级、逐层次进行的，展开的最大阻力在各级层次的最大直径上，而最大直径遵循斐波那契数列规律，最重要的位置是0.236、0.382、0.618、

1.618、2.618、4.236、6.853 等。

2. 斐波那契数列（对数螺旋定律）

斐波那契数列指的是这样一个数列：0，1，1，2，3，5，8，13，21，……在数学上，斐波那契数列以如下推的方法定义：$F_0 = 0$，$F_1 = 1$，$F_n = F_{n-1} + F_{n-2}(n \geq 0, n \in N)$。

用文字来说，就是斐波那契数列由 0 和 1 开始，之后的斐波那契数列的项就由之前的两数相加。依次类推下去，你会发现，它后一个数等于前面两个数的和。在这个数列中的数，就被称为斐波那契数。

2 是第 3 个斐波那契数。这个级数（数列也叫级数）与大自然植物的关系极为密切。几乎所有花朵的花瓣数都来自这个级数中的一项数字；菠萝表皮方块形鳞苞形成两组旋向相反的螺线，它们的条数必须是这个级数中紧邻的两个数字（如左旋 8 行，右旋 13 行）；还有向日葵花盘……倘若两组螺线条数完全相同，岂不更加严格对称？可大自然偏不！直到最近的 1993 年，人们才对这个古老而重要的级数给出真正满意的解释：此级数中任何相邻的两个数，次第相除，其比率都最为接近 0.618034……这个值，它的极限就是所谓的"黄金分割数"。

特别指出：0 不是第一项，而是第零项。在现代物理、准晶体结构、化学等领域，斐波那契数列都有直接的应用，为此，美国数学会从 1960 年代起出版了《斐波那契数列》季刊，专门刊载这方面的研究成果。

三、初始波对分析价格未来空间的意义

由于江恩并没有解释"波动法则"和"波动率"的形成原理，使笔者在学习研究江恩理论，分析价格走势时，对确定波动率问题感到困惑。这也成了笔者学习研究的主要问题，初始波概念就是因此而起。

江恩理论从根本上讲是统计学和方法论。"波动法则"和"波动率"是江恩理论的灵魂，波动法则、波动率与江恩周期理论构成了江恩理论的核心。至于江恩四方型、江恩六角型及江恩"轮中之轮"都是江恩用来分析的工具。其原理也是"波动法则"和"波动率"，是将黄金螺旋、天文、历法应用到价格分析中的几种方法，应用的知识面比较多，普通投资者学习、理解起来比较难。学习研究江恩理论最主要的是学习他的哲学思想和分析方法，从中找出适合自己的分析方法。将初始波概念引入黄金矩形，

使得我们可以应用黄金螺旋规律对江恩理论做完美的解释。

（1）将初始波幅引入黄金螺旋矩形，描述价格走势，是应用黄金螺旋展开规律解释价格波动规律的一个定量化分析过程，是对江恩"波动法则"预测价格未来空间走势的完美解释。应用初始波幅，初始周期计算价格时间与空间逻辑结构，使价格空间与时间分析实现定量化。是对江恩理论的进一步完善和发展。

（2）将初始斐波那契时间周期引入江恩 1×1 角度线，解决了波动率的确定方法，确定每一波主要趋势都有一个固定的波动率。

（3）江恩在确定时间之窗上，分析方法是多种多样的。时间之窗预测方法，也需要相互印证，找出共振点。将初始周期作为原始数据引入斐波那契时间周期，可以说，为时间周期找到了更准确的测量方法，这是因为，初始值是依据初始波而得，所以，要比自然周期更准确些，实践也证明了是非常有效。

将初始波概念引入黄金螺旋，用来分析价格运动规律，使价格分析与预测进入定量化阶段，价格分析与预测变得更有意义。道理很简单，例如，找到防治疫情的根本方法，是分析病毒的 DNA 组成，掌握病毒的 DNA 就可以研制出疫苗，问题就解决了。初始波就是价格走势的 DNA。价格循环的每一个摆动都与这个基因存在着对数比率关系，和自然万物生长一样都遵循黄金螺旋规律。

第二节　初始波动率与江恩角度线

一、初始波与江恩角度线

1. 江恩角度线制作原理

波动率=(重要终点价位-起点价位)÷时间周期，波动率的意义是：

(1) 测算波动率需要历史数据，数据越多，也就是说周期越长越准确。所以，新股无法准确确定其波动率。

(2) 关键是重要起点的判断，选错了点意义就不一样。

(3) 高低重要（支）点的选择要注意，一定要与时间周期结构相符合，月线、周线的高低点不一定符合日线、小时线的要求，要在特定的时间、坐标内观察有意义的重要（支）点。

上升趋势波动率和下降趋势波动率，取点方法是：

(1) 上升趋势波动率=两个重要底部点位高差/时间周期。

(2) 下降趋势波动率=两个重要顶部点位高差/时间周期。

这是绘制1×1线的重要依据。如波动率是0.56，在制作角度线时，时间取1单位，价格取0.56个单位画出1×1角度线。江恩角度线是按时间与价位之间的比例计算，最重要的是1×1线，是一个单位的时间相等于一个单位的价位，当市场到达这个平衡点时，市场便会出现震荡的作用。在实际应用，如何确定1×1角度线是能否正确画出江恩角度线的关键。江恩角度线的作用是为金融价格的未来走势确定一个操作界限，其实质也是空间区域划分。

2. 应用初始波特性制作江恩角度线

现在，我们将初始波概念引入江恩角度线1×1中，能否正确画出江恩角度线，最关键的就是如何确定1×1角度线，也就是如何确定波动率的问题。画出 1×1 角度线只需两个点，起点是 1 个，如果我们找到另一个符合江恩 1×1 角度线定义（一个单位的时间相等于一个单位的价位）的点，问题就解决了。

我们按照江恩时间等于价格，价格等于时间这一原则，将价格第一次实际完成 61.8% 初始基本目标位（实际完成点位与理论计算 61.8% 会有一定偏差）确定为价格等于时间的平衡点。与初始起点构成江恩角度线 1×1 线。

二、同级别初始波强弱与后势强弱之关系

初始波动率是由初始波引起的一波趋势行情波动率，在这波行情的发展运动中，无论是上涨还是调整，每个次要趋势都有它自己的波动率，这些次级波动率与初始波动率，就像狗与主人的关系，次级波动率是判断股票价格强弱的尺子，这和角度线概念是一样的。

下面是我们制作江恩角度线的一种方法，利用价格在初始行情中 61.8% 黄金位是初始行情的最大的阻力位——混沌区域运动特性。以价格初始波起点为原点，以价格第 1 次到达 61.8% 位置的时间点为第 2 个点，连接这两个点画出江恩 1×1 角度线。利用这一特性制作出的江恩 1×1 角度线是可以判断价格未来走势强弱的，在同级别，同方向的相邻两个江恩 1×1 角度线中，斜率大的未来走势就强，生长空间就大。下面举个实际例子说明一下。

如图 8-1 所示，上证指数 120 分钟 K 线图，现在我们用上面讲的概念制作江恩角度线。连接初始波起点 0 和价格在 61.8% 位置附近的最高点画出江恩 1×1 角度线。具体画法如下：

0 点为 2020 年 3 月 19 日 2646.81 点，是初始波起点，3 月 20 日 2751.74 点是初始波高点，由此计算出初始波混沌区域上轨 61.8% 位置是 2921.58 点，而实际走势中价格于 5 月 11 日完成第 1 波上涨高点 2914.28 点，与初始波 61.8% 位置仅差 7.3 点。我将此点标注为 1 点，作为江恩 1×1 角度线第 2 个点，将江恩角度线原点放在初始波起点 0 点，用 1×1 角度线连接 1 点则完成江恩角度线的制作。画出的角度线对未来价格有着重要的意义。例如，2 点、3 点是两个比较重要的低点都在 2×1 角度线上；价格在 4 点跳空高开突破 1×1 角度线的压力；价格跌破 1×1 角度线，回头确认反弹到 1×1 角度线位置 5 点受阻回落。

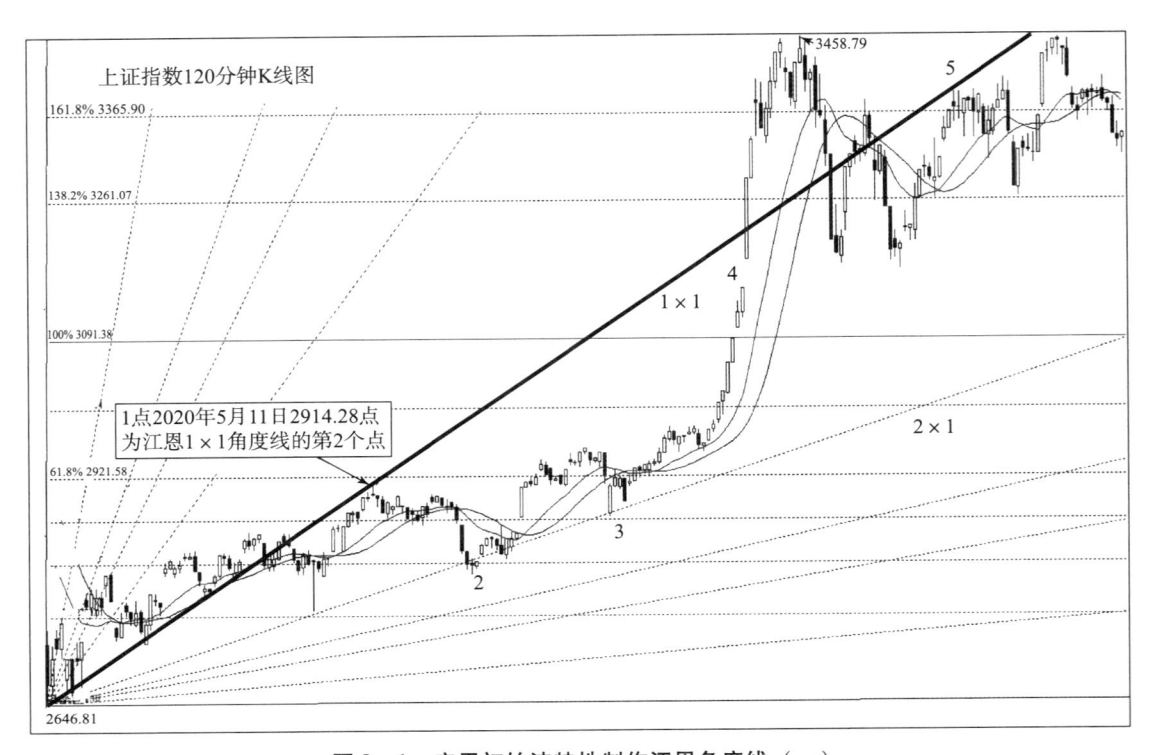

图 8-1 应用初始波特性制作江恩角度线（一）

如图 8-2 所示，应用初始波混沌区域特性确定江恩 1×1 角度线。首先确定 0 点、1 点，起点 0 点：2019 年 8 月 16 日 2733.92 点；1 点：2019 年 8 月 27 日价格第 1 次到达混沌区域上轨附近高点 2919.45 点作为江恩 1×1 角度线的 1 点。计算初始波混沌区域 61.8% 上轨位置是 2925.19 点。用江恩角度线 1×1 线连接起始点 0 与 1 点，则画出江恩角度线。

下面我们将两张图比较一下，这两波走势是同级别同方向的走势，我们将两张图中江恩 1×1 角度线的斜率比较一下，图 8-1 中 1×1 角度线的斜率明显小于图 8-2 中 1×1 角度线的斜率，再比较一下上证指数后面的上升空间及速度。斜率大的上升空间明显比斜率小的上升空间要大，速度也要快。

再仔细看一下，应用初始波 61.8% 黄金位画出的江恩角度线，相信你会感到惊讶！各个角度线对股价的作用相当明显，利用初始波混沌区概念，制作的江恩角度线对股价的运动支撑与压力是相当有效的，这种方法适用于任何金融价格走势，只要你找出正确的初始波起点与终点，画出由初始波计算出的未来空间的黄金价位，当股价走到 61.8% 初始波黄金位时，江恩 1×1 角度线即可画出，江恩角度线的制作也就变成一个简单的事情。

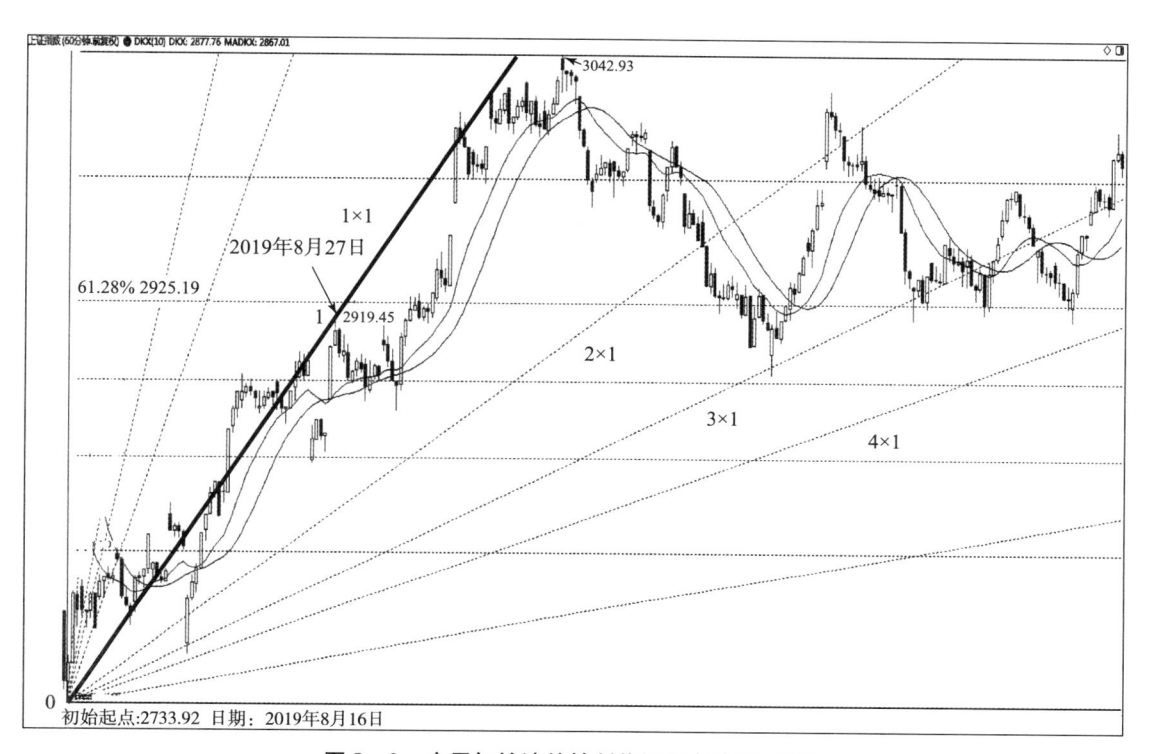

图 8-2 应用初始波特性制作江恩角度线（二）

第三节　利用初始波及区域性质建立多级别仓位

建立多级别仓位，实现各个级别仓位独立交易，长、中、短仓按交易级别控制仓位，是规避风险、保护利润、保护操作心态的一个重要交易方法。

一般情况下，我用以下三种交易级别联动交易：①5分钟级别属于短线风控仓位，交易仓位控制在10%~20%的仓位；②30分钟属于建立中线仓位级别，交易仓位控制在30%~40%的仓位；③日线属于建立长线仓位级别，交易仓位控制在40%的仓位。另外，留10%~20%现金做机动。

前边讲过区域性质与仓位的关系，这里我们主要是讲交易级别与仓位的关系，以及多级别交易仓位联力互动的关系。

一、交易级别

交易级别是指在一个固定区间内，在较大级别趋势的保证下，去寻找、交易它未完成段的走势。通过次级别或次次级别走势结构的结束，利用未完成段的完成过程来对应我们的交易过程，这个未完成段就是我们的交易级别。

例如，一个日线级别下跌趋势的完成，必然会有一个确定性较强的30分钟反弹趋势生成，我们要交易的就是这个30分钟反弹趋势，交易级别就是30分钟级别。

二、仓位与级别的关系

仓位与级别的关系必须遵守一条，在本级别建立的仓位，一定要在本级别结束，也就是说，在 5 分钟级别以 1、2、3 类买入点买入的仓位，一定要在 5 分钟级别出现 1、2 类卖点时卖出，最迟也应在第 3 类卖点卖出。并且一定要遵守价格所在区域的操作策略。如 1、2 类买点在混沌区域内的操作策略是逢低买，逢高卖出，而 3 类买卖点出现后，行情是单边行情，操作策略是跟踪趋势交易。

交易的真谛就是，在你所交易的各个级别的重要节点上，交易者要知道当下发生了什么，知道应对发生要启动哪项交易预案。也就是说，已经发生的就是发生了，不能迟疑，应该立即启动应对预案。

5 分钟级别 1 类买点所建立的仓位是属于试探性仓位，仓位控制在 1~3 成仓，具体根据操作水平而定。

5 分钟 2 类买点出现后，确立了 1 类买点底部成立，所以，2 类买点是建立底仓最佳买点，仓位总量控制在 2~3 成仓（含 1 类买点仓位）。

当 5 分钟 3 类买点出现后，表示一个趋势性单边行情将展开，一般仓位总量控制在 5 成仓（含 1 买、2 买仓位）。

30 分钟及日线的建仓方式及过程与 5 分钟的建仓方式及过程完全相同。总之，5 分钟级别、30 分钟级别、日线级别的交易与操作策略是一个模式，方法方式是完全相同的，每个级别上都有各自的 1、2、3 类买卖点，价格生长过程中，哪个交易级别发出买卖信号，就要根据价格所在区域的操作策略在哪个级别上完成交易。

我们这里将交易分成 3 个交易级别，这不是绝对的，也可以根据自己的习惯，分成 2 个或者 4 个都可以，每个级别所对应的仓位，也是根据每个人的交易习惯和资金策略有关，这需要摸索，开始时分成 2 个交易级别，做熟了再逐渐细化。

三、案例：5G ETF 的走势与仓位控制

如图 8-3 所示，首先用初始调整反弹波幅 AB 段，计算出从 2020 年 2 月 25 日开始的这波下跌目标位。161.8% 下跌目标位 = 1.216 − (1.344 − 1.2616) × 1.618 = 1.009（元）。

当价格跌破这一点位时，出现了一波急速反弹行情，最高反弹至 1.092 元，反弹幅度已经超过前期最大反弹幅度，从空间上判断 C 浪基本终结，我们到 30 分钟级别和 5 分钟级别去观察 C 浪终结点以及趋势反转的初始结构。

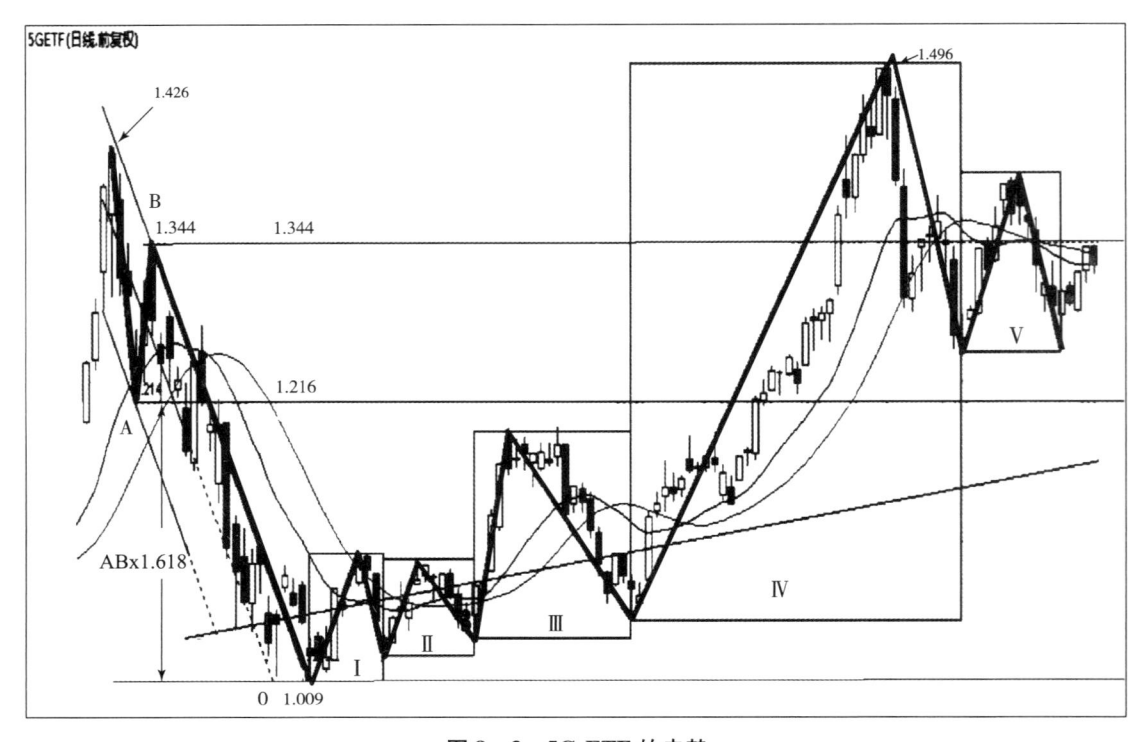

图 8-3　5G ETF 的走势

如图 8-4 所示，5 分钟级别走势，现在计算一下，这波反弹行情的初始上涨空间结构。起始点 2020 年 3 月 30 日 0.978 元、初始波高点 1.024 元计算如下：

L =（1.024 - 0.978）÷ 0.236 = 0.195（元）

61.8% 初始上涨目标 = 0.978 + 0.195 × 0.618 = 1.098（元）

在 5 分钟级别上，当 W、Z、x 三点形成后，连接 W 点和 x 点成直线，经过 Z 点做 Wx 直线的平行线，得到初始上升通道线。价格到达通道线上轨附近 y 点开始调整，终结点 z 正好落在下轨上，这是一个确定性买点。4 月 1 日 1.004 元买入，建立 5 分钟级别 3 成仓位。4 月 2 日价格上涨突破初始中枢，出现 3 类买点，此时，5 分钟级别初始波基本确立，再加 7 成仓位。完成 5 分钟级别建仓任务（这里说的 3 成、7 成仓位是指占总仓位 20% 的 5 分钟级别仓位）。

5 分钟级别属于试探性建仓，所以，仓位一般控制在总仓位的 20% 以内。5 分钟级别建仓后，必须在 5 分钟级别监控、操作。当价格接近 61.8% 混沌区域初始目标位时，开始震荡，4 月 8 日最高点 1.092 元，当价格跌破上升通道上轨时，可以确认 5 分钟级别 1 卖和 2 卖出现，因此，我

第八章 初始波理论基础

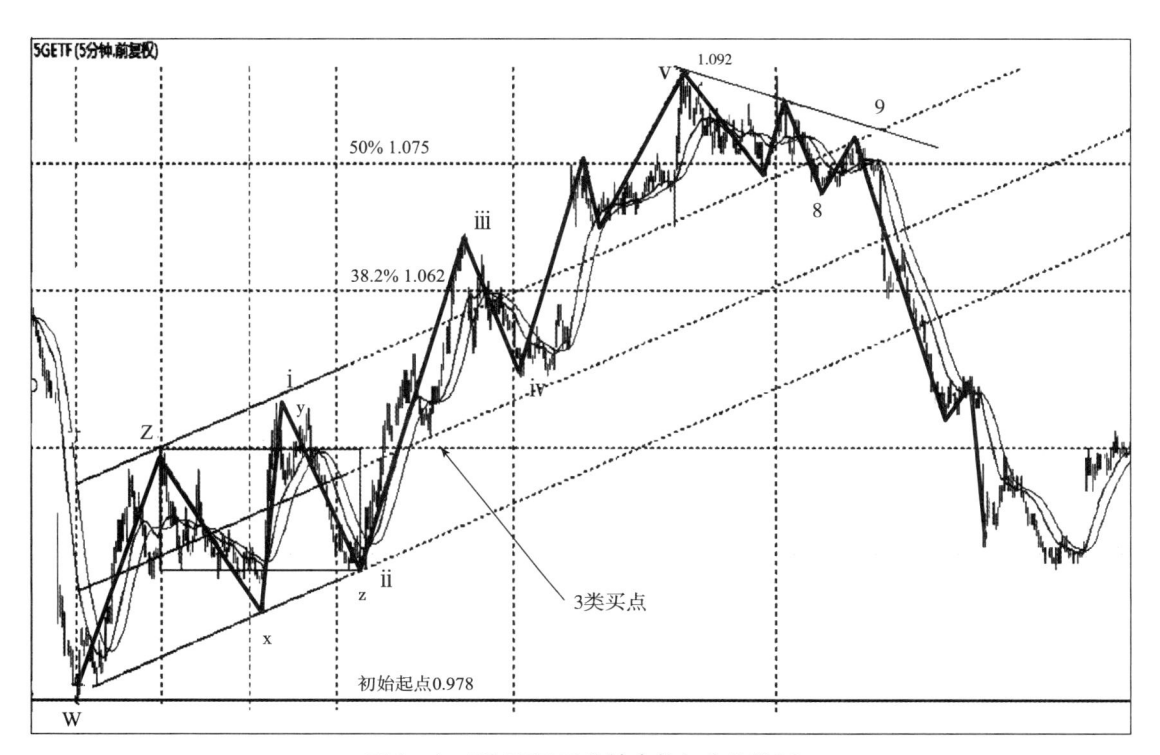

图 8-4 5G ETF 五分钟走势与仓位控制

们去 1 分钟 K 线图上观察，价格反弹在还未冲击顶点压力线时就开始走弱，我们在 9 点附近 1.078 元卖出 8 成仓。

三地种交易级别与仓位的关系，如图 8-5 所示。

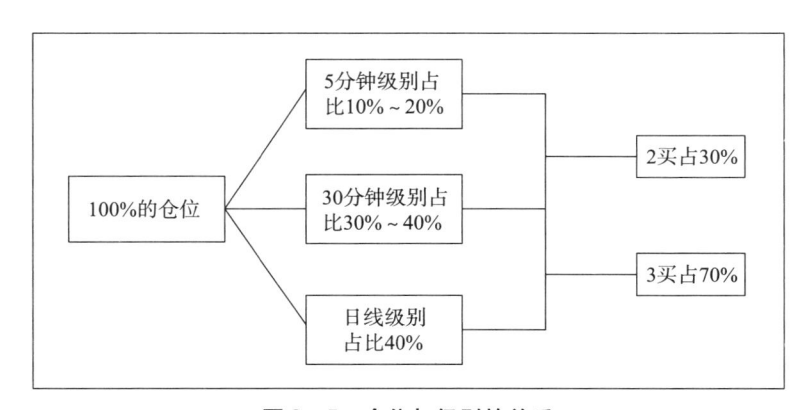

图 8-5 仓位与级别的关系

如图 8-6 所示，5 分钟级别的上涨终点（v 点）升级为 30 分钟级别的 Z 点。在 30 分钟 5G ETF K 线图中，4 月 14 日跳空高开确认了 13 日 1.00

元（x 点）为 30 分钟级别 2 买，没有跌破前边 5 分钟级别 2 买 0.99 元，因此，我们在 x 点 1.02 元上方完成 30 分钟建仓。

30 分钟的监控、卖出与 5 分钟级别在逻辑上、方法上是一致的。依照这一逻辑，我们使用 5 分钟、30 分钟、日线三个交易级别，实现短、中、长线相结合的联动交易方法，去完成一段日线级别的交易。

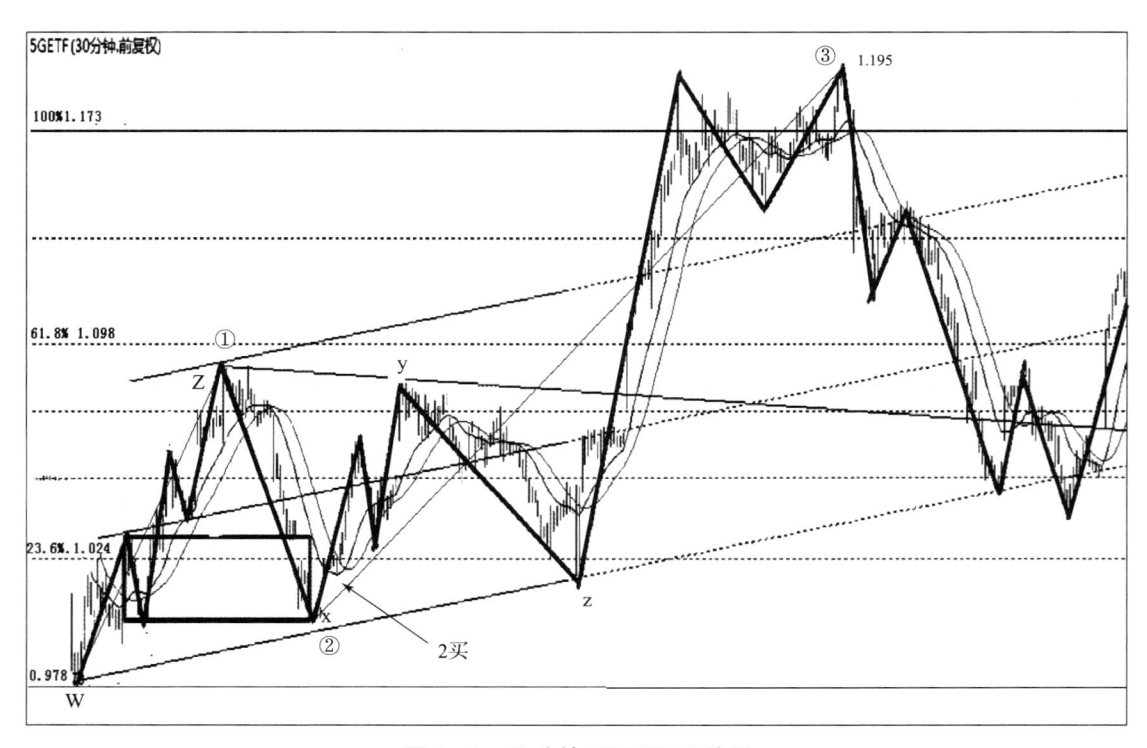

图 8-6　30 分钟 5G ETF K 线图

第四节 初始波确立的理论依据

一、初始波确立的理论依据

初始波确立的理论依据主要是道氏理论定理 1 和道氏理论定理 5。

道氏理论定理 1：

道氏的三种走势：

第一种走势最重要，它是主要趋势——整体向上或向下的走势称为多头或空头市场，其间可能长达数年。

第二种走势最难以捉摸，它是次级的折返走势——是主要多头市场中的重要下跌走势，或是主要空头市场中的反弹。修正走势通常会持续三个星期至数个月。

第三种走势通常较不重要，它是每天波动的走势。

道氏理论定理 5：

次级折返走势：次级折返走势是多头市场中重要的下跌走势，或空头市场中重要的上涨走势，持续的时间通常在三个星期至数个月；此期间内折返的幅度为前一次级折返走势结束后之主要走势幅度的"33% 至 67%"。次级折返走势经常被误以为是主要走势的改变，因为多头市场的初期走势，显然仅是空头市场的次级折返走势，相反的情况则会发生在多头市场出现顶部以后。

定理 1 主要宗旨是强调要顺从主要趋势，认真对待次要趋势，忽略正常波动。至于其中所说的时间，是因为那年头没有电脑，价格运动走势靠手工制作，交易级别主要以日线、中线为主。

定理 5 用次级折返幅度为主要走势幅度的"33% 至 67%"给价格趋势的形成做出了一个定义。换句话说，一个初始上升趋势的确立，是在折返幅度在 33% 至 67% 确立的，如果这个折返幅度大于 67%，这个趋势一是很弱，二是可能失败。次级折返幅度可用于预测后市走势的强弱，折返幅度越小，说明未来走势越强。

如图 8-7 所示，用实例说明一下，金龙机电 2019 年 8 月 15 日创出新低 2.69 元之后，走出三次反向波，每次都创出新高和新低，因此，初始波的确立是经过三次校正才确立的。

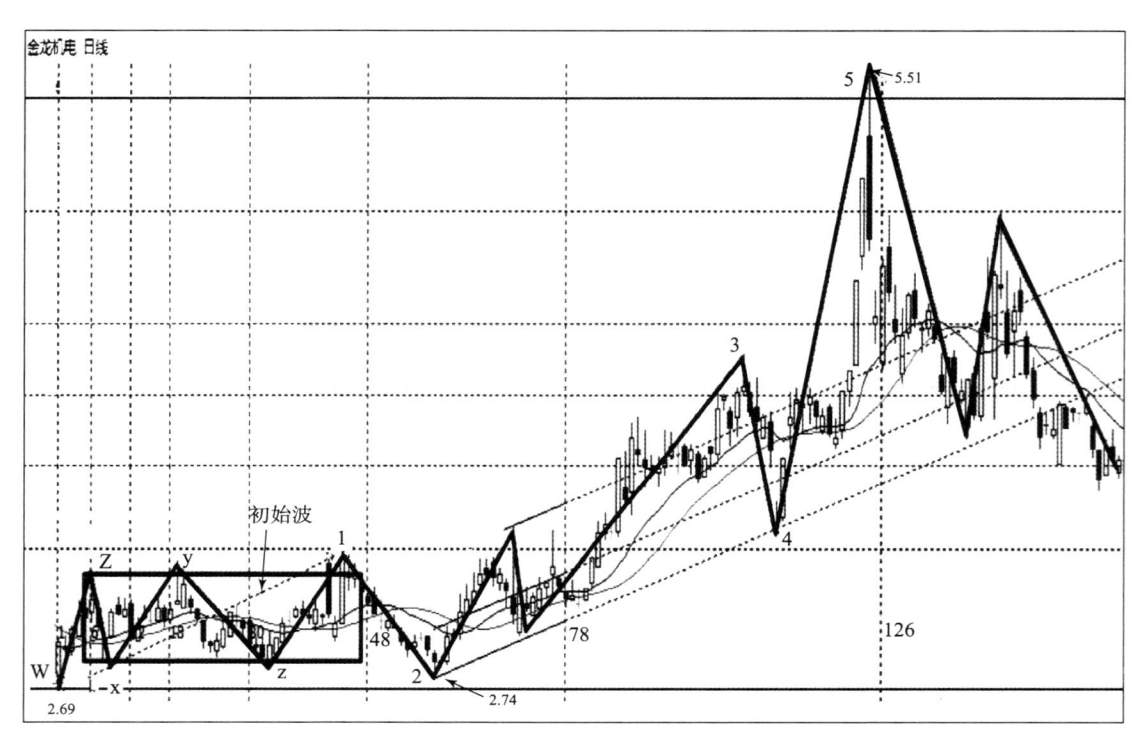

图 8-7　金龙机电 2019 年 8 月 15 日走势

确立初始波后，后续走势出现跌破前期低点，这个先前确定的初始波就被否定，如果后续走势跌破初始波起点 2.69 元，那么，初始波就不是初始波了，它就成了前段主趋势的一个反向波。

二、利用趋势、空间、形态以及成交量确认初始波的成立

初始波的确认是一段新趋势的开始，同时，也是对上个趋势结束的确认。因此，我们必须从两个方面去认识它。假定上一个趋势是日线级别下跌趋势，我们就先要从趋势、空间、形态以及成交量这四方面来判断这个日线级别的下跌趋势是否终结。然后，在次级别 30 分钟级别上，判断初始

波基本形态是否生成。判断方法上无论是日线级别还是30分钟级别、5分钟级别，都是要从下面这4个因素去考量。

1. 趋势是第一因素

我们的买点绝对不是追求最低点，事实也是，你永远不知哪是最低点，我们的买点一般是在价格突破下降趋势通道线，回踩不创新低后才寻机买入。

2. 空间判断

初始波是判断空间的一把尺子，通过下跌趋势的初始波，可以轻松地计算出下跌的空间支撑位及目标位。当价格到达某个调整目标位时，再结合下跌行情的性质（是针对什么级别的调整）来初步判断这个下跌目标位是否成立。另外，还要看价格反弹是否站在分析、交易级别的多空线 DKX 之上，反弹趋势是否经过二次确认成立。

从反弹幅度上讲，应用反作用浪幅度来判定趋势是否发生反转——多空分界法也是判断初始波是否形成的一种方法。初始波幅与前面下跌趋势中的反作用浪，在速度上和幅度上都会有所不同，如果初始波比前面的调整浪都不如，那最好还是当它为一个调整，总之，前后对比是必不可少的。

注意，用初始波计算出的生长空间，不是预测价格一定会到哪。它只是一把尺子，在哪终结是价格走出来后才能判定，而且是通过至少四个方面的一致性才能确定的。

3. 形态结构

一个上升初始波基本结构的生成是伴随着一些经典的底部形态出现后出现的，比如 V 型底、W 底、三重底等。另外，小级别 K 线上出现一个 5 波上涨结构也是初始波基本结构的特征。

在实际中，确定前面的下跌趋势是否完成 5-3-5 或 3-3-5 调整结构，下跌趋势是否终结，比判断是否生成初始波更重要。这里需要用"左+右"来双重确定。

4. 成交量

如果左侧成交量已经持续萎缩到地量的程度，就已经可以判断初始波即将要形成，应用量价背离是确认初始波的最后一步。

三、平台整理完毕突破模式要点——确定性交易模式之一

股价在运动中，横盘整理是一个重要阶段。没有经验的投资者，一般都寻找那些蛮力上攻的股票作为投资标的。可是当这种股票上攻趋势被发现时，往往其强势已经消耗殆尽，如同强弩之末。科学的买入时机应该是股价运动整理的尽头。这样，我们就必须分清股票突破前的真横盘与假横盘。真横盘是为今后的再次上攻做铺垫的，也就是说，横盘整理往往是变盘的前奏曲，特别是一个日线级别或周线级别，一波下跌过程终结后，股价出现横盘整理，很容易形成阶段性底部。当下跌行情形成的横盘整理行情结束时，绝大多数情况将选择向上突破，形成一波极有力度的反弹行情，这种概率很大，后市往往能形成阶段性反转行情。注意，我说的是绝大多数，不是绝对的、一定的，向下突破挖坑也是常有的事。

笔者在大量的实战总结中发现了真假横盘突破基本模式——"平台整理完毕突破模式"。这种模式可以迅速找到那些横盘完毕二次启动的个股，要点如下：

（1）第一波上攻的时候有力度，最好伴有涨停板出现。

（2）放量启动时，15分钟多空线DKX多头发散，上升攻击角度大于30度，指标MACD等中线辅助发出买入信号，同时，盘口出现大笔攻击性买单入场，在行进过程中主力多半采取夹板的手法，一气呵成进入拉升阶段，这是主力运作的理想模式，也是主力做盘的一种方式。

（3）即时图表上的表现方式多为，在某一区间内，上下都有主力故意伏设的大笔报价单，带动股价在某一固定范围内窄幅运动。在建仓、洗盘、拉升，甚至出货的时候都会出现这种特殊的做盘方式，在上攻途中出现这种做法的股票一般后市短线爆发力很强。实战中情况复杂得多，更需要观察大盘的动向来辅助判断。

（4）整理区域量能逐渐萎缩，加上多空对比法则定理，从盘口分析没有什么成交，几乎是所谓的散户行情，证明抛单很轻。浮动盘已经休息，多空分歧不大。主力持有大量筹码，处于这种状态下，主力只需要出面煽风点火，股价就会马上启动。

实战中要选取在日线上没有出现过明显拉长阳突破，而是小角度攀升的股票。在日线上找到这种形态的股票后，就要到15分钟图上仔细分辨，

是否会出现大级别的上攻行情。观察要结合盘口语言，方可以准确无误地找到比较精准的买入点，重点在细节。

四、初始波的反向波对后势强弱的判断

反向初始波的正常调整位是 61.8%～67% 位置，以此为界，如果反向调整在 38.2%，说明初始波超强！在 50% 以下为强势。跌破 67% 不破 100% 为横盘振荡。

初始波如同价格走势的 DNA，以小见大。从小周期初始运动结构是否完美，可以判断大周期发展空间。

第五节　趋势为王

在技术分析中，趋势是首要问题，其次是价格所处的位置（时空），第三是价格结构形态。所以，技术分析首要问题，必须明确当下各级别趋势如何。大趋势周线、月线处于什么趋势，日线是什么趋势，交易级别 30 分钟或 5 分钟趋势又如何。价格趋势是生与死的问题，一般来说，靠趋势所挣的钱占 60%，技术规则及操作策略占 30%，运气占 10%，还需要说明的是，这是指在规范操作情况下。

实际操作中，心理因素占了 70%，技术规则占 30%。因此，在价格趋势面前，不能凭空臆想，预判阻力位与支撑位的作用，阻力位与支撑位是相互转换的，价格就是领导，任何揣摩领导意图，想证明自己比领导水平高的人，都是自作聪明。我们要做的，能做的就是跟随与监控，监控判断趋势是否被破坏，这个需要一个简单实用的方法和规则。简单容易操作，规则防止臆想。

知止而后能定，定而后能静，静而后能安，安而后能虑，虑而后能得，止就是方向。合理的盈利从来都是慢趋势，一步步默默跟随走出来的。在交易中，对趋势的把握和对盈利的渴求永远是所有交易者探讨的主题，对于趋势的理解不同的人有不同的解读，我倾向于时空分析，时间不够、空间不够，趋势就会延续。在认同市场价格的波动是随机的前提下，能否实现盈利的目标，这里关键就在于，能否跟上价格和时间波动的节奏，即使方向上跟对了，空间跟不对或者时间跟不对，都不会有多少盈利。

在绝大部分的市场行情里，趋势可以理解为是没有边界的，虽然实际趋势都有开始、反转的边界点，但是，你想去找这个边界点，就一定会找错，所以，还不如直接认为这个边界点压根就不存在，这样最大的好处就是，可以使你摆脱先入为主的束缚，当交易的时候不再主观地去想某一个点位或者区间的时候，实际上就已经承认了市场的客观性，在此基础上交易中所有的内容就只剩下了跟随。

在交易中没人敢说，一笔交易一定要赚多少钱或多少点位。实际上，当你存有这个想法或者把这个当作交易目标的时候，无异于给自己挖了一个坑。市场可不会照顾你的情绪，即使你自认为分析得再精辟，盈利区间设置得再合理，市场依然是我行我素。合理的盈利从来都是一步步默默走出来的。

另外，你持有的头寸跟价格没有任何关系，你盈利了，绝不是因为你买到低点上，而是因为你跟对了正确的方向，你亏损了，也绝不是因为买在了最高点上，而是因为你跟错了方向。预期收益是你的分析预测，不是现实，不说你分析得是否客观，现实环境始终是在变化中，所以，预期收益率与实际收益率有本质区别。

交易就是这样，想得越多就会越复杂，实际上，市场还是那个市场，复杂的是人心。想着盈利，却不能去想具体盈利多少，对大多数交易者来说很难。其中的难点，在于大部分人很难恰当处理这种主观上的确定性与客观上不确定性的冲突。所以，与其这样，不如干脆直接不再去想金额或者点位的问题，只要自己认同趋势、只做简单跟随。交易本身与你自身的一切，包括个人情绪或喜好都没有关系，它只是在那里简简单单地运动着，你是否能够跟上它的脚步，就看你修行的道行了。

行情本身没有所谓的好坏之分，只有适合与不适合而已。面对同样的走势行情，即使学习了同样的交易技术，仍然会做出不同的交易决策，这是因为每个交易者背后的思维逻辑不同。操作中你对价格规律上的把握，以及价格本质上的认知程度不同，决定了你的交易思维逻辑，当目光随着K线移动的时候，有的人看到的是下跌突破，有的人看到的是上涨中继，有的人看来仍然没有突破重要的关键点位，依然是杂乱无章地震荡，不同的着眼点，表示了不同的逻辑方式，这就是为什么交易的方法很难复制，大概就是由于每个人的思考逻辑、路径很难复制的缘故。人的思维从来都不是一种科学，所以，交易也不是科学，当每个交易者寄希望于用科学的方法来解决交易上的问题时，一定会是缘木求鱼。

尽管不是科学，聪明的交易者，还是可以选择一种比较靠谱的方法，去考量市场情绪和交易心态的变化，一个人也许80%的时间内是理性的，但是，往往就是在你交易的那一时刻，你是处于非理性的状态，或者沮丧，或者亢奋，这些都是导致情绪化交易的原动力。市场中，经常犯的错误是，K线走势是客观的，但交易者的主观意识，却给他增加了好恶的感受，行情本身涨涨跌跌都是正常的，只要趋势不被破坏，保持心态跟随趋势就万事大吉了。

注意，这里重点是趋势跟踪，不是趋势分析与预测，是建立在技术分析基础上的一种投资策略。其次，要遵循技术分析的四项基本原则：价格走在前面；市场是非理性的；市场受混沌支配；技术图形的自我实现。技术分析是趋势跟踪中的一个决策工具，而与决策相关的因素，不仅只是技术分析。技术分析是从不同角度，应用不同的分析方法分析价格运动规律，最后，本着一致性原则，对价格趋势做一个综合性判断。

例如，利用趋势线、成交量、多空循环理论、初始波黄金比例分析与江恩角度线等技术手段，从空间、时间以及形态上分析、确定一个趋势，综合总结得到一个一致的结论，才有较高的可信度。这不是一个指标与几条均线就能解决的问题。趋势跟踪的另一大好处是，你是一名趋势跟踪交易者，你不会钻牛角尖。

时空分析时，时间不够、空间不够，趋势就会延续。价格形态是技术分析中重要的一环，就像汉字中的笔画一样，缺一笔多一笔都是毛病。成交量反映了价格运动动能的强弱，在技术分析中，我习惯用最后确认形态的反转。

长线持有是基于盈利条件下的利润最大化，若不考虑基本盈利条件，理论上任何一只股票都可以主动拿长点。而若考虑盈利条件下的长线持有，依然是对未来的看涨预测，而我从不建议去做预测，预测不是现实，利用初始波计算的价格空间目标只是价格到达目标后，作为一个预判点，一切都应顺应趋势，趋势都已经被破坏，价格如何到达目标位。因此，我只做一个市场跟随者。任何一只股票进场都是为了追逐利润，甚至较大利润，都想拿得久赚得多。能否有利润，一切都是市场和时间说了算，本来想做长线的股票，只因上涨趋势被破坏或改变，及时止损、止盈出局，本意的长线因市场行情做成了短线。原本只想追逐短暂一两天几个点利润的股票，因市场走势符合预期或超预期，坚定持有短线也就变成了长线，利润也最大化了。不预设短线还是长线，只做市场的跟随者，不预测市场行情，只就市场当下，能整明白眼前这点事儿，已经是很不容易了。长线只是选股时的一种最基本思路，从基本面上说的，而长线思维选股，短线技术介入是建仓时的基本操作策略。

第九章

初始波在各类市场中的应用

　　初始波理论是金融价格运动生长的一种客观规律。适用于各类市场、各类交易品种的价格走势分析，初始波理论是对价格在运动生长过程中，时间与空间的逻辑描述。在最后一章，主要举几个实例，介绍一下初始波、初始周期应用的广泛性。实践证明，流动性越好的交易品种，越符合初始波理论，如美国国债，美元指数及外汇交易。

第一节 在世界各地资本市场的应用

一、美国纳斯达克指数

如图 9-1 所示,美国纳斯达克指数月 K 线,初始波起点 2009 年 3 月 1265.62 点,初始波最高点 2010 年 4 月 2535.28 点。下面计算初始波价格空间逻辑结构:

L = (2535.28 - 1265.62) ÷ 0.236 = 5379.91(点)

计算空间结构:61.82% 位置 4590.40 点;100% 位置 6645.53 点;138.2% 位置 8700.65 点;161.8% 位置 9970.31 点;200% 位置 12025.44 点。

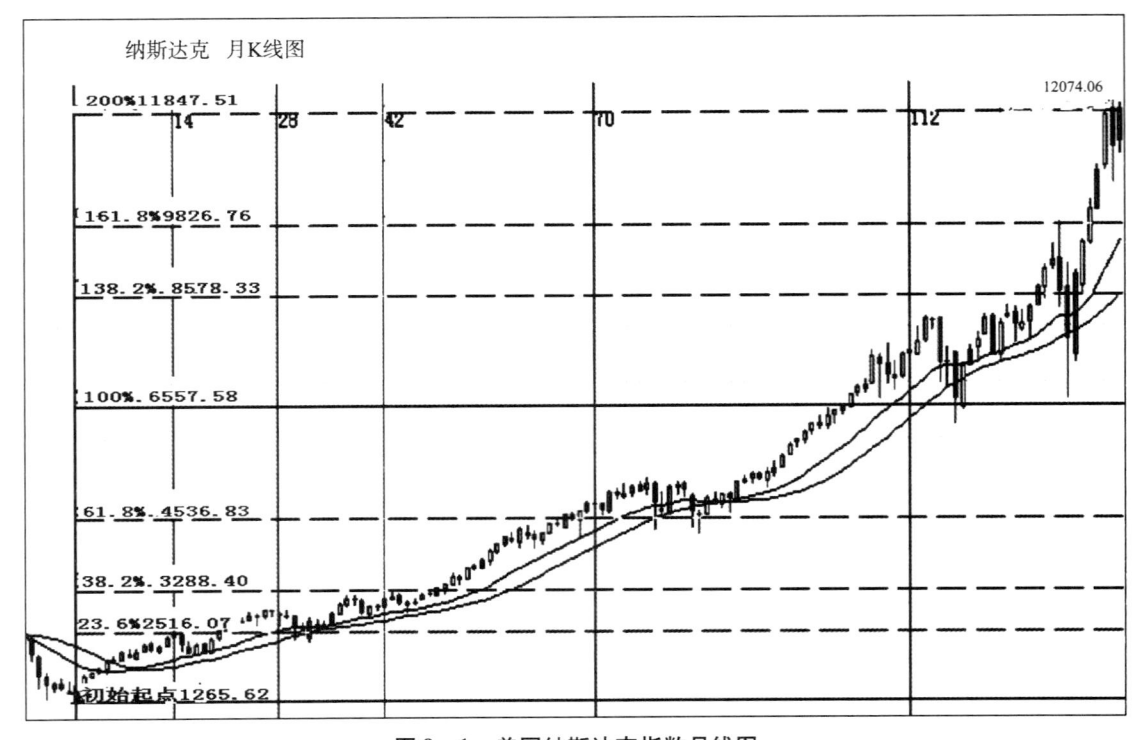

图 9-1 美国纳斯达克指数月线图

第九章
初始波在各类市场中的应用

2014年10月纳斯达克指数突破61.8%混沌区域上轨，在混沌区域上方小幅震荡，2015年8月出现混沌区域3类买点，2016年2月再次出现混沌区域3类买点，之后，开始上攻突破100%位置，在临近138.2%位置开始回调，回调到100%位置后，又展开新一轮上攻，目标161.8%位置。到达161.8%后，又一次回调到100%位置，企稳后直接攻击到200%的位置。

在这里不做详细分析，读者可以仔细对比一下，可以说纳斯达克指数的走势，完全符合初始波理论。无论是初始斐波那契周期，还是初始黄金空间结构与纳斯达克指数实际走势都是十分接近的。

二、英国富时250指数

如图9-2所示，英国富时250指数，初始起点22114.26点（2020年1月2日），初始调整点21073.70点（2020年2月3日），下面计算初始波价格空间逻辑结构。

$$L = (22114.26 - 21073.70) \div 0.236 = 4409.15 （点）$$

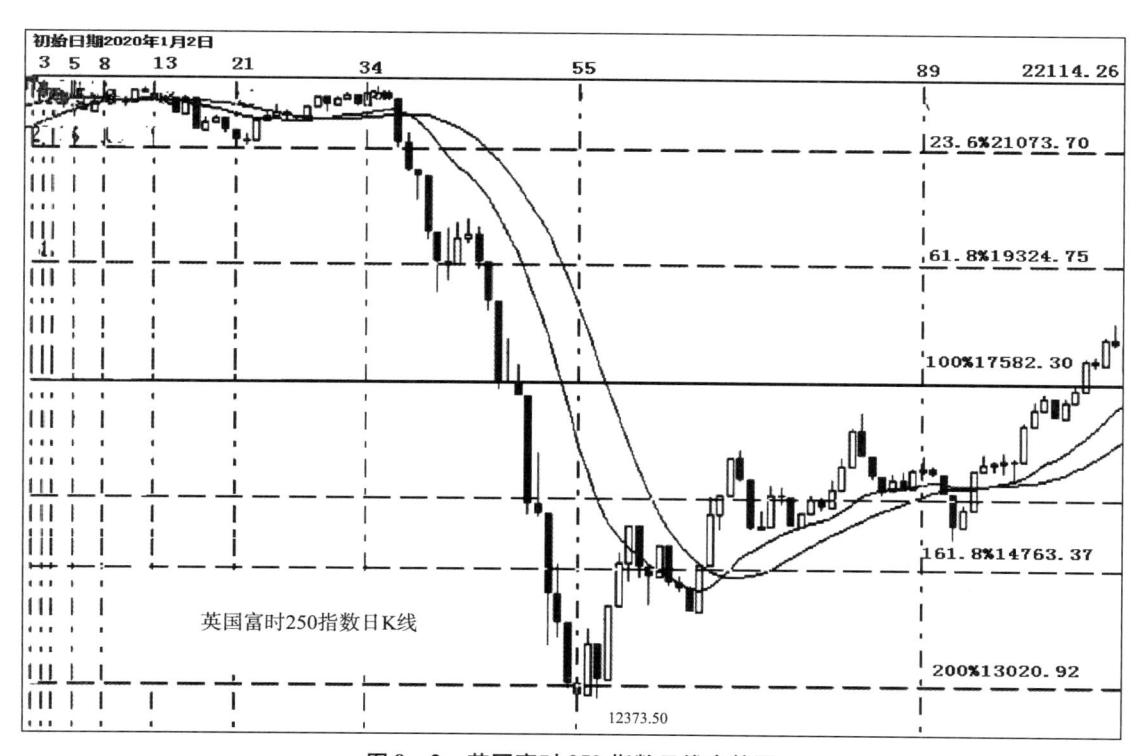

图9-2 英国富时250指数日线走势图

下跌空间结构：61.8% 位置 19389.40 点；100% 位置 17705.11 点；161.8% 位置 14980.25 点；200% 位置 13295.96 点。

初始下跌在时间之窗 L21 止跌，小幅反弹至前高点，也正好是时间之窗 L34 位置，展开大幅下跌。下跌至 61.8% 位置小幅反弹，之后又进行急速大幅下跌，同样在时间之窗 L55 位置止跌，走出了一波反转走势。指数最低跌到 12373.50 点，与初始波理论计算下跌 200% 位置 13295.96 点相差 7% 左右，这个误差仅是一瞬间出现，在底部低点区域运行的 5 天里，大部分时间都在 200% 上方运动。由此可以看出，英国富时 250 指数走势也是完全符合初始波理论的。

三、日经 225 指数

如图 9-3 所示，日经 225 指数月 K 线图，初始起点 6994.90 点（2008 年 10 月 30 日），初始高点 9521.24 点，下面计算初始波价格空间逻辑结构。

$$L = (9521.24 - 6994.90) \div 0.236 = 10704.83 \text{（点）}$$

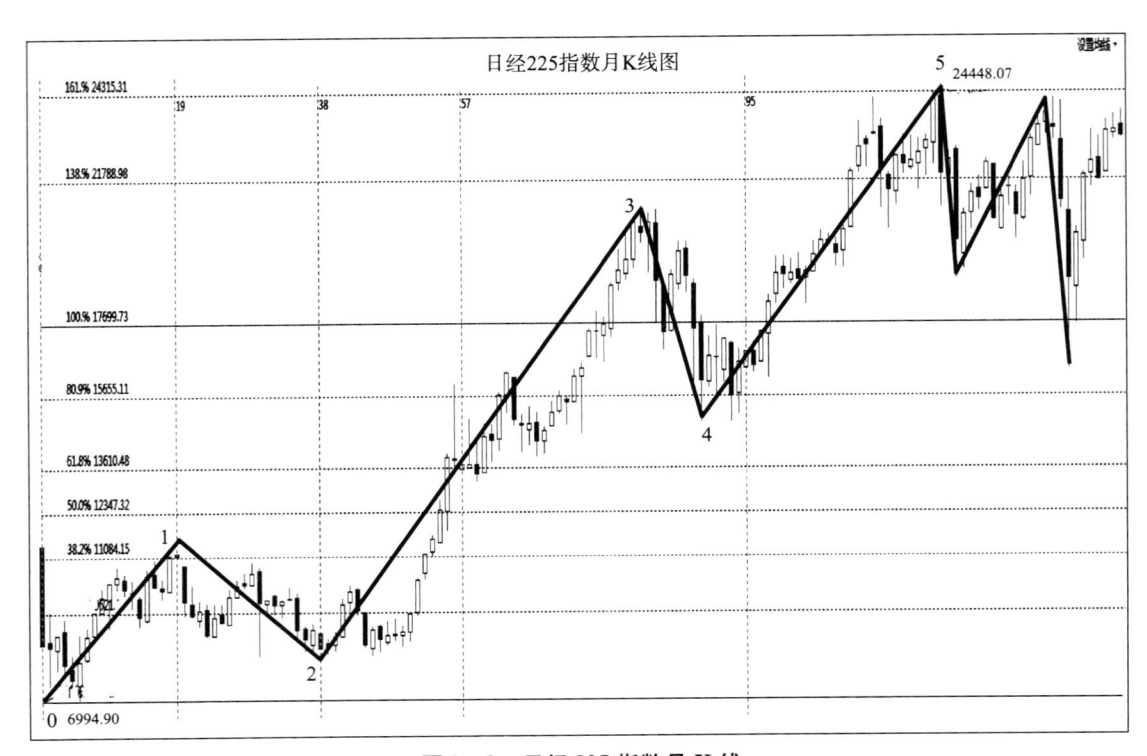

图 9-3 日经 225 指数月 K 线

第九章
初始波在各类市场中的应用

计算空间逻辑结构：61.8%混沌区域上轨13610.48点；100%位置17699.73点；138.2%位置21788.98点；161.8%位置24315.31点。

日经指数是2018年到达161.8%成长目标位置，之后在138.2%~161.8%区间内震荡两年，2020年1月最低调整至100%位置，反弹同样到达161.8%。日经指数的走势也完全符合初始波空间结构理论。这里不做过多的分析，有兴趣的话可以自己对比一下。

四、香港恒生指数

如图9-4所示，香港恒生指数月K线图，时间之窗线是初始斐波那契时间周期，角度线应用初始波概念确定1×1线画出，初始波起点2016年2月19日18278.80点，初始波高点2016年4月29日21654.07点，下面计算初始波价格空间逻辑结构。

初始波幅 r = 21654.07 - 18278.80 = 3375.27（点）

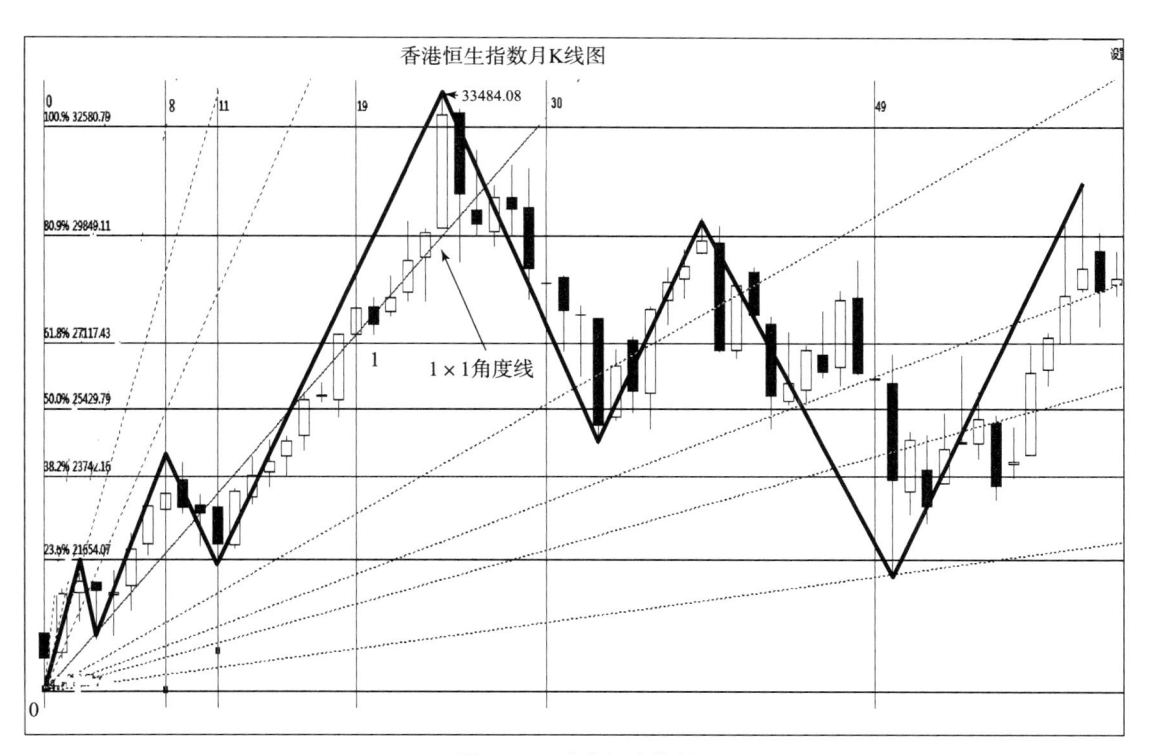

图9-4　香港恒生指数

100%目标位 3375.27÷0.236+18278.80=32580.79（点）。实际 2018 年 2 月 2 日高点 33484.08 点，误差 903 点，误差比例为 2.7%。创出高点后进入调整，股价基本上是在 50% 至 80.9% 区间运行，由图 9－4 可以看出，应用初始数据画出的时间之窗与角度线，对股价的作用都是相当大的。

　　初始波幅与初始周期所给出的价格与时间之窗的预测，可以说是神奇，所反映的临界点具有很强的参考作用。运用这一概念，保持趋势加仓减仓，例如 L49 时间之窗开启后，恒生指数走出了一波快速上涨行情，当价格到达 80.09% 位置开始震荡调整。

第二节 初始波在世界各地期货市场中交易的应用案例

案例1 美国大豆期货

如图9-5所示，美国大豆期货日线走势图，将2020年4月21日818.50美元低点作为初始波起点，5月11日861.25美元作为初始高点。价格走出下降调整通道，经回调6月9日初始波基本形态得到确立，之后，大豆完成初始上涨目标。第2次回调确认，出现中枢3类买点，价格生成一波快速成长行情。可以看出大豆期货走势比较弱，没有完成理论61.8%

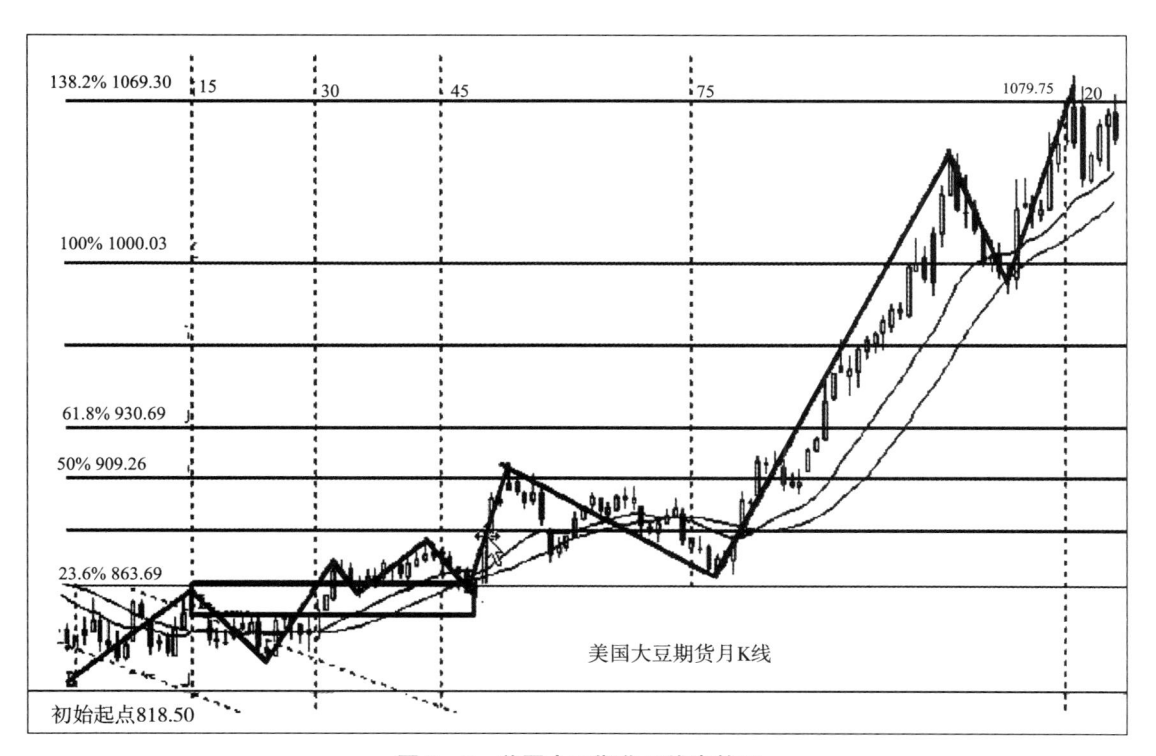

图9-5 美国大豆期货日线走势图

初始上涨目标，在50%处遇阻回落，同样，当3类买点出现后，也没有完成理论161.8%成长目标位置，实际大豆到达138.2%位就开始震荡。不过大豆走势节奏还是完全符合初始波理论的。看一下，以初始波为初始值的斐波那契数列的时间周期，可以说所有的时间之窗，都有特殊的意义。

案例2 大商所玉米主力期货

如图9-6所示，大商所玉米主力周线走势图，初始波起点2016年9月30日1382元，初始波高点11月11日高点1648元，下面计算初始波价格空间逻辑结构。

理论空间结构：61.8%混沌区域上轨2088元；100%位置2524元。

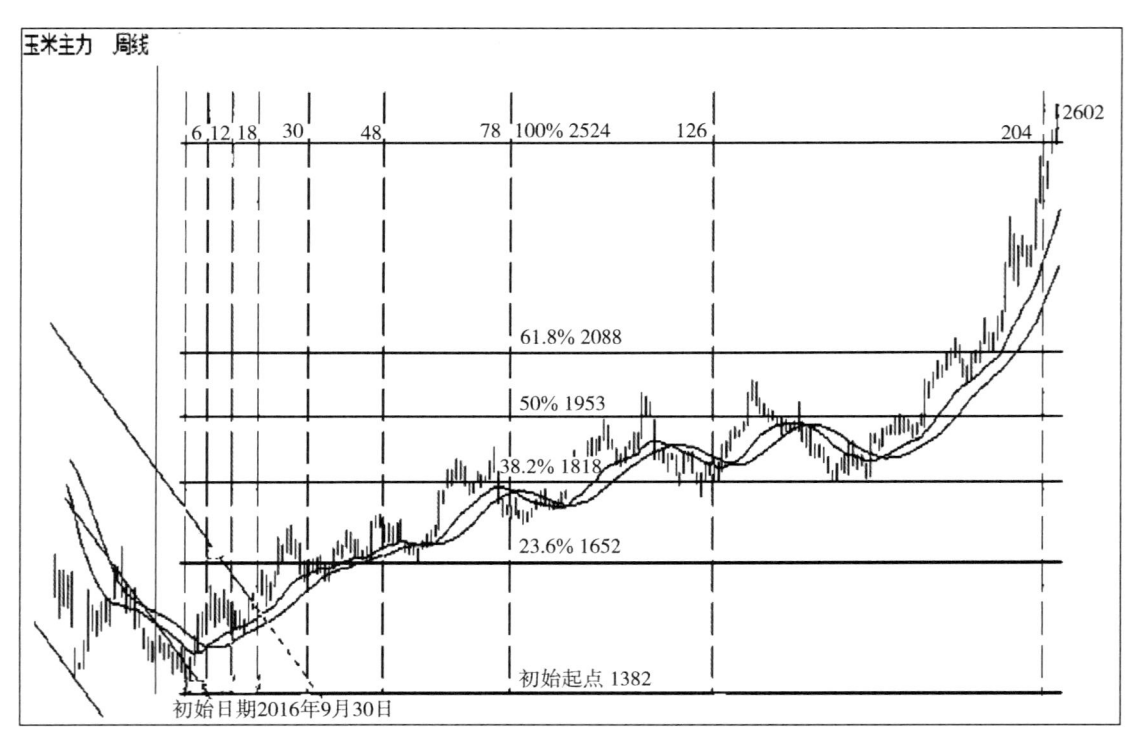

图9-6 大商所玉米主力周线走势图

玉米主力走势也是完全遵循初始波理论的，在价格空间上61.8%以下混沌区域内价格震荡整理，突破61.8%混沌区域上轨，价格快速完成100%目标拉升行情。由初始波确定的时间周期更是准确，9月25日价格接近100%理论目标位，正好是L204时间之窗的位置，价格震幅加大，出现高位震荡走势。

案例3　伦敦综合镍03

如图9-7所示，伦敦综合镍，初始波起点2016年2月12日7550美元，初始波高点5月6日高点9700美元，下面计算初始波价格空间逻辑结构：

L = (9700 - 7550) ÷ 0.236 = 9110.17（美元），61.8%混沌区域上轨13180.00美元；100%位置16660.00美元；138.2%位置20140.25美元。

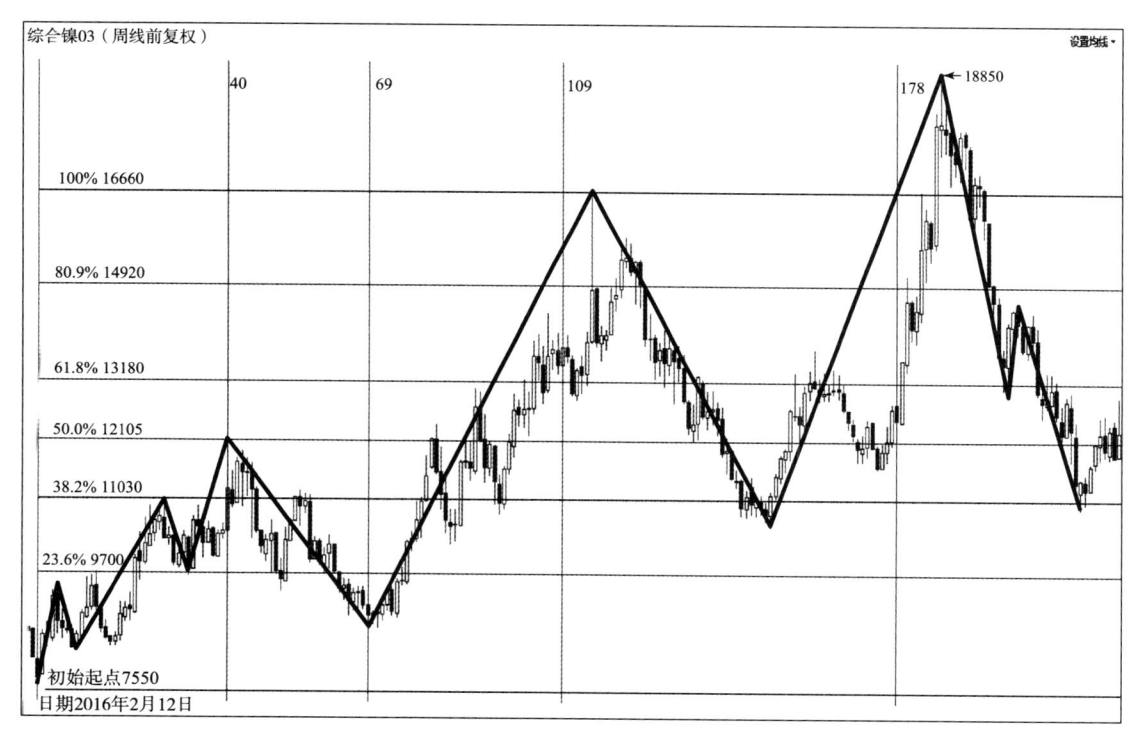

图9-7　伦敦综合镍03走势图

伦敦综合镍创出7550美元新低后反弹突破下降通道，形成一波反弹行情，价格突破初始中枢，最高到达38.2%位置，回调到初始波23.6%位置止跌再次向上，最高点12145美元与初始波50%位置黄金位12121美元，仅差24美元。经5浪上涨后形成一个3浪下跌调整走势，调整结束点恰好在L69时间之窗上。

7月21日价格再次突破初始中枢形成第3类买点，这波上涨目标正好是100%位置，最高点16690美元与理论计算初始波100%黄金位16660.17美元仅差30美元。价格完成100%目标后，再次进入回调。

伦敦综合镍走势也是完全符合初始波时空理论，价格走势上，当价格到达100%目标位置后，空头迅速反扑，价格快速回调，反映出多头力量不足，价格将再次向下寻找支撑，价格跌至周线级别多空线止跌反弹，价格未创新高，从而确定了下跌趋势，预计价格将要向下进行深度调整。

第三节　初始波在外汇、国债市场中的应用案例

案例1　初始波在美元指数中的应用

如图9-8所示，2020年3月23日美元指数最高点103.01点开始调整，3月27日完成a浪调整，最低98.25点，4月6日完成b浪反弹，最高反弹至100.94点。现在我们应用b浪反弹幅度计算一下c浪理论下跌目标：

L = 100.94 - 98.25 = 2.69美元（注：这里1美元=1点），下跌61.8%位置96.59点；下跌至100%位置是95.56点；下跌至161.8%位置是93.90点；下跌至261.8%位置是91.20点。图中时间周期是以A浪下跌时间为初始值的斐波那契数列。

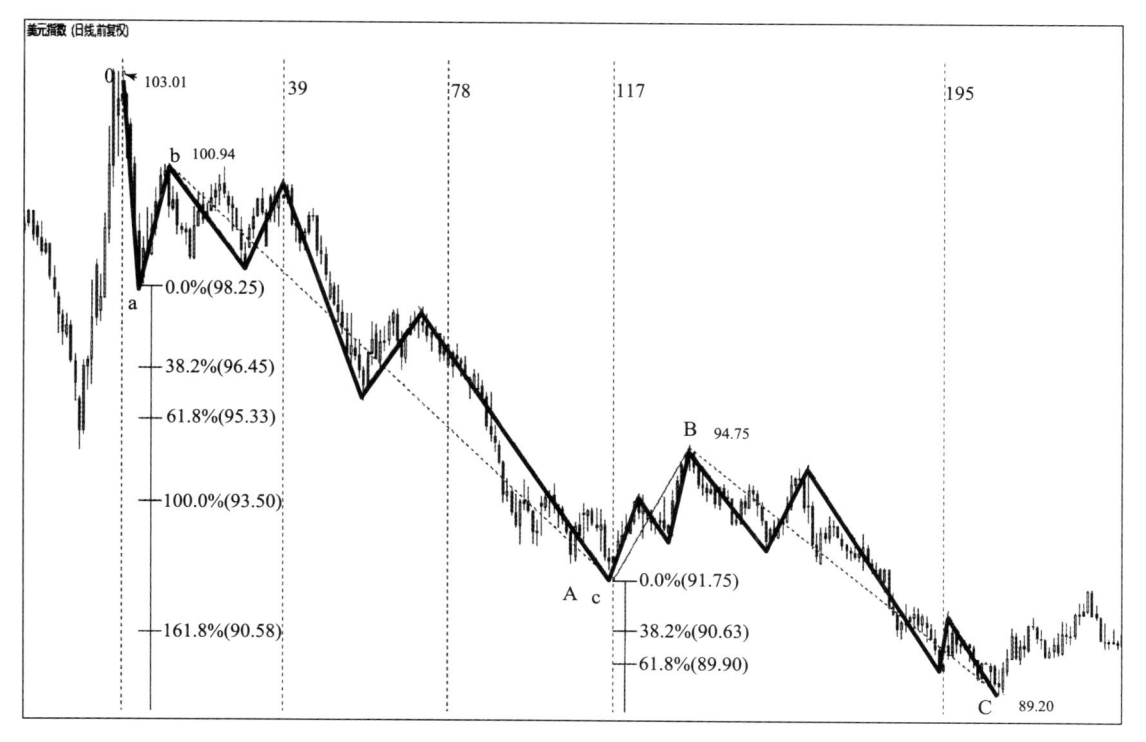

图9-8　美元指数日线图

美元指数完成 b 浪反弹后，经过两次回头确认都未突破 b 浪反弹高点，从而确定了 b 浪反弹终结，选择向下突破。第 1 波最低 95.94 点与理论计算 100% 位置仅差 0.38 点，之后反弹围绕着 61.8% 上下窄幅震荡，呈现出极弱的反弹态势。当时间之窗 L70 开启后，美元指数出现了连续阴跌态势，7 月 27 日跌破 161.8% 位，反弹高点和回落低点依然是在逐渐降低，美元指数没有止跌迹象。当时间之窗 L195 开启后，美元指数创出了 89.20 点新低，之后的反弹高点超过前高，回调低点不再创新低，初始波基本形态也基本形成。美元指数调整的最终低点 89.20 点与初始波理论计算下跌 161.8% 位置 90.58 点仅差 1.38 点，误差 1.53%。再看一下时间之窗，L39、L78、L117 价格都有明显趋势的变化。可以说美元指数走势是完全符合初始波时间与空间生长逻辑的。

案例 2　用初始波分析美国 5 年期国债（当月连续）

如图 9-9 所示，美国 5 年期国债（当月连续），初始波起点 111.8281 美元（2018 年 10 月 8 日）初始高点 112.8750 美元（10 月 26 日），下面计算美国 5 年期国债上涨空间逻辑结构：

图 9-9　美国 5 年期国债周 K 线图

L =（112.8750 - 111.8281）÷ 0.236 = 4.4360（美元），理论上涨 61.8% 位置 114.6165 美元；100% 位置 116.2641 美元；161.8% 位置 119.0055 美元；261.8% 位置 123.4415 美元；400% 位置 129.5721 美元；时间周期是以初始波为初始值的斐波那契数列。

美国 5 年期国债（当月连续），2018 年 10 月 8 日创出 111.8281 美元新低，在完成初始波基本形态结构后，走出了一波上攻行情，价格突破混沌区域，最高触及 80.09% 位置开始调整，调整基本上是围绕 61.8% 位置上下震荡。经过两个月的震荡整理，3 月 4 日开启新一波上攻行情，3 月 27 日创出阶段性高点 116.4453 美元，这个位置恰好是初始波 100% 位置，也是时间之窗 L26 位置。价格再一次进入调整，调整是围绕 80.09% 位置展开的。调整结束后，完成了 161.8% 成长目标位，价格最高接近 200% 的位置。由前两波走势可以看出，美债走势强劲，实际上涨幅度大于初始波理论计算目标值，回调幅度小于正常回调幅度，价格一直处于强势状态。

2020 年 3 月创出 125.8984 美元新高后进入急剧调整，在初始波 261.8% 位置区域获得支撑，3 月 18 日最低点 123.4844 美元与初始波 261.8% 位置 123.4415 美元仅差 0.0429 美元。之后，价格反弹进入横盘状态，横盘震荡区域也正好在初始波 300%～400%（125.1361～129.5721 美元）区域。美国 5 年期国债的最终成长目标也是达到了理论计算 423.6% 成长目标区域，2021 年 1 月最高点 126.2266 美元。可以看出美国 5 年期国债的走势，是完全符合初始波空间成长理论的。

再看一下当价格到达或临近 13、26、39、65 和 104 时间之窗时，价格趋势都会发生变化，这个由初始波结构作为初始值的斐波那契数列时间之窗可以说是相当准确。

案例 3 利用初始波分析美元离岸人民币汇市行情

1. 上升空间结构分析

如图 9-10 所示，美元兑人民币月 K 线走势图，2014 年 1 月创出 6.016 元新低，4 月创出 6.2718 元新高，经过调整整理，2015 年 4—5 月，月线级别 WZ 结构被确认成立。预计将有一个确定性上涨行情，下面应用初始波计算一下，价格上涨空间结构：

L = 1.0835 元，38.2% 位置 6.4300 元；61.8% 初始目标位是 6.6857 元；80.09% 位置 6.8927 元；100% 成长目标位是 7.0996 元。

图 9-10　月线级别美元兑人民币走势

美元兑人民币是 2015 年 8 月份突破月线级别初始中枢,完成 61.8% 初始目标上涨的,2016 年 1 月份最高 6.7504 元,与理论计算 61.8% 初始目标位 6.6857 元仅差 0.0647 元,误差不到 0.1%。3 月份调整最低点 6.4347 元,也恰好是理论计算 38.2% 位置。调整结束后,进入成长拉升期,成长目标是 100% 位置,12 月创出 6.9874 元新高,开始震荡调整,结束了连续 10 个月的上涨,理论计算 100% 成长目标位是 7.0996 元,与实际高点相差 0.1122 元,误差 1.5%。完成初始上涨目标后,在理论计算 80.09% 位置上下震荡整理 4 个多月,于 2017 年 5 月跌破日线级别多空线,跌破反弹 b 浪低点支撑趋势线,进入 c 浪调整。

2. 初始斐波那契时间之窗

如图 9-11 所示,时间周期是以初始波为初始值的斐波那契数列。美元兑人民币从 2014 年 1 月创出 6.016 元新低到 4 月创出 6.2718 元新高完成初始波,初始时间周期为 4 个月,这就是斐波那契数列的初始值,以这个初始值为基数就可画出斐波那契数列时间之窗,从图 9-11 中时间之窗的位置就可以看出,以初始波为初始值画出的斐波那契时间之窗的准确性。

图 9-11　美元兑人民币月 K 线时间之窗

3. 调整空间结构分析

如图 9-12 所示，2017 年 1 月 3 日美元兑人民币从最高点 6.9874 元开始向下调整，1 月 6 日完成第一波 a 浪调整最低 6.7827 元，3 月 9 日完成 b 浪反弹最高 6.9319 元。下面我们依据第一波 a 浪调整幅度计算一下 c 浪下跌目标：

L =（6.9874 – 6.7827）= 0.2047（元），下跌 100% 位置是 6.5780 元；161.8% 位置是 6.4515 元；261.8% 位置是 6.2468 元。

2018 年 1 月 31 日美元兑人民币最低 6.2839 元，到达理论计算 261.8% 位置后开始震荡，2 月 7 日创出 6.2557 元低点，2 月 20 日走出 c 浪下跌通道展开反弹行情。

上面几个例子充分说明，货币市场的价格走势是完全遵循初始波空间与时间结构理论的。这几个例子绝非特例，感兴趣的读者可以随便在外汇市场的主要交易品种中找几个分析一下，包括外汇、国债市场。

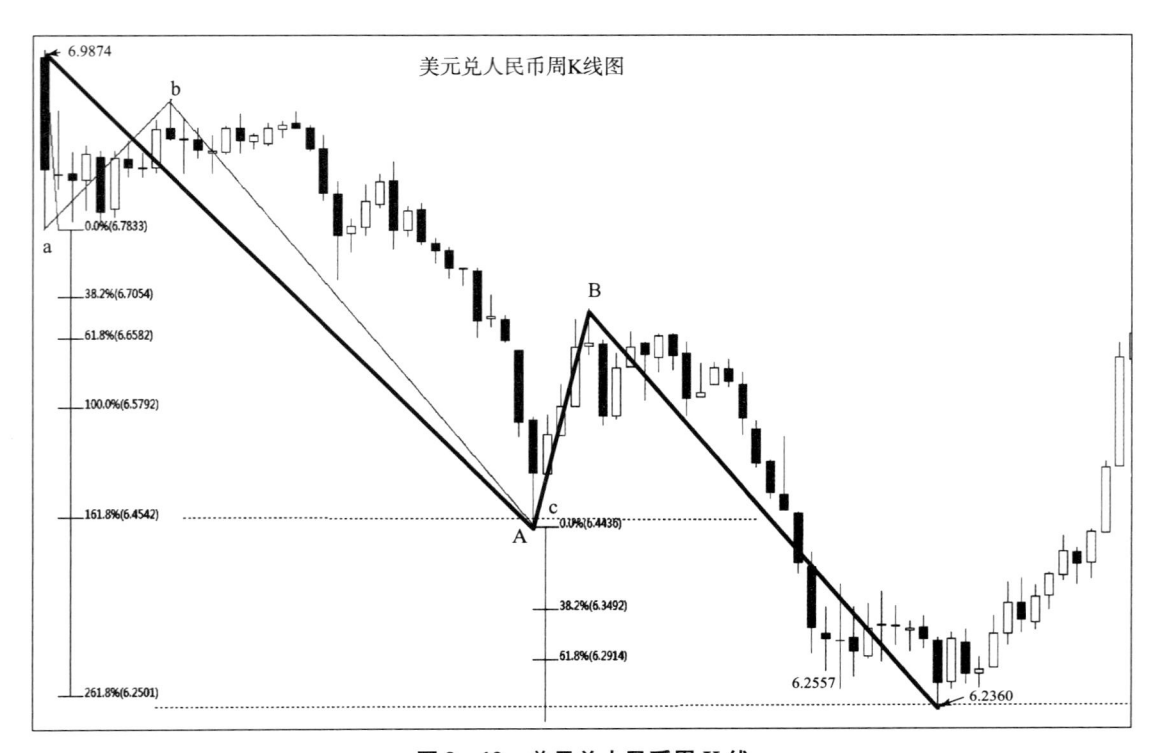

图 9-12　美元兑人民币周 K 线